Educar é Amar

OS 5 PRINCÍPIOS PARA PAIS QUE QUEREM FAZER A DIFERENÇA

DRA. ALIZA PRESSMAN

Educar é Amar

OS 5 PRINCÍPIOS PARA PAIS QUE QUEREM FAZER A DIFERENÇA

Amarylis

Amarilys é um selo editorial Manole.

Edição publicada por meio de contrato com a editora original, Simon Element, um selo de Simon & Schuster, LLC.

Tradução: Departamento Editorial da Editora Manole
Produção editorial: Rosana Arruda da Silva
Projeto gráfico: Departamento Editorial da Editora Manole
Editoração eletrônica: Estúdio Castellani
Capa: Ricardo Yoshiaki Nitta Rodrigues
Imagem da capa: www.freepik.com

CIP-BRASIL. CATALOGAÇÃO NA PUBLICAÇÃO
SINDICATO NACIONAL DOS EDITORES DE LIVROS, RJ

P938e

Pressman, Aliza
Educar é amar : os 5 princípios para pais que querem fazer a diferença / Aliza Pressman ; [tradução Departamento Editorial da Editora Manole]. - 1. ed. - Barueri [SP] : Amarylis, 2025.
352 p.

Tradução de: 5 principles of parenting
ISBN 9788520471128

1. Educação de crianças. 2. Educação - Participação dos pais. 3. Crianças - Formação. 4. Pais e filhos. I. Departamento Editorial da Editora Manole. II. Título.

CDD: 649.1
25-99843.2 CDU: 649.1

Carla Rosa Martins Gonçalves - Bibliotecária - CRB-7/4782

A Editora Manole é filiada à ABDR – Associação Brasileira de Direitos Reprográficos

Edição – 2026

Editora Manole Ltda.
Alameda Rio Negro, 967, cj. 717
06454-000 – Barueri – SP – Brasil
Tel.: (11) 4196-6000
www.manole.com.br | https://atendimento.manole.com.br/

Impresso no Brasil
Printed in Brazil

Para Penelope e Vivian:
vocês me ensinaram todas as coisas importantes que eu sei.

E agora que você não precisa ser perfeito, pode ser bom.

John Steinbeck, *A leste do Éden*

ELOGIOS

"O que a Aliza faz é nos ensinar, individualmente, a lidar com a forma como criamos nossos filhos — e a nós mesmos. Seu método é fortalecedor e não se baseia na opinião de apenas uma pessoa. Parece impossível que um ser humano saiba tanto sobre pesquisas — e ainda assim seu trabalho árduo tem valido a pena para todos nós. Ela evita julgamentos e nos ajuda a acalmar as vozes internas de dúvida, colocando-nos no modo de resolução de problemas. Eu simplesmente não sei o que faria sem sua sabedoria. Ela é minha referência para saber como todos nós, inclusive nós mesmos, podemos *criar bons seres humanos*!"

Drew Barrymore

"O excelente (e há muito esperado) livro da Dra. Aliza Pressman, *Educar é amar: Os 5 princípios para pais que querem fazer a diferença*, reflete sua cordialidade, seu humor, seu profundo conhecimento e sua abordagem objetiva para criar bons seres humanos (está vendo o que eu fiz?). Na primeira metade, a Dra. Pressman apresenta o porquê da ciência; a segunda metade oferece aos pais exemplos flexíveis e pequenos do como. Terminei o livro me sentindo mais competente, capacitada e calma; com que frequência você pode dizer isso quando pensa sobre parentalidade? Obrigada, Aliza — adorei este livro!"

Jennifer Garner

"Imagine receber sabedoria prática baseada em ciência sólida e de ponta sobre como você pode criar seus filhos para serem cidadãos do mundo atenciosos, emocionalmente equilibrados, empáticos e engajados. É isso que você tem aqui. O magnífico guia de Aliza Pressman… será algo a que você recorrerá repetidamente durante o privilégio da sua jornada como pai ou mãe. Divirtam-se!"

Daniel Siegel, MD, coautor dos best-sellers do *New York Times Parentalidade consciente, O cérebro da criança* e *The Power of Showing Up* (*O poder da presença*, em tradução livre) e autor de *Exercícios para o cérebro da criança, Aware* (*Consciente*, em tradução livre) e *A mente em desenvolvimento.*

"Com profunda compaixão, simplicidade e percepção, este livro transmite, de forma poderosa, a ciência por trás da criação de bons seres humanos. Ele está repleto de ferramentas práticas que qualquer pai ou mãe pode começar a utilizar em sua jornada para criar filhos resilientes."

Dr. Shefali Tsabary, autora do best-seller *Pais e mães conscientes: como transformar nossas vidas para empoderar nossos filhos*.

"*Educar é amar: Os 5 princípios para pais que querem fazer a diferença* é o único livro que os pais podem consultar para cada estágio de desenvolvimento. A Dra. Aliza Pressman traduz com maestria a ciência para a realidade prática da vida parental e fornece estratégias claras que todos os pais podem utilizar."

Lori Gottlieb, autora do best-seller do *New York Times* *Talvez você deva conversar com alguém* e coapresentadora do podcast *Dear Therapists* (*Queridos terapeutas*, em tradução livre).

"Em uma época em que há muito barulho e conselhos sobre a criação de filhos e o desenvolvimento infantil, a Dra. Aliza Pressman é um achado raro. Ela é, ao mesmo tempo, uma especialista confiável, prática, acessível e querida. Respeitado por colegas e pais, o trabalho da Dra. Pressman é impactante e poderoso, influenciando a forma como esta geração de pais pensa e cultiva o desenvolvimento de seus filhos."

Tina Payne Bryson, LCSW, PhD, coautora de vários best-sellers, incluindo *O cérebro da criança* e *Disciplina sem drama*.

"Aqui está, finalmente, o livro que os pais estavam esperando! A Dra. Aliza Pressman condensa décadas de pesquisa sobre desenvolvimento infantil em orientações sólidas e práticas, que abordam as questões reais e preocupações que todos os pais enfrentam. Repleto de carinho e sabedoria, e livre de modismos e alarmismos, este livro deve estar nas mãos de todos aqueles que se preocupam com as crianças."

Lisa Damour, PhD, autora de *Descomplicadas, Estresse e ansiedade* e *The Emotional Lives of Teenagers* (*A vida emocional dos adolescentes*, em tradução livre)

"Este livro é um presente para os pais... Relaxe, construa seus relacionamentos, desfrute de sua paternidade."

Alan Sroufe, professor emérito da Universidade de Minnesota e autor de *A Compelling Idea: How We Become the Persons We Are* (*Uma ideia convincente: como nos tornamos as pessoas que somos, em tradução livre*).

SUMÁRIO

PARTE DOIS DA PÁGINA AO PALCO

Colocando a ciência e seus valores na prática cotidiana

INTRODUÇÃO

Fundamentando sua parentalidade na ciência do desenvolvimento infantil

As árvores exalam por nós para que possamos inalá-las e nos mantermos vivos.

MUNIA KHAN

Bem-vindo aos *5 princípios da parentalidade*

A pesquisa é conclusiva. Há cinco princípios que todos nós precisamos dominar se quisermos criar bons seres humanos. São eles:

- Relacionamentos
- Reflexão
- Regulação
- Regras
- Reparação

Esses são os Cinco *Rs* que levam à resiliência — a seres humanos que conseguem enfrentar as tempestades da vida e permanecer fiéis aos seus valores. Porque ter *fluência* significa ser capaz de implementar facilmente esses princípios em seu dia a dia, este livro está organizado de forma a mostrar por que esses princípios são importantes e ensiná-lo a se envolver com eles em praticamente qualquer contexto.

A primeira metade deste livro aborda tudo o que você precisa saber sobre a ciência abrangente da parentalidade, e a segunda metade mostra como aplicar essa ciência aos dilemas mais comuns que os pais me apresentam em minha prática como psicóloga do desenvolvimento e orientadora.

Você perceberá que não analisaremos os princípios um a um, mas, em vez disso, adotaremos uma abordagem de imersão total. Ao final deste livro, você descobrirá que não apenas sabe exatamente a que esses termos se referem, mas também que poderá usá-los com facilidade e eloquência.

Como cheguei até aqui

Meu caso de amor com a psicologia do desenvolvimento começou antes mesmo de eu me tornar mãe.

O que nos faz ser quem somos, desde nossos primeiros momentos e ao longo do tempo? Como os pais e as comunidades podem acolher melhor os recém-chegados? O que pode dar errado? Como podemos nos curar dos erros? Achei fascinante o fato de haver todo um campo de estudo dedicado a explorar as respostas destas perguntas.

O filósofo e psicólogo suíço do século XX, Jean Piaget, passou grande parte de sua carreira profissional observando e ouvindo crianças para descobrir os segredos da mente. Em um salto de pensamento considerado radical na época, ele observou que as crianças não são apenas recipientes vazios à espera de serem preenchidos com conhecimento, mas também construtoras ativas de sua própria aprendizagem — pequenos cientistas constantemente criando e testando suas teorias sobre seus mundos. Isso fez muito sentido para mim. Como pais, nós também fazemos isso! Não somos apenas recipientes vazios que precisam ser preenchidos com conhecimento especializado. Trazemos as nossas próprias histórias e experiências para a criação dos nossos filhos. Somos pais-cientistas, constantemente testando estratégias para ver se elas facilitam nossas vidas e as experiências únicas de nossas famílias. Por meio dos ***Relacionamentos***, da (auto e co) ***Regulação***, da ***Reflexão***, das ***Regras*** e das ***Reparações***, tornamo-nos construtores ativos de nossa própria dinâmica familiar.

Cada uma de nossas ideias sobre o que faz um ser humano ser bom é única. Há literalmente *milhões* de maneiras de ser um bom ser humano. Do mesmo modo, há *milhões* de maneiras de ser um bom pai ou uma boa mãe. A parentalidade nos leva a questionar e refletir sobre o que *acreditamos* que "bom" realmente significa.

A psicologia do desenvolvimento pode ajudar nesse processo.

Como psicóloga do desenvolvimento envolvida na ciência de como chegamos a ser quem somos e como mudamos ao longo do tempo, sempre me baseio em pesquisas. Mas a pesquisa é dinâmica; todos os estudos científicos são conduzidos em algum contexto, e esse contexto não é exclusivamente a sua família. Sua experiência pessoal é valiosa. Suas tradições culturais e familiares são significativas. Algumas de suas peculiaridades provavelmente são pontos fortes e únicos da sua situação.

Alguns pais leem absolutamente tudo, e outros rejeitam os conselhos de "especialistas" em geral. Mas aprendi algo com todas as coisas na criação de filhos: há um espaço entre elas — e, para mim, é disso que trata este livro. Quando nos concentramos em nossos ***Relacionamentos*** dentro de nossas famílias, quando reservamos tempo para a ***Regulação*** e a ***Reflexão***, quando somos claros em relação às ***Regras*** e quando criamos o hábito de ***Reparar*** os erros, encontramos esse espaço entre o microgerenciamento e o caos.

Ideias extremas podem parecer reconfortantes às vezes, como se houvesse uma maneira de "vencer" na criação de filhos se você e seu filho se comportarem da maneira certa. É como se: *Ah, que bom, há uma resposta clara. Todas as minhas preocupações sobre como criar um bom ser humano podem ser resolvidas.* Eu entendo isso. A ilusão da certeza total tem um apelo incrível. Mas, como você já deve ter aprendido da maneira mais difícil, os extremos são insustentáveis. O caminho do meio pode não parecer tão sexy ou tão preto no branco, mas acredite em mim — é um caminho mais fácil de seguir.

Grande parte da criação de filhos pode parecer um desafio único — se não acertarmos o apego correto com nossos recém-nascidos, tanto nós quanto eles estaremos condenados a uma vida inteira nos sentindo alienados. Não é verdade! Pesquisas sobre apego mostram que os relacionamentos de apego são dinâmicos. E, como todos os relacionamentos, os de apego podem ser consertados, alterados e desenvolvidos. Isso se chama *reparação* e é um dos meus cinco princípios da parentalidade. Não apenas os erros podem ser reparados e corrigidos, como também podem, na verdade, fortalecer nossos relacionamentos. Ao ler este livro, quero que você fique com os ouvidos atentos sempre que chegarmos a um destes Cinco *Rs*: ***Relacionamentos***, ***Regulação***, ***Reflexão***, ***Regras*** e ***Reparação***. Os Cinco *Rs* levam àquele elusivo sexto *R*, que todos esperamos e buscamos: Resiliência.

Não precisamos ser pais perfeitos assim que nossos filhos nascem — ou nunca. A ciência nos mostra que nossas próprias curvas de aprendizado são fundamentais para todo o processo de criação de bons seres humanos. Grande parte da expectativa em relação à criação de filhos é que vamos criá-los para serem bons e bem ajustados — que o desenvolvimento *deles* é o único resultado no qual devemos investir. No entanto, aprendi que o nosso próprio caminho paralelo de desenvolvimento como pais pode ser, no mínimo, tão significativo quanto o deles. Ao criar nossos filhos, nós, como adultos, temos belas oportunidades de crescer em nossa própria maturidade, em nossa própria esperança, vontade e sabedoria. Fazemos isso retornando a estes cinco princípios, que também levam à resiliência: ***Relacionamentos***, ***Regulação***, ***Reflexão***, ***Regras*** e ***Reparação***. Em meio a todas as nossas dúvidas, e até mesmo em nossos momentos mais difíceis como pais, quando podemos nos sentir isolados ou insuficientes, nós mesmos podemos usar esses princípios e as práticas que descreverei neste livro para nos tornarmos mais confiantes, mais fundamentados e mais integrados — para incorporar o sentido de sermos bons seres humanos, assim como queremos que nossos filhos se tornem.

Neste livro, ensinarei muitas práticas específicas que facilitarão sua vida ao lidar com todas as questões, desde problemas com o sono de bebês até o drama relacionado ao tempo de tela dos adolescentes, mas você perceberá que os princípios permanecem constantes. Isso porque as estratégias que funcionam para lidar com a infância são as mesmas que você precisará usar quando seus filhos forem adolescentes. Esses princípios e práticas ajudarão você a manter um senso calmo de confiança e a retornar a ele — um lugar de regulação a partir do qual você poderá fazer escolhas intencionais. Essas práticas incluem a ***Regulação*** e a ***Reflexão***, também conhecidas como atenção plena, por meio das quais você desenvolverá o hábito de se ater ao espaço *entre* os extremos.

Visualize-se com os pés no chão

Quando menina, eu adorava o salgueiro-chorão da nossa rua. No parque do bairro, brincávamos embaixo de um carvalho gigante, criando mundos inteiros de magia e faz de conta. Eu também adorava as glicínias. Elas pareciam escalar as árvores e chorar como os salgueiros, mas com flores roxas pálidas — coloque para tocar a música de *Les Misérables* e você saberá que tipo de criança eu era.

Eu morei no subúrbio e depois na cidade, portanto, a maioria das árvores com as quais tive contato eram belezas plantadas pelo homem, vivendo vidas solitárias por algumas décadas. Foi só mais tarde que descobri a maravilha das florestas naturais. As sequoias da Califórnia me impressionaram com sua magnificência ancestral. Em florestas antigas, todas essas espécies de árvores podem viver por centenas, se não milhares de anos, passando suas primeiras décadas abrigadas sob os cuidados de suas mães. A ecologista Suzanne Simard, da Universidade da Colúmbia Britânica, estabeleceu que as árvores são seres verdadeiramente sociais e que, por meio de seus *relacionamentos*, ajudam-se mutuamente, compartilhando alimentos e alertando umas às outras sobre pragas e outras ameaças por meio de redes de fungos micorrízicos que vivem em suas raízes. Simard, que chama as árvores maiores e mais antigas da floresta de "árvores-mãe", descobriu que elas reconhecem seus próprios parentes e os favorecem, enviando-lhes mais carbono para o subsolo.

Criar um ambiente sombreado e protegido, no qual as mudas podem crescer lentamente, ajuda a garantir seu bem-estar a longo prazo, dando-lhes tempo suficiente para fortalecer suas células antes de ficarem altas. Às vezes, quando estou precisando de um ponto de apoio no meio de um dia agitado na vida familiar ou profissional, respiro fundo e me imagino como uma árvore-mãe — um salgueiro-chorão, um grande carvalho ou uma sequoia-gigante em uma floresta antiga, de milhares de anos.

Inspiro e expiro em conjunto com outros seres vivos. Tenho raízes robustas, mas não sou tão rígida a ponto de me quebrar. Posso balançar, flexível ao vento, mas ainda assim permanecer firme. Sou capaz de abrigar e nutrir minhas mudas à medida que elas crescem, tão fortes e resilientes quanto eu for capaz de sustentá-las para que assim se tornem.

Este é um livro sobre a criação de seres humanos, não de árvores, mas, à medida que saímos do mundo da ecologia florestal e nos aprofundamos cada vez mais em meu campo da psicologia do desenvolvimento e da ciência da parentalidade, eu convido você a se imaginar como uma árvore-mãe. Fique aqui comigo. Tente visualizar suas raízes fortes e resistentes, que a mantêm firmemente no chão. Observe, nessa visualização, que você ainda pode balançar. Você não é tão rígida a ponto de quebrar quando os ventos ficaram mais fortes. Você viverá em sua comunidade, ajudando seus vizinhos e compartilhando alimentos e notícias — e, é claro, favorecerá seus próprios filhos de muitas maneiras, como fazem as árvores.

A ciência pode parecer inebriante às vezes, mas também é terrena. É estável, assim como uma velha árvore. A psicologia do desenvolvimento também parece ser assim para mim. Sinceramente, surpreende-me o fato de não aprendermos psicologia do desenvolvimento no ensino médio. É totalmente esclarecedora!

Algumas das antigas filosofias e práticas de "especialistas" foram desmascaradas, é claro. Não sei ao certo como o conselho de começar a ensinar os bebês a usar o penico *desde o nascimento* foi parar em um panfleto do governo dos Estados Unidos para novas mães em 1932, mas agora sabemos claramente que isso é ridículo. Em um livro de 1962, o Dr. Walter Sackett recomendava dar café aos bebês a partir dos seis meses de idade! Obviamente, eu também não recomendo isso.

Mais recentemente, nas décadas de 1980 e 1990, o Dr. William Sears, pediatra, e a coautora Martha Sears, enfermeira, pegaram uma das palavras mais importantes da ciência do desenvolvimento — *apego* — e a aplicaram à *sua abordagem parental*, chamando-a de "parentalidade com apego". Isso confundiu milhões de leitores, sugerindo que algumas práticas parentais específicas eram um método para *obter* apego seguro. Isso não é nem de longe verdade e, potencialmente, fez com que muitas mães se sentissem fracassadas. A parentalidade com apego, que é *a filosofia* dos Sears, não tem nada a ver com a formação de apego seguro, um conceito bem pesquisado e que é preditivo de saúde física, mental e de desenvolvimento no futuro (e funciona como um amortecedor contra os impactos do estresse tóxico).

Tudo isso para dizer que precisamos estar dispostos a rejeitar os conselhos de especialistas. Temos de considerar cada estudo no contexto em que foi feito, e não o generalizar cegamente para todas as famílias. Mas, à medida que continuei estudando a psicologia do desenvolvimento, achei fascinante o fato de que, apesar de muitas vezes dizermos que a nova ciência contesta a antiga ou que descobrimos alguma nova ideia revolucionária, muito do que os psicólogos do século XX teorizaram foi sustentado por evidências científicas. Mais recentemente, a neurociência confirmou grande parte da sabedoria mais antiga das ciências do desenvolvimento sobre resiliência. A neurociência também descobriu que a atenção plena, a visualização e a meditação — práticas que antes eram consideradas não científicas — deveriam estar em *todos* os nossos kits de ferramentas de desenvolvimento e criação de filhos. Quando inspiramos, inalamos o ar que as árvores exalaram. Quando expiramos, exalamos o dióxido de carbono que as árvores enviam para suas mudas. A prática paternal mais fundamental é algo que estamos fazendo em conjunto com as árvores desde que nossos ancestrais desceram de seus galhos e começaram a andar com os dois pés no chão.

Então, respire. Fazer o melhor que pudermos na maioria das vezes pode não parecer um padrão muito alto para a criação de filhos, mas tenho o prazer de relatar o que as pesquisas científicas mostraram claramente: se tivermos as informações essenciais e as aplicarmos com mais frequência do que não as aplicarmos, *isso já é bom o suficiente.*

Pense em uma boa parentalidade como um princípio de 75%. Você aprenderá muito neste livro, e, depois, eu mesma vou convidar você a descartar ativamente cerca de 25% dos meus conselhos, porque eles não funcionarão para a *sua* família — ou talvez porque você simplesmente não gostará deles. Mesmo dentro do que funciona para sua família, se você for o pai ou a mãe que deseja ser em 75% do tempo (e isso provavelmente ainda é um patamar alto!), isso é incrível. Em nossa vida acadêmica e profissional, a maioria de nós não tem como meta tirar nota 6, mas estou aqui para lhe dizer que, se conseguir implementar 75% das orientações práticas apoiadas por pesquisas, você está mandando muito bem.

Susan S. Woodhouse, pesquisadora da Universidade de Lehigh e especialista em apego, estudou mães de baixa renda, racial e etnicamente diversas, e seus bebês, e descobriu que, quando o cuidador principal respondia em cerca de metade das interações, isso criava um senso de apego forte o suficiente para proteger as crianças dos riscos psicológicos associados ao estresse da vida. Era necessário responder apenas pouco mais de 50% das vezes para obter esses benefícios.

Fique no meio-termo

Atualmente, recebo solicitações da mídia sempre que surge um novo estudo ou um influenciador de pais aparece dizendo isso ou aquilo, seja sobre chupetas, seja sobre tempo de tela ou modificação de comportamento. Muitas vezes, não posso dizer aos jornalistas o que eles querem ouvir. Não afirmarei que uma hora a mais na frente da televisão arruinará a vida de uma criança, assim como não direi que dar a ela uma xícara de café é uma boa ideia. Os extremos geram manchetes chamativas. Os extremos prometem segurança porque transmitem certeza. Mas é uma falsa sensação de segurança. A ciência é clara: os seres humanos não se desenvolvem em extremos.

Aqui estão os pontos inegociáveis na criação dos filhos, com os quais todos os psicólogos concordam:

- Cuide da saúde mental do cuidador principal.
- Não pratique abuso físico ou emocional.
- Não negligencie a criança.
- Comprometa-se com hábitos consistentes de sono, atividade física e alimentação.
- Estabeleça ***Regras*** claras que garantam segurança emocional e física.
- Seja sensível (o que definiremos mais adiante) às necessidades de seu filho (que não são a mesma coisa que seus "desejos").

Lembre-se de que ser bom o suficiente é bom o suficiente

Como no início de todos os projetos importantes, convido você a começar definindo uma intenção — neste caso, uma intenção para seu próprio crescimento como pai ou mãe. Coloque a mão no coração, respire fundo e diga: "*Na maioria das vezes*, eu sou o pai [ou mãe, ou cuidador] que quero ser". Ao definir uma intenção, também é muito útil nomear a barreira que você espera encontrar (por exemplo, "Fico irritado quando estou cansado") e, em seguida, elaborar um plano para lidar com essa barreira quando ela surgir (por exemplo, "Vou parar para respirar um pouco antes de falar ou agir").

O fato de você estar aqui, lendo este livro, significa que está engajado e aberto ao crescimento, e isso é fantástico.

Você está indo muito bem.

PARTE UM

A FLORESTA POR ENTRE AS ÁRVORES

Chegando ao que importa

CAPÍTULO 1

Eliminando o ruído

Começando por um lugar de EQUILÍBRIO

Antes de falar, pergunte a si mesmo se o que você vai dizer é verdadeiro, gentil, necessário e útil. Se a resposta for não, talvez o que você está prestes a dizer deva ser deixado de lado.

BERNARD MELTZER

Eleanor queria que o dia fosse perfeito. Sua filha, Camille, havia ensaiado durante meses para seu papel na peça da escola. Eleanor planejou tudo, desde as refeições que fariam antes da peça até as flores que daria à filha depois. Tudo estava organizado para que o dia transcorresse da forma mais tranquila possível, mas, no palco, Camille congelou e esqueceu suas falas. Naquela noite, ela chorou ao receber as flores perfeitas. Quando Eleanor me ligou, ela estava arrasada, sentindo que toda a experiência tinha sido um fracasso. Mas eu tinha outra visão. Pedi a Eleanor que considerasse o fato de que isso tinha sido um grande sucesso em termos de parentalidade. Camille pôde chorar com a mãe — Eleanor era uma pessoa segura, e Camille estava tendo uma resposta apropriada à sua decepção.

Todos nós gostaríamos que nossos filhos tivessem uma vida fácil, com quase nenhuma dor, muitas risadas e contribuições significativas, mas isso não é possível todos os dias. A vida real traz consigo desafios inevitáveis. Não precisamos fazer com que a infância se pareça com a vida adulta logo de cara, mas podemos ajudar nossos filhos a se adaptarem à realidade de viver em um mundo imperfeito.

Parte da ansiedade de ser pai ou mãe é saber que há muitas coisas neste mundo que não podemos controlar (inspire e depois expire: *há muitas coisas que não posso controlar*). Mas aqui está a parte animadora: *podemos* controlar nosso comportamento como pais *na maioria das vezes*, e a ciência nos mostra que nossa conduta como pais é a maior influência ambiental sobre o bem-estar de nossos filhos (inspire e depois expire: *há muitas coisas que posso controlar*).

Não digo isso para assustar. Quando soube que os pais tinham um impacto relativamente poderoso sobre os filhos, eu estava na pós-graduação e ainda nem estava grávida — e pensei: "Óbvio!". Quando tive meu primeiro bebê, pensei: "*Isso é demais para mim. Como vou conseguir dar conta?*".

À medida que fui amadurecendo como mãe, passei a ver esse profundo impacto como algo fortalecedor. Como pais, somos muito mais influentes do que o tempo de tela, os colegas de nossos filhos ou as escolas que eles frequentam. Se nos concentrarmos no que podemos controlar — nós mesmos —, isso é algo gerenciável. Ao fazer os exercícios de regulação deste livro, você se tornará cada vez melhor em tudo isso, mas sempre haverá espaço para erros e reparações.

Entendendo a regulação

Kristin chegou à nossa sessão envergonhada e chateada. Ela cresceu em uma casa onde aprendeu a equiparar masculinidade com violência e prometeu a si mesma não passar isso para os filhos. Ela não permitia brincadeiras grosseiras, por exemplo, assim como não permitia que subissem o tom de voz. Quando seu filho de quatro anos gritou algo com o irmão, o pânico percorreu seu corpo. Ela atacou o filho, gritando: "Nós não gritamos!". Agora, ela chorava em nosso grupo de pais: "Não acredito que tentei ensinar o meu filho a não ser agressivo gritando com ele!".

Faz sentido que Kristin tenha tido uma resposta de estresse desencadeada pelo seu passado. Mas essa resposta *improdutiva* ao estresse — quando não somos capazes de nos autorregular ou recebemos alarmes falsos sobre os perigos em questão — pode acabar fazendo com que ajamos e sejamos pais a partir de um local de medo e pânico. Muitas vezes, quando nos sentimos culpados pelo modo como lidamos com uma situação envolvendo os filhos, a raiz do problema é nossa própria incapacidade de nos autorregularmos no calor do momento. Lembrei-a de que uma reação ocasional de pânico em um lar amoroso não prejudicará nossos filhos. O que a ajudaria no futuro seria encontrar outra maneira de reagir a essa sensação de pânico em seu corpo.

A autorregulação — e, dentro dela, a regulação emocional — é a capacidade humana de responder às experiências de forma socialmente aceitável e suficientemente flexível, mas também de controlar ou retardar as próprias reações conforme necessário.

Minha maneira favorita de pensar sobre a autorregulação vem do psicólogo Rollo May. Em *A coragem de criar*, May escreveu: "A liberdade humana envolve nossa capacidade de fazer uma pausa entre o estímulo e a resposta e, nessa pausa, escolher a única resposta na qual desejamos nos empenhar. A capacidade de criar a nós mesmos, com base nessa liberdade, é inseparável da consciência ou da autoconsciência".

Sempre que falamos de autorregulação, estamos falando da ativação dessa pausa entre o estímulo e a resposta, *momento em que podemos nos criar*, em que podemos ser intencionais e realizar o trabalho de nos tornarmos os bons pais que queremos ser. Ser capaz de ativar essa pausa, *na maioria das vezes,* cria um tipo de liberdade que nos permite andar pelo mundo sem nos preocuparmos em perder a calma toda vez que alguém nos dá uma cotovelada no metrô ou pega emprestado nosso brinquedo favorito. Mesmo para os adultos, a autorregulação geralmente continua sendo um processo contínuo, que é testado e fortalecido de novas maneiras quando estamos perto de crianças. Kristin precisava se lembrar de que sua reação era compreensível — *e completamente perdoável.*

As crianças não nascem com a capacidade de autorregulação totalmente desenvolvida; elas a aprendem à medida que seus cérebros se desenvolvem. Uma das principais maneiras pelas quais todos nós aprendemos a nos autorregular é por meio de um processo chamado de corregulação, que exploraremos mais profundamente adiante e que envolve vários tipos de resposta, como uma presença acolhedora, o reconhecimento do sofrimento e um tom de voz tranquilizador, além de demonstrar nosso próprio processo de nos acalmar.

Quando penso em como a autorregulação funciona em um sentido prático, penso no meu novo sistema de alarme doméstico.

Sei que somente os nova-iorquinos se sentem mais seguros em Nova York do que em qualquer outro lugar e, como sou nova-iorquina, quando morava na cidade, não tinha um sistema de alarme. Depois me mudei para uma casa na Califórnia, com minhas filhas — e não me senti tão segura. *Quem nos ouviria gritar por socorro, se não morávamos em um prédio cheio de apartamentos?* Decidi que precisava de um sistema de alarme.

Quando entro pela porta, ouço um bipe lento que serve como sinal de alerta. Se fosse um ladrão, o alarme dispararia e a polícia viria. Quando chego em casa, o sinal de alerta me lembra de digitar minha senha. Em seguida, o sistema é desativado e tudo fica bem. Penso nesse sinal sonoro como uma metáfora da minha resposta ao estresse. Quando sinto o pânico percorrer meu corpo em reação a um estímulo relativamente não ameaçador, preciso ter a senha de autorregulação. Preciso ouvir o sinal sonoro e perceber que não há ladrão. Não estou sendo perseguida. Meus filhos não estão sendo ameaçados. Nada de ruim está acontecendo. Sou apenas eu, chegando em casa com a comida. Então, digito minha senha e desativo o sistema.

O truque para desenvolver o músculo da autorregulação como pessoa, e especialmente como pai ou mãe, é descobrir sua própria senha pessoal. Com o tempo, você ficará cada vez melhor em reconhecer os sinais de que seu corpo está prestes a soar o alarme e terá muito mais tempo para digitar a senha. Os sinais podem incluir pensamentos acelerados, dificuldade de concentração, taquicardia, boca seca, frio na barriga ou náuseas, mãos frias, respiração rápida ou necessidade de fazer xixi.

Cada pessoa é diferente. Quando seus filhos fizerem algo que desencadeie essa resposta de pânico em você, ou se eles estiverem passando por um momento de desregulação, quando estiverem chateados ou surtando com alguma coisa, o alarme precisa ser desativado antes que qualquer outra coisa possa acontecer. Em vez de ir ao encontro deles no momento de surto ou responder a gritos com mais gritos, digite sua senha. Isso trará você de volta a um estado de equilíbrio e permitirá que você esteja presente como o pai ou a mãe adulto(a) e amoroso(a) que a situação exige.

O que é extraordinário sobre a corregulação é que seu filho pode literalmente pegá-la emprestado do seu sistema nervoso para ajudar a se acalmar ou compreender um limite em um estado receptivo. Esse hábito, por si só — de encontrar sua senha e aprender a digitá-la para entrar em um modo regulado com bastante rapidez —, não apenas vai melhorar sua forma de educar, permitindo que você seja o pai ou a mãe que deseja ser com mais frequência, como também terá a maior influência sobre a capacidade de seus filhos se autorregularem no futuro. Talvez o resultado não seja imediato. A parentalidade é um jogo longo. Mas, no final das contas, valerá a pena.

Quando você encontra sua senha, você tem um sistema para saber o que fazer quando começa a sentir seu sistema nervoso fervilhando de ansiedade. Para a maioria das pessoas, essa senha é tão simples quanto respirar fundo uma vez. Ou duas. Ou três. Você não pode disparar o alarme enquanto estiver respirando. Os pulmões enviam a mensagem para o cérebro, por meio do nervo vago: *eu posso ser uma testemunha compassiva aqui*. Se uma imagem ajudar, imagine-se inalando o ar que uma árvore exalou. Em seguida, franza os lábios para expirar, como se estivesse soprando uma vela. Se palavras ajudarem, pense em uma frase: "Não estou sendo perseguido por um urso" ou "Todos os sentimentos são bem-vindos, mas não todos os comportamentos". Escolha uma frase que o lembre de respirar fundo — porque você realmente pode. Você tem tempo. Você pode desativar seu sistema antes que ele dispare o alarme principal. Se você não gosta de mantras, crie o hábito de jogar água fria no rosto, — ou coloque as mãos em um copo com gelo, se não quiser estragar a maquiagem. A exposição ao frio pode, de fato, atenuar a resposta à ameaça.

Como se manter conectado ao aqui e agora

Se você perceber que sua resposta ao estresse é frequentemente ativada com base em experiências do passado, seu código de acesso pode incluir uma prática rápida para se lembrar de que está no aqui e no agora.

Dê uma olhada ao redor. Olhe para o cômodo ou espaço onde você está e observe cinco cores.

Inspire pelo nariz. A respiração pelo nariz permite que o ar chegue aos lobos pulmonares inferiores, estimulando o sistema parassimpático, que é responsável pela restauração, pelo relaxamento e rejuvenescimento, ao contrário da respiração pela boca, que pode, na verdade, exacerbar o pânico e até causar hiperventilação.

Ao perceber as cores, nomeie-as. Diga a si mesmo: "**Azul**". Depois, expire pela boca e diga a si mesmo: "**Laranja**", e assim por diante. Pode parecer bobo no início, mas é melhor do que se descontrolar com seu filho de quatro anos, que não tem ideia das questões intergeracionais às quais você está respondendo. Você se acostumará com essas práticas à medida que sua autorregulação aumentar e suas raízes se fortalecerem.

Qualquer que seja a senha que funcione para você, é possível usá-la diariamente e praticar para permanecer regulado, independentemente do que esteja acontecendo com seu filho. No entanto, palavras e respiração podem não ser sua praia. Talvez você queira colocar uma mão no coração e a outra na barriga. Essa prática parental, de maneira ainda mais poderosa do que a proibição de expressões de agressão, afeta o modo como as crianças se desenvolvem e se tornam adultos capazes de se autorregular — porque elas terão a experiência de observar você, que é responsável por elas, e de se autorregular ao seu lado desde pequenas, ao longo de toda a infância e até a idade adulta. *Quem não quer ter um pai ou uma mãe para quem ligar em qualquer fase da vida e pedir emprestada uma sensação de calma e clareza?* É isto que o desenvolvimento parental fará por você: transformá-lo em alguém mais centrado.

É claro que, às vezes, você não conseguirá ativar sua senha antes de reagir. Mas aqui está a incrível verdade de ser pai ou mãe: temos várias oportunidades, todos os dias, para desativar esse sistema de estresse. No final das contas, você só quer dizer a si mesmo: "Na maior parte do tempo, sou capaz de me autorregular. Na maior parte do tempo, sou capaz de me corregular. Na maioria das vezes, consigo lembrar minha senha. E, quando não consigo, essa é outra oportunidade de demonstrar autocompaixão, pois, assim como meus filhos e todas as outras pessoas, sou um ser humano".

A senha dos pais: EQUILÍBRIO (*BALANCE*)

Se você já tem sua própria senha que funciona, continue a usá-la. Mas eu também o convido a pegar a minha emprestada. É o EQUILÍBRIO, a ferramenta que permitirá que você crie um espaço para olhar, ouvir e estar sensivelmente sintonizado, sem reatividade. Repetidamente neste livro, voltaremos às sete etapas do EQUILÍBRIO, porque elas contêm a resposta para praticamente todos os problemas que você encontrará na parentalidade. Talvez você não acredite agora, mas essas sete etapas, respaldadas pela ciência, são aplicáveis a praticamente todos os cenários. Fique comigo. Prometo fazer com que você acredite nisso até o final deste livro.

É a isto que tudo se resume:

Respire (*Breathe*). Inspire profundamente pelo nariz e expire. Sim, há uma rica neurociência por trás do poder da respiração; e não, você não pode pular esta etapa. Respire.

Reconheça (*Acknowledge*). Pergunte a si mesmo: "O que este momento está trazendo à tona para mim?". Por exemplo, você está atrasado e tem medo de que pareça que não consegue lidar com sua vida? Você está respondendo a alguma circunstância antiga que tem mais a ver com sua própria história do que com o momento atual? Sem julgamento aqui. Você pode apenas *refletir* por um momento.

Deixe para lá (*Let it go*). Você pode desfazer qualquer bagagem mais tarde, no seu próprio tempo. Quando você deixa de lado o passado e o futuro que esse momento está trazendo à tona, fica mais fácil se concentrar no presente.

Avalie (*Assess*). Reflita sobre o momento presente. Avalie seu próprio estado de espírito e o de seu filho — calmo, curioso, frenético, perturbado?

Observe (*Notice*). Observe o que está acontecendo em seu próprio corpo e o que está acontecendo no corpo de seu filho. O que os corpos presentes aqui e agora estão tentando lhe dizer?

Conecte-se (*Connect*). Faça com que seu filho saiba, verbalmente ou com seus gestos, que você o vê e se importa com seus sentimentos.

Envolver-se (*Engage*). Agora que você está equilibrado, pode decidir qual resposta deseja dar. Se o seu filho estiver gritando, você não gritará com ele para que pare de gritar; você dirá isso com calma e autoridade. Não importa qual seja o dilema dos pais: sua autorregulação o ajudará a identificar e responder no espaço entre a permissividade e a tirania.

Ainda não sabe exatamente o que fazer? Não se preocupe. Você chegará lá. Quando você adquirir o hábito de responder de um lugar regulado e equilibrado, a clareza virá em seguida.

Essas sete etapas ativam mecanismos em nosso cérebro para que possamos gerenciar melhor os cenários, desde a birra da criança até o pré-adolescente que acabou de destruir a casa enquanto fazia um filme de terror que, de alguma forma, envolvia grandes quantidades de *slime* verde. Com o tempo, você desenvolverá a memória muscular emocional que faz com que uma resposta calma e equilibrada pareça algo natural na *maioria das vezes*. Assim como aceitamos o fato de que a prática de exercícios físicos desenvolve os músculos físicos, a prática desse exercício mental será recompensada com agilidade e saúde emocional. Você traduzirá todo o processo de acordo com sua personalidade, o temperamento de seu filho e suas próprias crenças e valores.

Dê a si mesmo permissão para ser BAD (RUIM)

Quando sinto que não tenho tempo para passar por todas as sete etapas, pego um atalho. Sinto aquela sensação de pânico que me avisa que estou desregulada e lembro a mim mesma que é bom ser uma mãe BAD. Para ser uma mãe BAD, eu:

1. *Breathe* (Respiro).
2. *Assess* (Avalio).
3. *Deal* (Enfrento).

Lembro a mim mesma: "Todos os sentimentos são bem-vindos, mas não todos os comportamentos". Esse é o atalho. Mas, quando puder, pratique as sete etapas. Em breve, elas acontecerão tão rapidamente que parecerão quase automáticas.

Oito maneiras de ativar seu sistema nervoso parassimpático

O conceito pode parecer sofisticado, mas é surpreendentemente simples de ser ativado.

1. Respirar.
2. Imersão em água fria, mesmo que seja apenas passar água fria em suas mãos.
3. Rir.
4. Chorar bastante, com respirações profundas movimentando a barriga.
5. Passar algum tempo na natureza.
6. Brincar com um animal de estimação.
7. Dar um abraço de vinte segundos em uma pessoa querida.
8. Dar a si mesmo um abraço de borboleta: envolva seus braços em torno de si mesmo e aperte-os, movendo-os para cima e para baixo, usando um movimento de batidinhas com as pontas dos dedos.

Corregulação

Aprendi que as pessoas esquecerão o que você disse, esquecerão o que você fez, mas nunca esquecerão como você as fez sentir.

MAYA ANGELOU

Um dos motivos pelos quais cuidar de nós mesmos ajuda tanto nossos filhos é que a corregulação está no centro de todos os relacionamentos humanos. No relacionamento entre pais e filhos, ela é fundamental. A corregulação na criação dos filhos refere-se à presença de um cuidador calmo e conectado, que pode permitir que a criança recupere o equilíbrio quando estiver chateada ou com medo. Costuma-se dizer que ninguém pode fazer você se sentir de uma determinada maneira. No entanto, isso não é verdade. Qualquer pessoa que tenha estado em um ambiente em que alguém entrou muito chateado sabe que o sistema nervoso de todos reage. Isso ocorre porque os seres humanos são interdependentes — ou "intraconectados", como diz o psiquiatra e professor de neurobiologia Dr. Dan Siegel. Nós nos corregulamos. Portanto, quando alguém está chateado, nosso sistema nervoso responde, e somos desafiados a não ficarmos chateados junto com a pessoa.

Não há problema nenhum em reconhecer que alguém pode despertar um sentimento em você. Um objetivo de ser adulto também é ter autorregulação, para que seja possível responder com intenção em vez de se deixar levar pela perturbação emocional da outra pessoa.

Com nossos filhos, esperamos corregular calma em vez de irritação, mas funciona da mesma forma. Quando nosso bebê está chateado, nós o pegamos no colo e fazemos sons suaves, por exemplo. De acordo com a teoria polivagal, desenvolvida pelo neurocientista e psicólogo Dr. Stephen Porges, o envio e recebimento recíprocos de sinais de *segurança* — não apenas de sinais de ausência de perigo — é o que realmente estabelece uma conexão entre dois sistemas nervosos, cada um nutrindo e regulando o outro. Por meio da teoria polivagal, Porges descreve como a sensação de segurança começa nas profundezas do sistema nervoso autônomo de cada pessoa. Quando a segurança é detectada, nosso sistema nervoso trabalha para nos acalmar. A interação com uma pessoa em quem você confia profundamente cria esse ambiente seguro.

Com nossos filhos, que ainda estão aprendendo a se autorregular, podemos usar esses conceitos de corregulação e da teoria polivagal para nos apoiar nessa interdependência e emprestar nossa própria calma aos nossos pequenos. O simples fato de embalar um bebê e sussurrar "estou aqui" ativa a corregulação e ajuda o sistema nervoso do bebê a se recuperar de qualquer perturbação ou ativação. Do mesmo modo, à medida que nossos filhos crescem, podemos trazer calma regulando nosso próprio sistema nervoso e respondendo com tranquilidade quando o sistema deles entra em uma resposta desnecessária de luta ou fuga.

Sobreviver e tornar-se sábio

O cérebro humano normalmente se desenvolve de trás para frente, o que também é descrito como desenvolvimento de baixo para cima. Primeiro, aprendemos a sobreviver e, depois, aprendemos a ser sábios. Todos nós nascemos com um cérebro posterior bem-desenvolvido — ou "cérebro de sobrevivência" —, que inclui o tronco cerebral e a região límbica. Nosso cérebro de sobrevivência é responsável por funções básicas, como respirar e piscar, e por reações inatas a ameaças percebidas — ou seja, lutar, fugir ou paralisar. A amígdala é um elemento-chave da parte posterior do cérebro. Quando a amígdala percebe o perigo, ela soa o alarme e ativa o eixo hipotálamo-hipófise-adrenal, a fim de liberar adrenalina e cortisol em resposta à ameaça. O problema é que a amígdala age de acordo com as emoções e os instintos e, especialmente no início da vida, pode ter dificuldade em distinguir entre o perigo real e os alarmes falsos sem a contribuição da parte sensata do cérebro.

A parte frontal do cérebro, ou córtex cerebral, inclui o córtex pré-frontal — o aspecto sábio e ponderado do cérebro — ou o "cérebro sábio". Essa é a parte do cérebro em que ocorre o processamento mental complexo, como a tomada de decisões racionais, o controle das emoções e do corpo, a autocompreensão, a empatia e a moralidade. Não é que as emoções não desempenhem um papel igualmente importante, mas elas fornecem informações em conjunto com a razão para determinar o que precisamos — de fato, é aí que entra a sabedoria. A parte frontal do cérebro não se desenvolve totalmente até que a pessoa tenha entre dezoito e vinte e tantos anos de idade, com os maiores períodos de crescimento ocorrendo durante os primeiros anos de vida, com outro grande salto na adolescência.

Durante a percepção de uma ameaça, a amígdala é inundada com sinais de alarme, e a parte frontal do cérebro é limitada, porque simplesmente não precisamos do nosso sábio interior quando estamos fugindo de um urso. Entretanto, com a prática, é possível fortalecer a comunicação entre as partes posterior e parte anterior do cérebro, para que possamos gerenciar melhor as fortes reações da amígdala. Isso é chamado de "integração cerebral" e acontece quando as partes frontal e posterior do cérebro trabalham juntas, desenvolvendo conexões neurais maiores para que as informações fluam rapidamente para frente e para trás. Sem essa conexão, pessoas de todas as idades podem ficar sobrecarregadas de emoções e reagir, por exemplo, com birras e crises de ansiedade.

É aí que entramos com a corregulação. Ao compartilhar nosso senso de calma com nossos filhos, nós os ensinamos lentamente a se regularem por conta própria ao sentirem uma possível ameaça. Ao segurar o bebê e exalar sua própria calma ou ao permanecer inabalada quando a criança não consegue encontrar seu brinquedo favorito, você está enviando uma mensagem clara: *Se a mamãe não está assustada, provavelmente não há um urso nos perseguindo.* Com o tempo, isso permitirá que seu filho faça uma pausa, considere várias respostas por conta própria e, com intenção, selecione as escolhas que garantem os melhores resultados.

Então, o que nos impede de agir de acordo com todos os nossos sentimentos? É a regulação — aquela pausa, muitas vezes fugaz, entre o estímulo e a resposta, durante a qual podemos nos recompor, de preferência *na maioria das vezes*. Como pais, somos desafiados diariamente a manter nosso comportamento sob controle e somos responsáveis por orientar nossos filhos para que eles também aprendam esse importante conjunto de habilidades.

Quando conseguimos lidar com as experiências emocionais de nossos filhos sem transformá-las em algo sobre nossos próprios sentimentos, damos espaço para que eles se sintam psicologicamente seguros ao compartilhá-los. Pode ser difícil se preocupar com o fato de que, ao compartilhar seus sentimentos com um adulto, ele vai desmoronar junto com você. Você consegue ouvir o que seu filho está passando, tentar entender e apoiá-lo? Ao fazer isso, você apoia sua crescente sensação de regulação, à medida que ele amadurece e adquire a confiança de que todos os sentimentos são bem-vindos, mas não todos os comportamentos — e, com a prática e o desenvolvimento cognitivo, todos nós podemos manter a calma na *maioria das vezes*.

Como acontece com muitos aspectos na criação de filhos, tudo começa conosco. As crianças são programadas para estarem sintonizadas aos nossos estados emocionais. Quer queiramos, quer não, elas absorvem tudo o que podem para entender a si mesmas e o mundo que as rodeia. Se estiver se sentindo ansioso, reconheça seus sentimentos de ansiedade. Se estiver se sentindo mal-humorado, reconheça que pode estar irritado. Não há problema em dizer isso em voz alta — desse modo, você dá ao seu filho a oportunidade de entender que esses são os seus sentimentos e não necessariamente os sentimentos dele. As crianças geralmente presumem que causaram esses sentimentos em você, por isso é extremamente importante que você diga claramente que esse não é o caso.

Em vez de dizer: "Você está me cansando", tente falar algo como: "Não dormi muito na noite passada, por isso você deve ter notado que estou mais mal-humorado".

As crianças podem lidar com nossos sentimentos — nossa gama inteira deles — desde que entendam que nós sabemos lidar com eles que elas não precisam nos ajudar com isso e que, independentemente do nosso estado mental, nós sempre as amamos e somos capazes de cuidar delas. Elas precisam entender que somos capazes de cuidar delas e de nós mesmos. Elas também precisam saber que aceitamos toda a gama de sentimentos e que, quando os nomeamos e os aceitamos, podemos avançar para as próximas etapas.

Isso não significa que você deva compartilhar todas as suas preocupações com seu filho. Significa que você vai prestar atenção aos seus próprios sentimentos e experiências para não os projetar inadvertidamente em seus filhos. Você pode tentar narrar o que está acontecendo com você enquanto se desloca para o presente, dizendo algo como: "Estou tão irritado agora que é difícil me concentrar no que estou fazendo. Vou respirar fundo e ver se consigo voltar a prestar atenção no que estou fazendo aqui".

Portanto, se você tem sentimentos que vão da tristeza à raiva, não há problema em compartilhá-los com seus filhos. Na verdade, é melhor que eles saibam que você tem esses sentimentos e sabe o que vai fazer a respeito disso do que eles apenas percebam que algo está errado e tentem adivinhar o que é.

Comprometa-se com o "cuidado sensível"

As crianças estão incrivelmente sintonizadas com nossos estados emocionais. Elas percebem a tensão e a sentem em seu próprio sistema nervoso. Fingir estar alegre não vai ajudar nossos filhos. Mas sempre *podemos* respirar fundo e invocar o melhor humor que está verdadeiramente disponível para nós a qualquer momento e estar presente para os nossos filhos, tão únicos. Ao fazer isso, podemos iniciar nossa prática de cuidado sensível.

O cuidado sensível é um aspecto essencial da paternidade positiva que influencia o desenvolvimento da função executiva e o vínculo seguro. O conceito científico de cuidado sensível existe há décadas e foi originalmente definido pela psicóloga do desenvolvimento Mary Ainsworth como a capacidade de detectar e responder adequadamente aos sinais comportamentais implícitos de uma criança. Portanto, quando digo "comprometer-se com o cuidado sensível", estou me referindo especificamente a algo enraizado em décadas de ciência e que não deve ser confundido com o que pode parecer — a ideia de que todos os desejos e sentimentos de uma criança devem parar o mundo. Na verdade, parte de ser um cuidador sensível é saber quando e como reagir adequadamente ao seu filho e às circunstâncias, mesmo quando isso significa impor limites e sentir o desconforto dele.

O cuidado sensível, por definição, nunca será igual para todos. Cuidar com sensibilidade significa que somos capazes de perceber e responder aos sinais de uma criança única de uma maneira que se adapte às necessidades dessa criança. A definição parece quase simples: um adulto cuidador leva em consideração o temperamento e as necessidades individuais de seu bebê ou criança, percebe os sinais dela e responde adequadamente. É recíproco e relacional. No entanto, o cuidado sensível não é algo natural para muitos de nós — muitas vezes, porque não foi aplicado em nós por nossos próprios cuidadores.

Podemos, desde o momento em que conhecemos nossa nova pessoa, ou assim que formos capazes, começar a conhecê-la e aceitá-la. O que a encanta? Quando ela fica angustiada? Ela gosta de muitas atividades e cores vivas? Ela se sente mais segura quando tem espaço e tempo para ficar em silêncio? Quando bebês e crianças balbuciam, gesticulam ou choram e o adulto responde adequadamente com palavras, contato visual ou um abraço, isso constrói e fortalece as conexões neurais em seus cérebros em crescimento, as quais apoiam o desenvolvimento de habilidades sociais e de comunicação. Os psicólogos do desenvolvimento chamam esse processo de "servir e responder" — porque o enxergam como um vai e vem, como no tênis ou no pingue-pongue —, e a ciência nos mostra que essas interações moldam a arquitetura do cérebro. Quando nós, como pais e cuidadores, somos sensíveis e receptivos aos sinais de uma criança, proporcionamos um ambiente rico em experiências de servir e responder.

Vamos nos aprofundar em temperamento no Capítulo 6, mas, por enquanto, quero assegurar-lhe que o cuidado sensível não se trata de seguir um roteiro específico; ele muda com o tempo, à medida que as crianças passam por seus estágios de desenvolvimento. Se uma criança de três meses estiver chorando e inconsolável, um cuidador sensível se aproximará dela, a pegará no colo, verificará se a fralda dela está molhada e se está com fome. Se uma criança de quatro anos com desenvolvimento típico estiver com fome ou molhada, ou se estiver com muito calor ou muito frio, ela provavelmente é capaz de comunicar isso e resolver pelo menos parte do problema por si mesma, de modo que, nesse ponto, o cuidador sensível poderia simplesmente orientar a criança em idade pré-escolar para que suas necessidades sejam atendidas, sem resolver tudo para ela só porque está fazendo barulho.

Se você está se preparando para montar um quebra-cabeça com seu filho de nove meses porque o irmão mais velho dele gosta de quebra-cabeças, mas esse bebê está apontando para o livro, o cuidado sensível significa que você mudará para o livro. O cuidador sensível diz: "Ah, você notou o livro. Vamos ver — o que é esse livro?". Portanto, estamos falando em atender às necessidades intelectuais e emocionais de forma adequada à idade e ao temperamento. Esses pequenos momentos em que você está brincando com um quebra-cabeça ou lendo um livro podem parecer insignificantes, mas estão fazendo com que a criança saiba que quem ela é e o que ela precisa são aspectos que ela pode comunicar a esse cuidador muito importante em sua vida e que o cuidador é capaz de responder na *maioria das vezes*.

Sua resposta nem sempre precisa ser "sim". Se são duas da manhã e seu filho de cinco anos o acorda exigindo um livro, um cuidador sensível responde adequadamente, ou seja, envia a mensagem: "Não. É hora de descansar".

Como e por que as crianças nos observam

À medida que as crianças se desenvolvem, seus cérebros "espelham" os cérebros dos pais. Em outras palavras, o crescimento e o desenvolvimento dos pais, ou a falta deles, afetam o cérebro da criança. À medida que os pais se tornam mais conscientes e emocionalmente saudáveis, seus filhos colhem as recompensas e avançam em direção à saúde.

DANIEL J. SIEGEL, MD

É natural querer que nossos filhos sejam capazes de se controlar e agir da maneira que desejamos desde o nascimento, mas, como acabaram de chegar ao mundo e seus cérebros não estão totalmente formados, eles precisam aprender a fazer essas coisas. A principal maneira de aprender é nos observando. Eles nos observam perder a paciência ou manter o equilíbrio e responder com sensibilidade a eles e às outras pessoas ao nosso redor. Isso pode parecer muita pressão, mas sejamos realistas: aprender a ser um bom ser humano levaria a vida inteira se não tivéssemos nenhum exemplo. É por isso que as crianças observam e imitam.

Um dos experimentos mais conhecidos da história da psicologia envolveu um boneco de palhaço em tamanho natural, de aparência um pouco assustadora, chamado Bobo. Com esse boneco, o psicólogo de Stanford, Dr. Albert Bandura, e seus colegas expuseram crianças a dois modelos diferentes: um adulto agressivo, que usava insultos verbais e chegava a bater no boneco com uma marreta, e um adulto não agressivo, que brincava gentilmente com alguns brinquedos. Em seguida, foi mostrada às crianças uma série de jogos divertidos com os quais poderiam brincar por apenas alguns minutos, aumentando intencionalmente seus níveis de frustração. Em seguida, elas foram deixadas sozinhas com o palhaço, e foram observadas secretamente imitando os comportamentos que haviam testemunhado nos modelos adultos. É interessante notar que, quando as crianças nos experimentos foram informadas de que os adultos enfrentaram consequências por seus comportamentos agressivos, elas tinham menos probabilidade de imitá-los.

Mesmo quando as crianças viram o mau comportamento e só ouviram que o adulto enfrentou consequências, elas conseguiram se afastar do exemplo negativo. No entanto, quando os comportamentos ruins não são mencionados, as lições realmente começam a ser codificadas no cérebro de nossos filhos. Acredite ou não, antes desses experimentos, muitas pessoas nunca pensaram sobre o impacto que os comportamentos modelados tinham sobre as crianças.

Podemos usar a teoria de aprendizado social de Bandura para demonstrar e modelar os comportamentos que também queremos ver. Você pode começar sendo intencional ao falar o que pensa — e sincero quando perceber que não atingiu seu objetivo. As crianças aprendem tanto com sua capacidade de dizer: "Não reagi da maneira que eu queria e gostaria de ter feito algo diferente" quanto com sua capacidade de acertar na primeira vez. Todos nós temos sentimentos. Todos nós temos comportamentos. E, quanto mais formos capazes de fazer uma pausa e refletir entre o sentimento e a ação, mais seremos capazes de nos comportar de maneira intencional.

Quando digo aos pais com quem trabalho que *todos os sentimentos são bem-vindos, mas não todos os comportamentos*, é para reforçar a importância de separar as emoções dos comportamentos. É normal que nossos filhos *sintam* raiva de um irmão, mas não é normal *bater* nele. Não há problema em *se sentir* frustrado com um brinquedo que não está funcionando, mas não se deve *esmagar* esse brinquedo contra a parede. Não há problema em não gostar de cebola, mas não é legal dizer à avó que ela é uma péssima cozinheira. Quando separamos sentimentos de comportamentos, podemos começar a separar a vergonha das expectativas. Podemos nos sentir como nos sentimos, e isso é diferente de como agimos e de como esperam que ajamos.

Às vezes, é tentador dizer: "Você deveria se sentir grato" ou "Você ama seu irmão", quando, na verdade, o que alguém sente não depende de nós, mas como ele *age* em relação a esse sentimento é algo que podemos dizer. É aí que entram as expectativas. Você pode *se sentir* como quiser, mas não pode *se comportar* como quiser. É assim que podemos "disciplinar" nossos filhos sem nos preocuparmos em envergonhá-los pelos sentimentos que estão tendo.

Os benefícios de não consertar tudo

Muitas pessoas definem saúde mental como ter emoções positivas — sentir-se bem, sentir-se feliz, sentir-se calmo ou sentir-se relaxado. Mas as emoções, mesmo as positivas, vêm e vão. A psicóloga e autora Lisa Damour afirma que

> essa é uma definição problemática, pois todos nós podemos começar o dia nos sentindo bem, mas pode acontecer algo que comece a arruinar seu dia e você não se sentirá mais feliz, nem calmo, nem relaxado. Isso não significa que sua saúde mental

> esteja em risco. A saúde mental não se trata de se sentir bem, calmo ou relaxado, mas de ter sentimentos que fazem sentido no momento e que correspondem ao contexto. E, o mais importante, significa lidar bem com esses sentimentos, de forma eficaz e de uma maneira que traga alívio e não cause danos.

Ser uma pessoa feliz não significa que você será feliz o tempo todo. Ser mentalmente saudável não significa que você será feliz o tempo todo. As crianças precisam experimentar sentimentos desconfortáveis e se tornar realmente boas em reconhecer que podem sobreviver a esse desconforto, que ele é apenas temporário.

É muito natural querer tornar as coisas mais fáceis para nossos filhos. Nós os amamos e queremos que eles sintam os sentimentos mais agradáveis. Sei que consertar as coisas vem de um lugar amoroso, mas consertar e evitar pode enviar a mensagem de que não acreditamos que nossos filhos tenham a capacidade de enfrentar os desafios da vida. Se quisermos que nossos filhos acreditem em si mesmos, temos de acreditar neles também. Toda vez que consertamos algo que eles poderiam ter consertado sozinhos, toda vez que fazemos com que eles não passem por um desafio — mesmo que seja difícil de ver, porque você ama seu filho e não quer que ele passe por experiências emocionais difíceis ou se esforce demais —, quando consertamos ou facilitamos, estamos essencialmente dizendo a eles: "Acho que você não consegue lidar com isso". No entanto, quando você se afasta, está dizendo a ele: "Acredito que você seja capaz de fazer isso. Pode ser que sejam necessárias algumas tentativas, pode ser que demore um pouco e pode ser desconfortável durante o processo, mas acredito em você!".

As crianças não precisam que seus sentimentos sejam consertados; elas só precisam saber que nós as amamos em toda a gama de sentimentos que elas têm, para que, à medida que cresçam, também possam desenvolver sua capacidade de lidar bem com esses sentimentos, de forma eficaz e de uma maneira que traga alívio e não cause danos.

Micromeditações

Atenção plena para a qual você tem tempo

1. Mesmo que você não consiga reservar vinte minutos para meditar, comece a praticar a respiração profunda toda vez que passar por uma porta ou que mudar de uma atividade para outra. Veja se consegue se comprometer com a prática de um minuto por dia.

2. Programe um cronômetro para um minuto e conte apenas seus pensamentos. Não julgue a qualidade ou o conteúdo dos pensamentos; apenas observe cada um deles e deixe-os passar, como se fossem um outdoor em uma rodovia. Apenas informações. A maioria deles não tem nada a ver com o presente.

3. Coloque a mão em seu coração e diga: "*Na maioria das vezes*, eu sou o pai/a mãe que quero ser".

4. Conte seus passos enquanto caminha. Tente dar três passos por inspiração e mais três por expiração. Não é preciso esvaziar a mente para meditar. Apenas o ato de contar seus passos lhe proporcionará o momento de que precisa.

5. Se estiver sentindo que precisa de um alívio, tente fazer a respiração do leão. Inspire longamente e depois abra bem a boca, coloque a língua para fora e faça um som de rugido!

EXERCÍCIO DE REGULAÇÃO

Meditação da respiração

Uma maneira poderosa de desenvolver sua autorregulação e desativar a hiper-reatividade é por meio de uma prática consistente de meditação — e não estou falando de algo que será apenas mais um sonho distante na sua lista de tarefas. Combinar essa prática com sua senha de EQUILÍBRIO vai desenvolver seus músculos de autorregulação para que, cada vez mais, você consiga acessar o espaço entre o estímulo e a resposta e se ancorar na liberdade de agir com intenção.

A maioria das práticas de meditação ensinadas nos Estados Unidos vem das tradições budistas, mas a atenção plena é antiga e transcultural. Também gosto de pensar na atenção plena como *atenção ao coração* (em muitos idiomas orientais, inclusive o sânscrito, as palavras *coração* e *mente* são sinônimas). As pesquisas em neurociência das últimas duas décadas confirmaram o que monges, místicos e avós em oração já sabiam há milênios: a meditação da atenção plena beneficia nossos domínios cognitivos, incluindo atenção, memória, função executiva e flexibilidade cognitiva. Pode parecer uma ironia cruel que, justamente quando você mais precisa de apoio para toda essa agilidade mental, você literalmente não tenha tempo para meditar. Mas o tipo de atenção plena de que estou falando — e o tipo que eu pratico — não requer uma sala especial ou uma quantidade absurda de tempo sozinho, sem que ninguém o incomode.

Se você tem tempo para respirar, tem tempo para respirar intencionalmente. E essa é uma prática legítima de meditação.

A quantidade específica de tempo depende de você. Praticamente todos os smartphones têm cronômetros. Você pode baixar um aplicativo de atenção plena se for como eu e preferir que o alarme soe como se estivesse em um mosteiro, em vez de escondido no armário da lavanderia.

1. Sente-se ou deite-se — o que for mais confortável para você. Algumas pessoas gostam de se sentar com os pés firmemente apoiados no chão. Outras pessoas gostam de ter muitos travesseiros sob os quadris. O que quer que funcione para você ou que lhe pareça prático servirá para a meditação, mas concentre-se na sua postura. Apenas a observe.
2. Faça uma pausa e respire fundo, percebendo a sensação em seu corpo ao inspirar pelo nariz. Contraia um pouco os lábios ao expirar pela boca, quase como se estivesse soprando uma vela com muito cuidado, sem querer derramar a cera derretida.

3. Enquanto continua respirando, introduza uma contagem: inspire contando silenciosamente até quatro, segure contando silenciosamente até seis e expire pela boca contando silenciosamente até oito.
4. Lembre-se de que sua respiração e essa contagem são suas âncoras.

Essa prática redefinirá seu sistema nervoso. Se sua atenção se desviar para *"Por que estou fazendo isso?"* ou *"Isso realmente está me ajudando?"*, saiba que essas são ótimas perguntas. Lembre-se de que há uma ciência sólida por trás da prática. Essa prática fará de você o pai ou a mãe e a pessoa que deseja ser. Depois, volte para a respiração.

À medida que você avança neste livro, experimenta diferentes exercícios de atenção plena e inicia ou reinicia sua prática diária de meditação, poderá descobrir que a respiração não é a melhor âncora para você. Começamos com a respiração porque é o que funciona para a maioria dos seres humanos, mas, se a concentração na respiração parece aumentar sua ansiedade, você tem outras opções. Se esse for o seu caso, outra âncora — como olhar para os dedos dos pés ou para um ponto na parede ou visualizar uma cor — pode se tornar sua opção preferida.

CAPÍTULO 2

Cinco práticas parentais e cinco habilidades que preparam seu filho para a resiliência

A simples magia de criar crianças capazes de enfrentar as tempestades da vida

Aprendi que se pode saber muito sobre uma pessoa pela maneira como ela lida com estas três coisas: um dia chuvoso, bagagem perdida e luzes de árvore de Natal emaranhadas.

MAYA ANGELOU

Quantas vezes você já ouviu alguém dizer: "As crianças são resilientes"? Embora as crianças realmente se recuperem, e essa frase possa nos confortar quando estamos em pânico em momentos difíceis, a verdade é que a resiliência depende de uma série de fatores, e pode ser prejudicial continuar repetindo essa palavra como se as crianças fossem as únicas responsáveis por "serem" resilientes.

Qualquer semente que brota tem uma chance de sobrevivência, mas as árvores que prosperam por centenas de anos são sombreadas, com raízes conectadas a outras árvores da floresta. Da mesma forma, a resiliência humana é um processo que requer sistemas de apoio que vão além do indivíduo.

Ann S. Masten, professora do Institute of Child Development (Instituto de Desenvolvimento Infantil) da Universidade de Minnesota e uma das principais pesquisadoras sobre resiliência do mundo, define amplamente o conceito como "a capacidade de um sistema de se adaptar com sucesso a distúrbios que ameaçam sua viabilidade, função ou desenvolvimento". Ela descobriu que a resiliência surge da "magia comum" e depende de uma série de fatores, incluindo relacionamentos de apego, saúde mental do cuidador, relacionamentos sociais, autorregulação e habilidades de resolução de problemas. Ela observa que "a resiliência é feita de processos comuns, e não extraordinários".

Nem sempre podemos controlar a *exposição* de nossos filhos ou de nossa família às adversidades, mas podemos fazer o possível para nos vestirmos de acordo com o clima. Não podemos controlar a *sensibilidade* de cada membro da família aos momentos difíceis — isso depende do temperamento e do estágio de desenvolvimento de cada um —, mas podemos fazer muito para reforçar sua *capacidade de adaptação*. E isso faz toda a diferença nessa equação.

Identifiquei cinco práticas parentais e cinco habilidades que podem ser ensinadas e que fortalecem essa equação a favor de nossos filhos, preparando-os para que tenham resiliência por toda a vida. Chamo esses princípios e habilidades de Cinco *R*s e cinco GAMES.

Entendendo a função executiva

A função executiva é um conjunto importante de habilidades que envolve o autocontrole consciente de pensamentos, ações e emoções. É um aspecto abrangente do desenvolvimento do cérebro, com um enorme impacto sobre como nos tornamos quem somos.

Normalmente adquirida no início da infância, a função executiva continua a se desenvolver ao longo de nossa vida. Embora algumas crianças tenham mais facilidade para desenvolver essas habilidades do que outras, a função executiva é cultivada no contexto dos ***relacionamentos*** com os responsáveis. Relacionamento é o primeiro dos cinco princípios da parentalidade, mas, como aprenderemos ao longo deste livro, cada um dos princípios funciona para reforçar a função executiva. Ao usar esses princípios, você ajudará a desenvolver as vias neurais de seu filho.

A maioria dos adultos usa as habilidades executivas em seu dia a dia sem nem sequer pensar nelas. Sabemos onde os produtos estão localizados no mercado, mas geralmente não nos irritamos quando mudam o salgadinho de milho de lugar. Simplesmente perguntamos a alguém que trabalha lá e somos capazes de seguir suas instruções para conseguir o que queremos. As crianças não nascem com nada disso. Uma maneira de ajudar as crianças a desenvolver a função executiva — antes que elas tenham uma crise no supermercado — é orientá-las, em voz alta, quanto às etapas de resolução dos desafios cotidianos. Você pode dizer: "Vamos pegar o salgadinho. Ai, meu Deus, que chato; o salgadinho costumava estar bem aqui. Para onde será que ele foi? Você acha que alguém que trabalha aqui pode saber para onde ele foi levado?". Isso reconhece e normaliza os processos pelos quais todos nós passamos, geralmente de forma silenciosa ou até mesmo inconsciente, à medida que acionamos a função executiva do nosso cérebro.

Os pais também podem se engajar no que os pesquisadores chamam de "solução de problemas dirigida por metas", apropriada ao nível de desenvolvimento da criança (tema que abordaremos no Capítulo 13, quando falarmos mais sobre autonomia). Com a solução de problemas dirigida por metas, praticamos todos os aspectos da função executiva — e especificamente as habilidades essenciais de controle inibitório, memória de trabalho e flexibilidade cognitiva.

O controle inibitório inclui coisas como dar uma resposta ponderada em vez de impulsiva, resistir à tentação, resistir à distração e manter o foco. Talvez seu filho tenha uma forte inclinação para pegar o brinquedo de outra criança. O controle inibitório será a habilidade que o impedirá de agir de acordo com essa inclinação.

A memória de trabalho é outra função executiva e envolve a capacidade de reter informações e trabalhar com elas. Os exemplos incluem transformar instruções em planos de ação, considerar alternativas, pensar sobre o que você pode fazer no futuro ou refletir sobre o que você fez no passado.

Uma terceira função executiva essencial é a flexibilidade cognitiva — ser capaz de pensar fora da caixa, olhar para algo sob diferentes perspectivas e atualizar seu pensamento ou planejamento com novas informações. Por exemplo, talvez você não concorde com alguém em quase nada, mas pode encontrar pontos em comum em relação ao gosto musical. Portanto, a flexibilidade cognitiva tem a ver com reenquadramento, com ver as coisas de maneiras diferentes.

As funções executivas têm sido chamadas de kit de ferramentas mentais para o sucesso porque são essenciais para quase tudo o que queremos fazer na vida, desde as coisas realmente importantes até a realização de tarefas domésticas. Quando você pede a uma criança pequena que molhe um pano para limpar um balcão ou que pegue um punhado de morangos de um recipiente e os transfira para uma tigela, você a está ajudando a desenvolver essa capacidade de foco e concentração.

Os Cinco *Rs*

Os Cinco *Rs*, de ***Relacionamentos, Reflexão, Regulação, Regras*** e ***Reparação***, levam ao sexto *R*, Resiliência. Essas são práticas parentais que podemos desenvolver todos os dias. São elas:

Relacionamentos

A influência externa mais poderosa sobre a capacidade de seu filho de se recuperar de experiências difíceis é a presença de um *relacionamento* carinhoso com pelo menos um adulto amoroso, solidário e estável. Sabemos, por meio de pesquisas, que os relacionamentos *desenvolvem* a resiliência. Cabe a nós, como adultos, proporcionar conexão e comunidade para as crianças do mundo, para que elas tenham a chance de desenvolver as habilidades de resiliência com o apoio dos adultos ao seu redor.

Reflexão

Sabemos que a *reflexão* — principalmente a *autorreflexão* — é contemplativa por natureza, por isso vou pedir que me acompanhem. Como pais, especialmente se nossos filhos ainda são pequenos, a maioria de nós não sente que tem tempo para muita meditação contemplativa, mas, se deixarmos de lado a imagem do monge solitário meditando, sem nada para fazer o dia todo a não ser olhar para a parede de sua caverna, podemos abrir espaço para a atenção plena e a micromeditação nos intervalos *entre* os momentos mais agitados de nossa vida diária. Se você tiver tempo para respirar, terá tempo para respirar intencionalmente, e essa respiração intencional redefine seu sistema nervoso. Nesse intervalo entre os momentos, você pode fazer uma pausa para pensar sobre suas próprias experiências e como elas podem afetar sua perspectiva.

A psicóloga do desenvolvimento Stephanie Carlson observa que a reflexão invoca e apoia o arbítrio e, portanto, a autonomia: "Com arbítrio, é possível refletir sobre si mesmo", diz ela. "A reflexão ocorre quando interrompemos uma resposta reflexiva, fazendo uma pausa e adotando uma lente grande angular sobre a situação. Assim, a reflexão proporciona uma espécie de distância psicológica, o espaço entre o estímulo e a resposta, no qual é possível perceber as opções. Sem arbítrio, as crianças se comportarão de forma reflexiva, exibindo habilidades de função executiva deficientes, ao passo que, com arbítrio, elas refletirão sobre suas opções de resposta, usarão as habilidades de função executiva e terão maior probabilidade de agir de acordo com suas metas".

Não há nada como a parentalidade para trazer à tona questões de sua própria infância — e, nesses momentos de reflexão, você pode encontrar oportunidades para quebrar velhos ciclos que talvez não queira repetir. A reflexão na criação dos filhos também significa que você tem tempo — mesmo que seja apenas nos intervalos entre os momentos — para refletir sobre o que seu filho precisa agora. Quando refletimos junto com nossos filhos, observamos, consideramos e analisamos o que aconteceu e, com essa reflexão, somos capazes de responder adequadamente e ensiná-los a fazer o mesmo. A reflexão no contexto da solução de problemas direcionada a metas nos permite aprimorar nossas próprias habilidades de função executiva e as de nossos filhos.

Regulação

Significa que somos capazes de nos manter intencionais, não permitindo que nossas emoções e nosso comportamento reajam de forma desnecessária ao instinto de luta ou fuga. Com as crianças, temos várias oportunidades, todos os dias, de manter a calma ou adotar outras respostas emocionais apropriadas e *corregular* com elas. Esse ato de corregulação certamente ajuda nossos filhos a aprenderem a *autorregulação*, mas também ajuda a tonificar e fortalecer nossos próprios músculos de regulação. Independentemente de nossos filhos aprenderem ou não a não fazer birra na livraria (alerta de spoiler: provavelmente farão!), nós mesmos podemos usar a prática diária de parentalidade — respiração por respiração — para nos afastarmos de nosso eu "má influência" e nos aproximarmos de nosso eu "vovó sábia". E lembre-se: todos nós perdemos a calma às vezes! O que estamos buscando é a regulação intencional *na maioria das vezes.*

Regras

Elas abrangem tanto as fronteiras quanto os limites e andam de mãos dadas com o cuidado sensível, a regulação e a modelagem dos comportamentos que queremos ver em nossos filhos. *As fronteiras* são as regras que cada um tem para si mesmo, bem como as coisas que acontecem entre as pessoas. *Os limites* são as regras que se referem a comportamentos inaceitáveis. As crianças precisam tanto de limites quanto de fronteiras para se sentirem seguras. Como pais, é nosso trabalho estabelecer essas regras e depois mantê-las de forma autoritária.

Reparação

Refere-se aos processos espontâneos e intencionais que os seres humanos usam para consertar seus relacionamentos com os outros e consigo mesmos. Não se trata de consertar erros que nunca deveriam ter acontecido. A reparação é o espaço em que crescemos, portanto, a falta de sintonia é uma parte necessária do desenvolvimento saudável. Se ignorarmos nosso bebê por alguns minutos enquanto respondemos a mensagens de texto, ele pode ficar ansioso, causando uma pequena ruptura em nosso relacionamento, mas, quando o colocamos de volta ao centro, a reparação começa sem que precisemos fazer mais nada.

É importante reparar as rupturas assim que nos damos conta delas, mas fazer reparações não é nenhum bicho de sete cabeças: elas são feitas quando somos calorosos, empáticos, amorosos, curiosos e brincalhões. Um esforço mais consciente pode ser algo tão simples quanto dizer: "Opa, achei que você queria ajuda para pegar a colher, mas você queria fazer isso sozinho, desculpe-me". Com um adolescente, reparação pode ser algo como assistir a um programa de TV favorito juntos depois de um dia difícil e compartilhar uma risada.

À medida que nossos filhos crescem, temos muitas oportunidades de reparação; alguns desses momentos parecerão simples, enquanto outros exigirão mais introspecção, perdão e trabalho. Os relacionamentos podem resistir a todos os tipos de rupturas e erros, e a ciência mostra que os relacionamentos mais saudáveis podem se fortalecer após a discórdia. Isso ocorre porque a quebra e a restauração da confiança em nossas conexões é uma parte fundamental do modo como os seres humanos aprendem a confiar na segurança do mundo. É como aquelas microrrupturas que tornam os músculos mais fortes durante o exercício físico. As rupturas não rompem a conexão; ao contrário, elas permitem que nossos filhos sintam a força dessa conexão ainda mais, agora que ela foi testada e curada.

A pesquisa sobre resiliência

Às vezes, quando as pessoas falam sobre resiliência humana, estão se referindo à adaptação em face de grandes adversidades ou traumas. Essa ciência surgiu após a Segunda Guerra Mundial, período em que muitas crianças foram vitimadas, ficaram órfãs e foram deslocadas. Em *War and Children* (*Guerra e crianças*, em tradução livre), um dos primeiros volumes escritos após o evento, as psicólogas Anna Freud e Dorothy Burlingham observaram que as crianças raramente apresentavam "choque traumático" quando um dos pais estava presente durante o evento adverso e que as respostas dos cuidadores eram importantes para as respostas das crianças. Freud e Burlingham dirigiram as Hampstead War Nurseries, oferecendo às crianças britânicas, muitas das quais haviam perdido suas casas para as bombas alemãs, cuidados residenciais e relativa segurança. Embora a equipe de profissionais fizesse o possível para proteger as crianças vulneráveis, eles logo descobriram que a separação das crianças de suas famílias poderia ser mais assustadora do que os bombardeios alemães. Freud e Burlingham observaram: "A guerra tem relativamente pouco significado para as crianças enquanto apenas ameaça suas vidas, perturba seu conforto material ou corta sua comida. Ela se torna extremamente significativa no momento em que desestrutura a vida familiar e rompe os primeiros vínculos emocionais da criança com o grupo familiar".

As descobertas de Freud e Burlingham foram repetidas inúmeras vezes. É por isso que até mesmo a American Psychological Association e a American Academy of Pediatrics, ambas organizações apartidárias, se manifestaram contra a separação de crianças na fronteira entre os EUA e o México em 2018. Todos os especialistas em primeira infância concordaram que essa separação causou um trauma desnecessário ao interromper o primeiro princípio da parentalidade: o ***relacionamento*** seguro que leva à resiliência.

Os jogos de resiliência

Além de ter pais presentes para nos ajudar em tempos difíceis, a capacidade adaptativa humana é composta por uma constelação de fatores inatos e ambientais — sendo os ambientais os Cinco *R*s — que nos permitem fazer ajustes positivos após contratempos, adversidades ou grandes traumas. E nunca é tarde demais para desenvolver esses fatores. Não importa se seu filho é um aluno do último ano do ensino médio ou uma criança pequena, há espaço para crescimento e fortalecimento com o envolvimento dos Cinco *R*s.

É também nesse momento que você ativa as habilidades que eu memorizei com o acrônimo GAMES (jogos, em português). Eu adoro um acrônimo e, curiosamente, muitos jogos tradicionais da infância são projetados para ativar os traços subjacentes da resiliência, por isso penso nessas habilidades em termos de:

Gratidão
Autonomia
Motivação
Empatia
S*elf-regulation* (autorregulação, em português)

Agora, vamos analisar mais profundamente o significado de cada um deles.

G de Gratidão

Mike, um pai solteiro de um dos meus grupos, havia dado uma grande festa de aniversário para a filha, com direito a uma mesa temática de tacos e cupcakes sabor red velvet. Ele deixou um grupo de amigos dela dormir em sua casa e não reclamou quando as risadas o mantiveram acordado durante metade da noite. No dia seguinte, ela chegou, com aquele jeito típico de pré-adolescente, e jogou a mochila no chão.

Mike ficou indignado. "Você não tem o direito de falar comigo desse jeito", disse ele, cheio de raiva. "Você acabou de ter a melhor noite da sua vida. Por que não está feliz?"

Infelizmente, crianças e adolescentes são naturalmente autocentrados. Não importa o que façamos para criar filhos gratos, isso não significa que eles dirão "eu te agradeço" quando quisermos. Às vezes, eventos especiais apenas elevam o padrão do que nossos filhos esperam todos os dias. Isso não significa que não devamos comemorar e até mesmo agradar nossos filhos às vezes, mas esses momentos não tendem a ser aqueles pelos quais receberemos um sincero "obrigado". Você pode abandonar essa fantasia e, ao fazer isso, ficará visivelmente menos irritado quando esse agradecimento não vier.

Aceite o fato de que os pré-adolescentes geralmente vivem o momento. Quando a filha de Mike riu com as amigas, talvez essa tenha sido a maneira de expressar sua felicidade e apreço no momento, mesmo que não tenha sido um cartão formal de agradecimento ao pai. É perfeitamente normal que, no dia seguinte, ela voltasse a ser um pouco sarcástica. Lembre-se: *o jogo é longo*.

Instilar a gratidão, assim como grande parte da criação de filhos, tem tudo a ver com o jogo longo.

Assim como ocorre com praticamente todas as características associadas à resiliência, a gratidão tem origem nos *relacionamentos*. Com o tempo, desenvolvemos um senso de apreciação por meio das interações com outros seres humanos. Robert Emmons, professor de psicologia da Universidade da Califórnia em Davis e um dos principais pesquisadores sobre juventude e gratidão, escreve que a gratidão é uma "emoção que fortalece os relacionamentos porque exige que vejamos como tivemos o apoio e a afirmação de outras pessoas".

Como pais, podemos administrar nossas expectativas para não ficarmos frustrados ou começarmos a nos sentir ingratos em relação aos nossos filhos ingratos, mas também podemos apoiá-los à medida que desenvolvem o músculo da gratidão. Tente responder a estas duas perguntas:

- Qual é o seu maior desejo?
- O que você faria pela pessoa que lhe concedeu esse desejo?

Observe se a sua resposta à segunda pergunta pode ser categorizada como verbal, por exemplo, "Eu diria obrigado"; ou se é mais recíproca ou concreta, como "Eu compraria um carro esportivo elétrico"; ou se é mais relacional, como "Eu continuaria sendo um amigo leal dessa pessoa ou faria tudo o que ela me pedisse, se pudesse".

Estudos transculturais realizados ao longo de mais de oito décadas e em quatro continentes analisaram as respostas das crianças a essa segunda pergunta e observaram que elas tendem a evoluir de expressões de agradecimento, principalmente verbais, para modos de gratidão mais recíprocos e, por fim, mais relacionais, à medida que envelhecem. As crianças pequenas normalmente começam a dizer "obrigado" por volta dos dois anos de idade, mas essas expressões verbais iniciais têm mais a ver com boas maneiras e com o modo como as crianças aprendem a fazer os adultos felizes em suas vidas. Não há nada de errado com boas maneiras — eu sou uma grande fã delas! —, mas aquele senso mais profundo de gratidão que os psicólogos associam a tudo, desde mais saúde e felicidade até melhores notas e níveis mais baixos de estresse na faculdade, parece surgir quando as crianças têm cerca de sete anos de idade. A gratidão continua sendo um trabalho em andamento durante a infância e a adolescência.

Práticas bastante simples, como manter um diário semanal de gratidão e enumerar as próprias bênçãos, aumentam a experiência real de gratidão em adultos e crianças. Manter um diário de gratidão por apenas três semanas pode resultar em um sono melhor e mais energia.

Promovendo a gratidão

Você adivinhou: tudo começa conosco. Tente fazer um check-in consigo mesmo, de manhã e à noite. De manhã, diga a si mesmo: "Hoje vou agradecer a alguém", "Demonstrarei gratidão a alguém hoje", "Quando alguém me ajudar hoje, sentirei uma sensação de gratidão", "Vou observar três pessoas ou coisas pelas quais sinto que tenho sorte de ter em minha vida hoje." Depois, à noite, volte a se perguntar: "Eu disse obrigado a alguém hoje?", "Demonstrei gratidão a alguém hoje?", "Quando alguém me ajudou, tive um sentimento de gratidão hoje?", "Notei três pessoas ou coisas pelas quais sinto que tenho sorte de ter em minha vida hoje?". Não há problema se as respostas forem negativas — esse é apenas um exercício de verificação, sem julgamento. Aquilo que nutrimos cresce.

Promovendo a gratidão com bebês: como a gratidão não existe na infância, começamos *modelando* a gratidão. Cite três coisas que lhe dão felicidade em relação ao seu bebê.

Promovendo a gratidão com crianças pequenas: comece a fazer caminhadas de gratidão e a compartilhar aquilo pelo que você é grato. Você pode dizer: "Estou muito feliz por esta flor estar desabrochando". Se o seu filho expressar alegria em uma poça d'água, dê um nome ao sentimento: "Você está se sentindo *grato* por esta poça divertida".

Promovendo a gratidão com crianças em idade pré-escolar: comece a praticar "rosa, botão e espinho" na mesa de jantar ou em qualquer lugar onde sua família se reúna. Um exercício de equipe nascido na comunidade do Design Thinking, "rosa, botão e espinho" tornou-se uma maneira popular de as famílias se conectarem.

No exercício, cada membro da família compartilha uma coisa pela qual se sentiu grato naquele dia (essa é a rosa), uma coisa de que não gostou muito (esse é o espinho) e uma coisa pela qual está ansioso (esse é o botão). Um dos pais com quem trabalho gosta de acrescentar uma pena — algo que o fez rir. Essa prática pode ajudar crianças e adultos a buscarem as coisas boas sem negar que, certamente, também haverá espinhos na vida. Podemos ser gratos mesmo quando sentimos toda a gama de emoções que os seres humanos experimentam.

Promovendo a gratidão com crianças em idade escolar: quando as crianças estiverem no ensino fundamental, inclua um diário de gratidão familiar na rotina. Uma a três vezes por semana, peça a cada membro da família que escreva algo pelo qual seja grato. Providencie três cofrinhos e peça às crianças que dividam seu dinheiro entre dar, economizar e gastar. A doação fortalece o senso de gratidão de quem doa, bem como de quem recebe.

Promovendo a gratidão com adolescentes: continue tendo conversas em família sobre gratidão, com qualquer uma das estratégias que acabamos de mencionar ou com outras expressões regulares de gratidão que você experimenta em sua vida diária. Faça com que os pré-adolescentes escolham um projeto de voluntariado local e se comprometam a retribuir.

Sessão de perguntas e respostas

Pergunta: Levei minha filha, que está no sétimo ano, para o Grand Canyon, e ela só falava sobre como estava animada para voltar para casa, porque sabia que sua avó havia lhe enviado roupas novas para as festas de fim de ano. Eu disse a ela que estava sendo ingrata e que não merecia aquele passeio. Discutimos durante toda a viagem de avião para casa. Será que ela vai ser ingrata e egoísta a vida toda?

Resposta: Você não está sozinha. E não, o fato de uma pré-adolescente se comportar como uma pré-adolescente nas férias não prevê um futuro de gratidão. Muitas férias em família trazem à tona essa dinâmica e esses sentimentos. Se você planejou férias únicas na vida e seu filho diz que o que mais gostou no dia foi o sorvete, ou se ele está apenas animado para voltar para casa, a vontade é gritar:"Acabei de gastar todo esse tempo e dinheiro e tivemos um dia incrível; como pode você não estar feliz?". A verdade é que as crianças ainda não sabem que a vida é curta e que experiências como ir ao Grand Canyon com a mãe são preciosas. Não é esperado que elas saibam disso ainda. Da próxima vez, tente dizer algo como:"Escute, eu amo você (***Relacionamentos***). Sei que você está animada com suas roupas novas. É aqui que quero chegar: eu planejei essa viagem. Não foi fácil sair do trabalho e pagar por tudo isso. Isso é muito especial para mim. Entendo por que você não valoriza isso da mesma forma que eu, mas peço que deixe de lado a conversa sobre suas roupas novas até irmos embora e volte sua atenção para onde estamos" (***Regras***).

A de Autonomia

Sonja me procurou estressada e cansada, com muita coisa para fazer. Mãe solteira de três filhos, ela se levantava às 5 horas da manhã, para começar a preparar o café da manhã e o almoço dos filhos, e não parava de cuidar deles até que a lição de casa do último filho estivesse pronta e verificada, no final da tarde.

Sonja era uma boa mãe pelos padrões de qualquer pessoa, mas uma das primeiras coisas que fizemos foi sentar e analisar *o que as crianças poderiam estar fazendo por si mesmas*, sem o apoio dela. Sonja percebeu que parte de sua motivação para fazer tanto por seus filhos de três, sete e dez anos vinha de um sentimento de culpa por eles não terem uma segunda figura parental. Como todos nós, Sonja amava seus filhos e queria que eles se sentissem bem cuidados, mas a ciência nos mostra que, quando fazemos tudo por nossos filhos, na verdade tiramos deles a oportunidade de se tornarem autossuficientes.

Pode parecer óbvio que a sensação de uma criança de que ela é capaz de usar suas próprias habilidades, pensamentos, sentimentos e ações para lidar com o mundo desenvolve a resiliência, mas as crianças de hoje são menos autônomas do que nunca. Quando uma criança consegue carregar um galho, deixe-a carregar esse galho. Deixe que as crianças façam por si mesmas o que podem fazer por si mesmas. Ofereça apoio para que elas não caiam com muita força, mas não forneça tanto apoio que elas não tenham a chance de praticar a capacidade de se levantar sozinhas.

Oriente e incentive as crianças a fazer coisas que elas *quase* conseguem fazer. O psicólogo russo Lev Vygotsky foi quem teorizou pela primeira vez que as crianças aprendem melhor em uma "zona de desenvolvimento proximal", a zona ideal em que elas aprendem melhor coisas novas, definida como o espaço entre o que uma criança pode fazer sem ajuda e o que ela pode fazer com a orientação de um adulto ou em colaboração com colegas mais avançados.

Ajude as crianças a desenvolverem as habilidades que já possuem

Deixe que as crianças façam por si mesmas o que já conseguem fazer, oriente-as e incentive-as a fazerem coisas que quase conseguem fazer e ensine e modele as coisas que elas ainda não conseguem fazer. Se o seu filho em idade pré-escolar consegue montar um quebra-cabeça de doze peças de forma independente, deixe-o fazer isso sozinho. Oriente-o e incentive-o a montar um quebra-cabeça de vinte e quatro peças com a sua presença. Faça questão de dizer e mostrar a ele que você confia nele.

Para ensinar e modelar algo que seu filho ainda não consegue fazer por si mesmo, tente estas etapas:

1. Mostre ao seu filho, e não apenas diga, como fazer a tarefa — isso significa que você faz a tarefa enquanto narra o que está fazendo.
2. Faça a tarefa junto com ele.
3. Deixe que seu filho lhe mostre como ele faz.
4. Passe a responsabilidade dessa tarefa para seu filho.

É claro que há coisas que as crianças realmente *não conseguem* fazer sozinhas, por questões de desenvolvimento ou culturais. Mandar uma criança de seis anos de idade ao supermercado para fazer as compras da família, por exemplo, seria um exagero na maioria das comunidades. Portanto, ensine e modele o que as crianças ainda não podem fazer por si mesmas. Quando seu filho disser: "Não consigo fazer isso", diga gentilmente: "Você *ainda* não pode fazer isso".

Apoiando a autonomia

Apoiando a autonomia dos bebês: quando os bebês estiverem brincando de barriga para baixo, ative a zona de desenvolvimento proximal colocando um brinquedo *quase* fora de seu alcance.

Apoiando a autonomia das crianças pequenas: quando a criança se vestir, incentive-a a ampliar suas habilidades. Você pode ajudá-la a passar a cabeça por dentro da blusa, mas deixe que ela coloque os braços sozinha. Quando estiver lendo para ela, deixe-a virar a página. Quando ela estiver triste, reconheça seus sentimentos e lembre-a de que você tem certeza de que ele conseguirá superar.

Apoiando a autonomia das crianças em idade escolar: as crianças em idade escolar podem começar a embalar seu próprio lanche. Lembre-se: como em qualquer tarefa nova, não importa a idade em que comecem a realizá-la, o ideal é conduzi-las pela zona de desenvolvimento proximal na primeira ou nas primeiras vezes. Mostre ao seu filho como fazer a tarefa, faça a tarefa junto com ele, deixe que ele lhe mostre como faz e, por fim, diga que ele consegue fazer sozinho.

Apoiando a autonomia dos adolescentes: quando o pré-adolescente tiver um projeto com várias etapas para a escola ou para o trabalho, ajude-o a desenvolver um plano. Você não precisa definir o plano, mas pode se sentar com ele e perguntar: "Qual é o seu plano para dividir isso? Quais são as etapas que você precisa seguir?". Depois, você pode conversar com ele sobre isso. À medida que ele cresce, você pode simplesmente dizer: "Mostre-me seu plano". Quando ele ficar ainda mais velho, você pode dizer: "Percebi que você tem um plano. Vejo que tem tudo sob controle". Ou: "Vejo que você está com dificuldades — o que o ajudaria a colocar as coisas em ordem?".

M de Motivação

Quando e por que você dá o seu melhor? Os pais me procuram o tempo todo, preocupados com o fato de seus filhos não estarem motivados na escola ou não quererem fazer atividades extracurriculares das quais parecem gostar na maioria das vezes. O que eu digo a eles é o seguinte: é natural que a motivação humana tenha um fluxo e refluxo entre motivações intrínsecas e extrínsecas. E vamos encarar os fatos: em alguns dias, precisamos apenas realizar nossas tarefas.

Eu adoro meu trabalho. Tenho a oportunidade de ensinar desenvolvimento infantil, entrevistar pessoas brilhantes e orientar e buscar soluções com ótimos pais todos os dias. Ainda assim, às vezes eu preferiria maratonar *Fleabag*. Às vezes, tenho uma motivação intrínseca (hoje tive a oportunidade de entrevistar novamente o professor Alan Sroufe e literalmente pulei da cama quando abri os olhos). Outras vezes, preciso me envolver em motivação extrínseca. Talvez eu queira ir à praia, mas digo a mim mesmo: *Aliza, termine este capítulo hoje e, como recompensa, iremos à praia pela manhã.*

Todos nós gostaríamos que nossos filhos realizassem todas as tarefas à sua frente com uma motivação intrínseca que simplesmente brotasse misticamente de seus coraçõezinhos, mas a verdade é que, se nossos filhos quiserem se tornar adultos bem-sucedidos, eles terão de aprender a equilibrar as motivações intrínsecas e extrínsecas, e será ainda melhor se eles aprenderem a ligar e desligar essas motivações quando quiserem.

O comportamento motivacional é regulado por substâncias químicas em nossos cérebros, por nossos ambientes, pelos níveis de motivação das pessoas com quem convivemos, pelos recursos a que temos acesso e pela maneira como nos sentimos quando acordamos todas as manhãs para enfrentar o dia. A Dra. Angela Duckworth, professora de psicologia da Universidade da Pensilvânia, define *coragem* como viver a vida como se fosse uma maratona, não uma corrida de velocidade. Observando os pontos em comum entre os profissionais de alto desempenho em vários campos, Duckworth observa que tudo se resume a paixão e perseverança. Ela enfatiza a importância da motivação intrínseca, observando: "Trata-se realmente de ser motivado por interesse e por valores, para buscar a verdade e a curiosidade. Portanto, esta é a minha recomendação para as pessoas que gostariam de ser um pouco mais corajosas: entendam que vocês são motivados por fatores externos e internos. Eu realmente acho que as coisas que vêm de dentro de você são as que o mantêm em algo de forma consistente por um longo tempo".

É claro que a motivação é fundamental para que as crianças se tornem adultos capazes de atingir suas metas, mas alguns aspectos para instilar motivação podem parecer contraintuitivos. Quando analisamos a motivação para a realização, a maioria das pessoas tende a se esforçar para estudar ou se preparar por dois motivos diferentes: domínio do material ou desempenho.

Se você estuda muito geometria, por exemplo, ou é porque você quer ser melhor em geometria, ou porque quer tirar uma boa nota — ou uma combinação dessas duas coisas. Um estudo de 2011, realizado pelos professores de psicologia Kou Murayama e Andrew J. Elliot, pediu aos participantes que se envolvessem em uma tarefa de resolução de problemas. Alguns dos participantes foram informados de que o objetivo era desenvolver sua capacidade cognitiva; outros foram informados de que o objetivo era mostrar que podiam fazer aquela tarefa melhor do que as outras pessoas no estudo. Em seguida, os pesquisadores deram aos participantes, de surpresa, um teste de memória. O segundo grupo — aqueles cuja meta era ter um desempenho competitivo — demonstrou melhor memória no teste imediato. Mas, quando a memória de todos os participantes foi avaliada novamente uma semana depois, foram os que tinham como objetivo ficar mais inteligentes que conseguiram reter mais informações. Portanto, sim, estudar muito funciona em curto prazo, mas precisamos de uma motivação mais profunda se quisermos dominar algo em longo prazo.

Ao analisar a motivação para o desempenho, os pesquisadores a subdividem ainda mais e analisam o que eles chamam de metas de aproximação de desempenho, como "Meu objetivo é me sair melhor do que o resto desse pessoal", e metas de evasão de desempenho, que são mais como "Eu só não quero me sair pior do que o meu melhor amigo". As pesquisas sugerem que a mentalidade de aproximação do desempenho tem mais impacto do que o modo de evasão de desempenho, mas a competição, em geral, desencadeia um conjunto bastante complicado de respostas internas e não traz um benefício motivacional consistente.

O que realmente afeta a motivação é o que se chama de "mentalidade de crescimento". Há mais de trinta anos, a psicóloga Carol Dweck e seus colegas se interessaram pelas atitudes dos alunos do ensino médio em relação ao fracasso. Eles notaram que alguns alunos se recuperavam, enquanto outros pareciam arrasados mesmo com pequenos contratempos. Depois de estudar o comportamento de milhares de crianças, a Dra. Dweck cunhou os termos "mentalidade fixa" e "mentalidade de crescimento" para descrever as crenças subjacentes que as pessoas têm sobre aprendizado e inteligência. Quando os alunos acreditam que podem se tornar mais inteligentes, eles entendem que o esforço é o que os aproxima do seu objetivo. Por entenderem isso, as crianças dedicam mais tempo e esforço, e isso leva a um maior desempenho.

Imaginar um futuro no qual atingimos nossas metas também afeta a motivação. Em um estudo recente, pesquisadores da Universidade de Minnesota deram a crianças em idade pré-escolar três bolinhas de gude e mostraram a elas três jogos que poderiam jogar com as bolinhas. Eles lembraram às crianças que não deveriam usar todas as bolinhas de gude no primeiro jogo, pois assim não teriam mais bolinhas para o segundo. Oitenta por cento das crianças de quatro anos do estudo não tiveram autocontrole para guardar as bolinhas de gude.

Em seguida, os pesquisadores propuseram algo diferente por meio do faz de conta. Eles ofereceram às crianças painéis ilustrativos com pequenas representações de feltro delas mesmas, de seus pais, das bolinhas de gude e dos jogos de bolinhas de gude, e convidaram as crianças a se imaginarem no futuro. Qual seria a sensação de ter guardado as bolinhas de gude? As crianças que conseguiram imaginar um futuro feliz com as bolinhas de gude guardadas fizeram isso acontecer. Elas guardaram suas bolinhas de gude.

Os pesquisadores também tentaram uma versão negativa da mesma brincadeira com o futuro. Eles pediram às crianças que imaginassem como se sentiriam se não guardassem suas bolinhas de gude. Elas ficariam tristes? As crianças que conseguiram refletir sobre o resultado negativo de não guardar suas bolinhas de gude guardaram mais bolinhas do que as crianças que não fizeram nenhum exercício de reflexão sobre o futuro, mas não guardaram tantas quanto as crianças que fizeram uma associação positiva com toda essa economia de bolinhas de gude.

Quando refletimos e pensamos "*não gosto da sensação de não ter bolinhas de gude*", é mais provável que guardemos nossas bolinhas. Mas não tanto quanto as crianças que imaginaram a versão positiva. Em ambos os casos, as crianças refletiram sobre o fato de que tinham uma escolha a fazer e algum poder para criar seu próprio futuro.

Objetos podem ajudar na reflexão sobre o futuro

Você pode adaptar a brincadeira de faz de conta voltada para a reflexão sobre o futuro para crianças de qualquer idade (consulte a página 40). Use bonecos ou painéis ilustrativos para ajudar as crianças pequenas a se imaginarem no futuro depois de compartilharem seus brinquedos com um amigo. Use desenhos para ajudar as crianças em idade escolar a imaginarem um futuro em que se envolveram com suas tarefas escolares. Mostre aos pré-adolescentes como você mesmo usa visualizações do futuro para fazer escolhas.

Apoiando a motivação

Apoiando a motivação de bebês: quando estiver interagindo com seu bebê, observe ao que ele presta atenção e siga seu exemplo. Isso apoia a motivação interna, permitindo que as crianças encontrem as coisas pelas quais se interessam, em vez daquilo que os pais ou outras pessoas gostariam que elas se interessassem. Preste atenção aos olhos do seu bebê. O que ele está olhando é o que ele está observando.

Apoiando a motivação de crianças pequenas: brincar é intrinsecamente motivador, pois apresenta oportunidades para novas experiências e exige envolvimento ativo. Brinque com seu filho. Observe quando ele faz aquela torre de blocos e como ele se envolve com a tarefa de tentar não a deixar cair. Você pode dizer algo como: "Olha só; você está descobrindo que ter mais blocos na base da torre do que no topo ajuda a mantê-la de pé!". Que outros fatores de motivação você percebe nas brincadeiras de seu filho?

Apoiando a motivação de crianças em idade pré-escolar: usando a estrutura da imaginação e da brincadeira de faz de conta, você pode criar suas próprias oportunidades para praticar e modelar associações positivas com a motivação. Você pode dizer: "Estou me sentindo muito confortável por dentro agora, mas sei que sempre me sinto melhor depois de uma caminhada, então vou me esforçar para me levantar!". Use fantoches ou outros brinquedos de faz de conta para brincar com as crianças e ajudá-las a visualizar seu futuro eu se divertindo com o irmãozinho em vez de bater nele com o trem de madeira.

Apoiando a motivação de crianças em idade escolar: mostre às crianças como definir metas alcançáveis e dividir grandes tarefas em etapas menores e mais gerenciáveis. Por exemplo, se seu filho tiver um projeto de ciências para o final do mês, ajude-o a identificar as etapas, como ter uma ideia, fazer pesquisas, desenvolver uma pergunta que pode ser testada, projetar e conduzir o experimento, examinar os resultados e comunicar os resultados de maneira didática e que funcione para a tarefa. Quando as crianças se sentem sobrecarregadas, isso pode treinar seus neurotransmissores a não quererem trabalhar duro, pois podem sentir que seus esforços são inúteis. Quando as crianças conseguem ver seu progresso passo a passo, isso aumenta a motivação para continuar a trabalhar.

Apoiando a motivação de pré-adolescentes: durante os anos de transição para a adolescência, o sistema de motivação pode se tornar cada vez mais influenciado pelos colegas e pela recompensa da aceitação social, bem como pelo aprendizado exploratório. Apoie seu filho com barreiras e limites. Quando se trata de trabalhos escolares e outras responsabilidades, lembre-se de que, às vezes, nossos filhos simplesmente não vão ter vontade de fazer o trabalho que têm de fazer. Em vez de insistir que a única boa motivação é a intrínseca, normalize as estratégias para que, às vezes, eles simplesmente consigam cumprir as tarefas. Mostre e ensine seu filho a programar um cronômetro para vinte minutos e a se recompensar com intervalos de cinco minutos entre eles.

E de Empatia

A compaixão não é um relacionamento entre quem cura e quem está ferido. É um relacionamento entre iguais.

PEMA CHÖDRÖN, *OS LUGARES QUE NOS ASSUSTAM*

A Universidade de Harvard nomeou recentemente a empatia como o principal fator de empregabilidade. Em um mundo em que muitos de nossos filhos crescerão para realizar trabalhos que ainda nem foram inventados, a empatia é uma habilidade atemporal com a qual podemos contar. Um funcionário pode se colocar no lugar de seu cliente? Ele consegue prever o que seus colegas de trabalho podem precisar? O futuro empregador de seu filho provavelmente poderá ensiná-lo a programar um robô quando chegar a hora, mas a empatia está se tornando um pré-requisito para a maioria dos empregos.

Esta é a melhor parte: a empatia pode ser ensinada. As crianças pequenas são naturalmente egocêntricas. Você verá os blocos de construção da empatia em bebês, mas não espere que uma criança seja capaz de imaginar o que está acontecendo com outra pessoa antes dos quatro anos de idade. A partir daí, a empatia continua sendo um trabalho em andamento.

Antes de dizer ao seu filho: "Coma o espinafre! Algumas crianças não têm nem o que comer", saiba que não se pode constranger as crianças para que se tornem compassivas. A ciência nos mostra que o constrangimento, na verdade, *reduz* a empatia. Dizer a uma criança "Você é uma pessoa ruim" pode destruir o senso que ela tem de si mesma, sem fazer nada para aumentar sua empatia. De fato, a empatia — incluindo a autoempatia ou empatia interna — é o *antídoto* para a vergonha. Dizer algo como "Você é uma pessoa gentil, mas esse comportamento parece cruel" é uma forma de enfatizar esse espaço entre quem somos e o que fazemos, e uma forma de incentivar a ***Reflexão*** e a ***Regulação***. Os pais que dedicam tempo para mostrar às crianças como elas fazem as outras pessoas se sentirem bem quando são gentis e atenciosas permitem que seus filhos comecem a se *ver* como gentis e atenciosos — e, a partir dessa base, as crianças começam a construir suas próprias identidades morais internas e bússolas. Portanto, é ainda mais impactante ver nossos filhos sendo bons e dizer algo como: "Quando você compartilhou seus brinquedos de areia com seu amigo, você foi muito gentil e atencioso. Aposto que isso fez com que ele se sentisse muito bem".

Um belo conceito da psicologia do desenvolvimento que me fascina é chamado de "teoria da mente". É uma mudança cognitiva que começa por volta dos quatro anos de idade e continua se desenvolvendo ao longo da vida, se permitirmos. Em termos simples, é o que nos permite entender que os estados mentais de outras pessoas são diferentes dos nossos.

Chamamos isso de *teoria* da mente porque nenhum de nós pode realmente saber o que outra pessoa está pensando ou sentindo, mas, a partir dos quatro ou cinco anos de idade, normalmente começamos a fazer suposições com base no que sabemos e podemos observar. Esse salto é enorme! Observar seu desenvolvimento em nossos filhos pode até mesmo transformar interações tensas em momentos de fascínio.

Existem precursores para essa grande mudança de consciência que você pode observar ao longo do caminho. Quando o médico pergunta se o seu bebê está apontando aos dez ou doze meses, o motivo da pergunta é que apontar é um precursor da compreensão da perspectiva do outro. Aos dois anos de idade, as crianças podem fingir falar ao telefone ou fazer o jantar. Elas estão experimentando como é estar no lugar de outra pessoa.

O próximo componente central tende a surgir na primeira infância, quando as crianças começam a entender a intenção — e começam a entender que as pessoas são motivadas por desejos. No início, elas se concentram em si mesmas, mas começam a perceber que, se estiverem com fome, podem pegar comida, apontar para a comida ou dizer: "Estou com fome".

Após esses precursores de apontar, imitar e começar a entender o conceito de intenção, a verdadeira mudança acontece. Em um famoso estudo que estabeleceu uma linha do tempo típica para a teoria da mente, um pesquisador sentou-se com uma criança enquanto a mãe se afastava por um momento e, em seguida, mostrou à criança uma caixa de giz de cera — algo facilmente reconhecível. O pesquisador perguntou: "O que você acha que tem dentro dessa caixa?". A criança de três anos disse "giz de cera", porque reconheceu a caixa. O pesquisador abriu a caixa e, de fato, havia giz de cera dentro. "É isso mesmo." Em seguida, o pesquisador mostrou à criança outra caixa de giz de cera e disse: "Deixe-me mostrar o que há dentro desta caixa", e eram clipes de papel.

Quando a mãe começou a voltar, o pesquisador perguntou à criança: "O que você acha que ela vai pensar que tem dentro dessa caixa?". A criança de três anos disse "clipes de papel", porque uma criança de três anos não tem a teoria da mente e não consegue entender que o conhecimento que ela tem é diferente do conhecimento que a mãe tem. Ela realmente pensa: *"Bem, eu sei que há clipes de papel aí dentro, então minha mãe saberá"*.

O mais legal é que, quando o experimento foi realizado com crianças de quatro ou cinco anos de idade, quando perguntaram o que elas achavam que suas mães diriam que estava dentro da caixa, elas disseram: "giz de cera". Elas entenderam que, embora houvesse clipes de papel na caixa de giz de cera, suas mães não saberiam disso. Essas crianças mais velhas entenderam a teoria da mente.

A idade exata associada à teoria da mente, assim como todas as pesquisas sobre desenvolvimento infantil, varia de criança para criança, mas o simples fato de entender que a teoria da mente é algo que todos nós *desenvolvemos* — e não algo com o qual nascemos — pode nos ajudar a apoiar nossos filhos quando eles se sentirem confusos em relação ao comportamento de outras pessoas.

Portanto, enquanto estiver lendo seus livros antes de dormir ou ajudando seu filho a entender as preferências alimentares, ou por que talvez ele não seja convidado para uma festa de aniversário, ou por que alguém pode querer jogar um jogo diferente do dele, pense na teoria da mente e em como é incrivelmente belo observar esse desenvolvimento — e ajudá-lo, seja por meio de brincadeiras de faz de conta, por meio da atenção conjunta (que são apenas duas pessoas prestando atenção na mesma coisa, como olhar para uma página de livro ou observar a chuva juntas) ou por meio de conversas e comunicação sobre os estados mentais de outras pessoas.

Como adultos, podemos começar a perceber o quanto a teoria da mente entra em jogo em nossas próprias interações diárias. Podemos nos observar quando fazemos suposições sobre as perspectivas de outras pessoas, inclusive as de nossos filhos, à medida que eles se tornam jovens. Isso pode nos ajudar em todos os nossos relacionamentos e interações. Se conseguirmos modelar uma capacidade sofisticada para a teoria da mente, nossos filhos também poderão aprender a incorporar essa maturidade e desenvolver confiança no fato de que não esperamos que eles pensem exatamente como nós.

Promovendo a empatia

Começa com você: às vezes, responder com compaixão significa apenas segurar a mão e oferecer uma conexão, sem dizer absolutamente nada. Deixe que seus filhos vejam você tratando os outros com compaixão. Deixe que eles experimentem ser tratados com compaixão por você. Deixe que eles vejam você tratar a si mesmo com compaixão. Envolva seu filho em um cenário de brincadeira de faz de conta em que animais de pelúcia tratam uns aos outros com empatia. Você também pode tentar fazer uma "meditação metta". Durante uma meditação metta tradicional, você recita frases positivas silenciosamente com o objetivo de reforçar a afetuosidade consigo mesmo e com os outros. A seguir, apresento uma meditação metta budista tradicional.

Você pode começar com o "eu" como foco, depois mudar para "você" e imaginar seu filho como a pessoa para quem você está dizendo o "você"; depois, tente dizer "todos os seres". Com seus filhos, você pode fazer isto em voz alta:

> Que eu/você/todos os seres sejam repletos de bondade amorosa.
> Que eu/você/todos os seres estejam a salvo dos perigos internos e externos.
> Que eu/vocês/todos os seres estejam bem de corpo e mente.
> Que eu/vocês/todos os seres estejam tranquilos e felizes.
> Que eu/vocês/todos os seres estejam seguros.
> Que eu/vocês/todos os seres sejam pacíficos.
> Que eu/vocês/todos os seres sejam saudáveis.
> Que eu/você/todos os seres tenham serenidade.
> Que eu/você/todos os seres sejam livres.

Promovendo a empatia em bebês: ao mudarmos nosso foco para nossos filhos, queremos ter certeza de que estamos considerando, por meio de uma lente de desenvolvimento, o que eles têm a capacidade de entender. Para os bebês, isso significa demonstrar empatia — nesse momento, eles são apenas receptores. Acalme seu bebê. Permita que ele sinta empatia.

Promovendo a empatia em crianças pequenas: identifique os sentimentos de seu filho pequeno. Este é o primeiro passo para a fluência emocional. Ele está com frio, com fome, cansado, frustrado? Ajudar seu filho a reconhecer e rotular os sentimentos pode ajudá-lo a desenvolver habilidades de tomada de perspectiva à medida que ele cresce.

Promovendo a empatia em crianças em idade pré-escolar: brinque de faz de conta. Experimentar como é ser outra pessoa é uma das melhores maneiras de desenvolver habilidades de tomada de perspectiva. Incentive seu filho a brincar de faz de conta sempre que puder. Ao explicar ao seu filho o que você espera dele, você pode fazer uma dramatização, encenando como ele poderia fazer as coisas de forma diferente da próxima vez, mais alinhado com as ***Regras*** e as expectativas. Brincar com dramatização também ativa a teoria da mente e a capacidade crescente do seu filho de entender que os outros têm crenças, desejos, planos, esperanças, informações e intenções que podem ser diferentes das nossas. Portanto, embora não possamos esperar que um bebê se importe com o que os outros sentem, pois ele não consegue nem mesmo conceituar que os outros têm sentimentos diferentes dos seus, à medida que a teoria da mente cresce, durante os anos pré-escolares, a empatia também pode começar a ser ativada. Leia com seus filhos. Aponte, pergunte a si mesmo em voz alta e observe o que os personagens estão sentindo.

Promovendo a empatia em crianças em idade escolar: convide seu filho a pensar em como outra pessoa se sente e, ao mesmo tempo, a ter empatia por seus próprios desejos. Você pode dizer algo como: "Você notou como seu amigo ficou animado quando você o convidou para patinar no gelo?". Ou: "Sei que a vovó está ansiosa pelo seu telefonema, então vamos falar com ela antes de irmos nadar". Convide seu filho para perceber a dor de outras crianças também, dizendo algo como: "O Billy deve ter se sentido muito magoado quando as outras crianças o xingaram; o que será que podemos fazer para lembrá-lo de que nos importamos com ele?".

Promovendo a empatia nos adolescentes: faça uma reunião semanal com a família para discutir as necessidades de todos durante esse período. Incentive a leitura de ficção literária — ela ajuda o leitor a imaginar como seria estar no lugar de outra pessoa.

S de Self-regulation *(Autorregulação)*

A autorregulação dá aos seres humanos a capacidade de fazer escolhas sobre como reagir em uma determinada situação. É o que acontece na pausa entre o estímulo e a resposta sobre a qual falamos na seção "A senha dos pais: EQUILÍBRIO", no Capítulo 1. Usamos a memória, o controle inibitório e a flexibilidade cognitiva para filtrar as distrações e resistir aos impulsos que não se alinham aos nossos valores. Como pais, a autorregulação nos dá a capacidade de fazer escolhas sobre como responder aos nossos filhos. É o momento em que podemos digitar nossa senha, entrar em EQUILÍBRIO e ser a pessoa que queremos ser. Isso não significa que seremos sempre legais ou que nunca levantaremos a voz, assim como não significa que sempre teremos a resposta certa; mas significa que seremos capazes de formular nossas respostas com intenção, tomando decisões com o coração e o cérebro em vez de deixar que nosso sistema nervoso em pânico tome as decisões por nós.

Meu colega, o Dr. Phil Zelazo, descreve a autorregulação como a capacidade de "resolver problemas de forma consciente e voltada a objetivos". Outros acreditam que regulação seja aprender a controlar as emoções e manter-se adequadamente estável sob estresse. Em vez de reagir a um valentão no parquinho com medo ou com mais provocação, a autorregulação nos permite dar um passo para trás e considerar o que poderia mudar a dinâmica. Essa regulação ocorre em três níveis: emocional, cognitivo e comportamental.

A autorregulação é uma habilidade baseada na função executiva alojada no córtex pré-frontal e nos ajuda a gerenciar nossas respostas às situações, para que possamos atingir nossas metas sem nos atrapalharmos. Nem todo estresse é negativo e nem toda reação ao estresse é negativa, mas o estresse tóxico pode prejudicar o desenvolvimento da autorregulação. Quando estamos estressados, é mais provável que nos deixemos levar e cometamos erros. Portanto, a autorregulação é mais desafiadora e mais importante quando estamos no limite da nossa capacidade.

O córtex pré-frontal humano não está totalmente desenvolvido até algum momento entre as idades de 18 a 30 anos, portanto, é importante lembrar que, mesmo quando seus filhos não estão particularmente estressados, o córtex pré-frontal deles ainda está em desenvolvimento.

Agora, aqui está a notícia surpreendente: os jogos e as atividades infantis tradicionais que você provavelmente já está fazendo com seus filhos — ou que eles já estão fazendo na escola — têm *tudo* a ver com o desenvolvimento da autorregulação. Basicamente, qualquer atividade em que seu cérebro queira fazer uma coisa e você tenha que treinar seu corpo para fazer outra vai desenvolver a autorregulação. Os jogos desenvolvem a resiliência porque nos ajudam a praticar movimentos intencionais quando pedimos aos nossos corpos que trabalhem em conjunto com nossas mentes.

Doze atividades para desenvolver a autorregulação

De acordo com o Harvard Center on the Developing Child, aqui estão algumas atividades que desenvolvem a autorregulação:

1. Jogos de tabuleiro.
2. O mestre mandou.
3. Pular corda em dupla.
4. Dança do Hokey-pokey (ou, a brincadeira Cabeça, Ombro, Joelho e Pé).
5. Festas com dança coreografada.
6. Xadrez.
7. Cantar em revezamento.
8. Bingo.
9. Jogos de memória.

10. Artes marciais.
11. Dança das cadeiras.
12. Esfregar a barriga enquanto dá tapinhas na cabeça.

É um bônus incrível que isso possa acontecer enquanto simplesmente nos divertimos com nossos filhos, deixando-os aprender um jogo ou fazendo exercícios. Brincar nos abre para o aprendizado de uma forma que o medo nunca consegue. Então, vamos brincar. A ciência nos diz que, de fato, é *disso que se trata.*

EXERCÍCIO DE REGULAÇÃO

Ensinando as crianças a meditar

Há uma vasta base científica apoiando o fato de que as práticas de atenção plena podem ajudar as crianças a desenvolver autocontrole, atenção, empatia e respeito pelos membros da família e colegas de classe — tudo isso enquanto reduzem o estresse. Foi demonstrado que os programas de atenção plena nas escolas ajudam as crianças a equilibrar suas emoções e a reduzir o bullying. Ainda assim, menos de 2% das crianças americanas meditam. Reservar um tempo para ensinar práticas de respiração e atenção plena a nossos filhos os colocará no nonagésimo oitavo percentil! As crianças tendem a estar muito conectadas com seus próprios corpos, portanto, comece a ensinar exercícios concretos a elas.

Balão na barriga: peça ao seu filho para imaginar um balão gigante. Para ajudá-la a imaginar o balão de forma vívida, pergunte: "Qual é a cor do seu balão?". Diga a seu filho ou filhos de que cor você imagina seu próprio balão. Conduza-os enquanto inspira lenta e profundamente pelo nariz, imaginando os balões inflando em suas barrigas. Você pode pedir que elas estiquem os braços ao se verem como um balão gigante que está ficando cada vez maior. Quando os balões estiverem completamente cheios, peça que todos prendam a respiração por um momento e, em seguida, apontando o dedo para a barriga de cada um, estourem o balão e desinflem, talvez até caindo ao soltar todo o ar.

Cheire a flor e apague a vela: use o dedo indicador para representar tanto a flor quanto a vela. Inspire pelo nariz ao "cheirar a flor" e expire pelos lábios franzidos ao "apagar a vela".

Chocolate quente com marshmallows: finja que está tomando um chocolate quente com marshmallows por cima. Sopre apenas o suficiente para mover suavemente os marshmallows, sem derrubar o chocolate.

Bichinho de pelúcia em sua barriga: coloque um bichinho de pelúcia em sua barriga e peça para seu filho fazer o mesmo. Observe suas barrigas subirem enquanto você respira, "ajudando" o bichinho a meditar.

Barriga com barriga: abrace seu filho e respire junto com ele, barriga com barriga, pelo tempo que ele achar divertido.

Coma uma sobremesa de mentirinha: para crianças mais velhas ou que são muito agitadas, finja que vocês dois estão comendo a sobremesa silenciosamente. Coma a sobremesa de mentirinha lentamente, saboreando cada mordida.

Fazer esses exercícios pode parecer algo bobo no início, mas a ciência mostra o quanto esses exercícios podem valer a pena.

CAPÍTULO 3

O que faz um bom ser humano?

Descobrindo o que realmente importa para você

Nunca devemos separar nossos valores das maneiras pelas quais incentivamos nossos filhos a se tornarem membros eficazes da família, amigos, colaboradores e cidadãos.

MADELINE LEVINE, PhD

Há uma geração, alguns homens com opiniões fortes e muito expressivas adotaram a expressão "valores familiares" e criaram uma campanha para convencer o mundo de que as crianças somente poderiam prosperar em um tipo de família. Para eles, era a tradicional família nuclear de meados do século passado, com uma mãe que fica em casa e um pai que trabalha fora — ou nada feito.

Eles estavam errados, é claro. A ciência nos diz que as famílias podem florescer em todos os tipos de circunstâncias. A questão não é se a estrutura de sua família é exatamente igual à minha, ou se você segue uma religião específica, ou se sua sogra faz um agrado extra às crianças colocando chocolate granulado no sorvete nos fins de semana. A pergunta é: o que você acha que faz um bom ser humano? Ou seja, quais são os valores exclusivos de sua família e como você pode ser um pai/mãe alinhado a esses valores na maioria das vezes? Décadas de literatura psicológica e neurociência contemporânea estabeleceram que isso é bom o suficiente.

Sempre que tiver uma dúvida sobre criação de filhos, respire fundo e pergunte a si mesmo: o que eu valorizo? O que esta família valoriza? Estou educando de acordo com meus valores? Talvez seja mais fácil falar do que fazer, mas fica muito mais fácil quando nos sentamos e definimos esses valores. Ter clareza sobre os valores exclusivos de nossa família também nos torna menos suscetíveis a campanhas políticas passageiras e obsessões de mídias sociais, que podem fazer com que todos nós sintamos que nunca estaremos à altura.

O que a *sua* família valoriza?

Todos nós temos valores, quer os tenhamos articulado, quer não. Todos nós trazemos nossas histórias, sonhos e prioridades individuais para nossa educação. Entretanto, quando não definimos nossos valores, nós e nossos filhos ficamos muito mais suscetíveis à pressão dos colegas, à influência das redes sociais e aos extremos do pensamento de grupo. Com valores claros, podemos tomar decisões com mais confiança e clareza.

Definir valores em família também serve para nos lembrar de que não precisamos necessariamente acompanhar os vizinhos ou fazer o que eles fazem; podemos simplesmente presumir que eles estão trabalhando dentro de seus próprios sistemas de valores e que valores diferentes são parte do que torna nossas comunidades diversas.

Embora cada membro da família também possa ter seus próprios valores individuais, é importante que a unidade sinta que todos estão na mesma sintonia. Se o seu filho estiver praticando bullying contra outra criança na escola, por exemplo, um valor familiar fundamental já estabelecido, como empatia, ajudará a explicar a ele por que o bullying não é aceitável. Portanto, o primeiro passo é tomar consciência de seus valores para que você possa começar a viver com mais intenção e integridade. Viver com integridade significa que você é uma pessoa integrada — que, *na maioria das vezes*, suas ações estão alinhadas aos seus valores fundamentais. Seu exterior e seu interior fazem sentido, estão integrados. Os valores da família podem evoluir e mudar com o tempo, é claro, portanto, não estamos falando de algo imutável. Estamos falando apenas de criar diretrizes que façam sentido para nós em um mundo cheio de opiniões barulhentas e, muitas vezes, conflitantes.

Fiona Mendoza me procurou, preocupada com o fato de seu filho estar absorvendo preconceitos raciais em sua nova escola. Quando começamos a conversar, eu disse: "Parece-me que você realmente valoriza a justiça social".

Fiona deu de ombros. “Mas isso não é algo que todo mundo valoriza?” Na verdade, nem todos colocariam isso no topo de suas listas de valores; alguns podem priorizar a bondade geral, o desempenho acadêmico ou o desenvolvimento do trabalho em equipe.

Passe alguns dias pensando em seus valores parentais e comece a escrevê-los. Peça ao seu cônjuge ou parceiro de criação que faça o mesmo. Você admira o trabalho árduo acima de tudo? A bondade? A inteligência? (Realmente não há respostas erradas aqui, e essa é a razão pela qual não existe uma resposta única para todos os pais!)

Para alguns, concentrar-se em três a cinco valores parecerá simples, mas, se o exercício despertar muitas ideias, vá em frente. Faça uma lista longa. Preencha uma página inteira em seu caderno, se possível. Pense em uma grande escolha que fez em sua vida e o que o levou a fazer essa escolha. Essas motivações provavelmente incluíram seus valores. Pense também em três pessoas que você admira. O que você aprecia nelas? Como você quer que seus filhos o descrevam quando falarem de você para os bisnetos? Pense no que faz você se sentir mais autenticamente você mesmo. Talvez você se sinta bem quando está imerso em belezas naturais, mesmo que não vá à floresta com frequência; nesse caso, anote “natureza”. Quando você pensa em suas metas — suas metas reais, não aquelas para outras pessoas, suas próprias metas profundas —, que valores se alinham a elas?

Depois de refletir sobre seus valores, leia sua lista e veja se você percebe algum tema. É possível combinar alguns de seus valores em conceitos mais amplos? Alguma de suas palavras ou frases representa um trampolim para um ideal ainda mais fundamental? Talvez você tenha listado o serviço militar porque valoriza profundamente a cidadania ou a coragem. Se mencionou a faculdade, pergunte a si mesmo se a vê como um caminho para a autossuficiência, o reflexo de um amor pelo aprendizado, uma simples ferramenta de networking ou apenas porque é o que todos na sua família fizeram. Talvez, ao mencionar o dinheiro, você possa perceber que, em um nível mais profundo, valoriza o conforto ou a facilidade. Se for esse o caso, nomeie esses valores subjacentes.

Tente resumir o que é mais importante para você em três a cinco palavras ou frases-chave. Se você é mãe solteira e tem um bebê, esses são os valores da sua família. Se houver mais de uma pessoa com mais de cinco anos de idade na sua família, é hora de debater o assunto. Peça ao seu cônjuge ou parceiro na criação dos filhos para fazer o exercício também. Compare suas anotações.

Uma ótima atividade nesse sentido é pedir aos seus filhos que façam uma lista das cinco coisas que eles acham que cada um de seus pais mais valoriza. Se você decidiu que valoriza a honestidade, a segurança, as boas maneiras e a empatia, e seus filhos acham que você valoriza o dinheiro, as boas notas e a obediência, aceite isso sem qualquer julgamento. Isso é uma informação. Talvez as boas notas façam parte de sua lista. Ou talvez você apenas tenha adquirido o hábito de se preocupar com as pequenas coisas com as quais não se importa tanto assim.

Peça aos seus filhos que listem seus próprios valores fundamentais. Uma criança do ensino infantil pode dizer que valoriza o sorvete — e talvez você possa ajudá-la a ampliar isso para "gostosura" ou até mesmo "delícia". As crianças mais velhas podem surpreendê-lo com sua autorreflexão.

Quando todos na família tiverem identificado seus valores essenciais e reduzido esses valores a três ou cinco palavras ou frases-chave, faça uma reunião para comparar as anotações. Quais dos seus valores essenciais se sobrepõem? Em que pontos vocês diferem? Escreva cada palavra ou frase da lista de cada membro da família em pedaços separados de papel e comece a misturar. Veja se você consegue agrupar esses valores em temas. Ao desenvolver seu baralho de valores compartilhados, lembre-se: cada um de vocês também pode manter seus próprios valores.

Aqui está o que a família de Fiona criou em relação aos seus valores individuais:

Fiona: artes, educação, justiça social, humor e liberdade financeira

Jaime: criatividade, competência, diversão, felicidade e humildade

Sierra: compaixão, respeito, honestidade, paciência e admiração

Ricky: lego, videogames, compartilhar, museu de ciências e piadas do tipo "toc-toc".

Com essas listas individuais em mãos, eles se sentaram para comer pizza — um valor compartilhado por si só — e debateram, discutiram, procuraram palavras no dicionário, fizeram concessões e mudaram os papéis de lugar até que tivessem destilado todos esses valores em cinco princípios orientadores fundamentais para a família. Observe que algumas das palavras vieram diretamente da lista de uma pessoa e outras eram conceitos gerais que eles criaram combinando ideias.

Valores individuais	*Valores familiares*
Justiça social, compartilhamento, respeito	Respeito
Humor, piadas do tipo "toc-toc", diversão, felicidade, Lego, videogames	Alegria
Educação, competência	Aprendizagem
Humildade, compaixão, honestidade, paciência	Empatia
Arte, criatividade, museu de ciências, admiração	Admiração

Com esses valores familiares estabelecidos, ficou muito mais fácil para Fiona conversar com seu filho sobre preconceito no contexto de respeito e empatia.

Afixe os valores da sua família na geladeira ou em outro lugar onde todos possam se lembrar deles com frequência. Por exemplo: a família da Fiona, em sua essência, acredita em respeito, alegria, aprendizagem, empatia e admiração. À medida que as crianças crescerem e vocês, como pais, também crescerem e mudarem, revisitem os valores da família e permitam que eles evoluam.

Ensinar valores é um jogo longo

As crianças mais novas talvez não consigam participar do exercício de valores familiares, mas você pode ter certeza de que está ensinando seus valores a elas desde o primeiro dia. Ensinar valores às crianças não acontece em um ambiente de palestra. Em vez disso, modelamos nossos valores para nossos filhos e falamos sobre todas as oportunidades que a vida nos dá de viver esses valores todos os dias. Ao fazer isso *na maioria das vezes*, estamos nos engajando no trabalho de criar grandes seres humanos.

Veja a seguir como incutir valores:

1. Defina o valor para você. Se a gentileza estiver em sua lista de valores, considere os comportamentos que definem ser gentil. Qual é a sensação interior quando você demonstra bondade? Passe alguns momentos explorando cada um de seus principais valores familiares.
2. Estimule a habilidade de se colocar no lugar do outro. Atividades como a leitura de livros sobre pessoas diferentes de vocês e brincadeiras com fantoches exigem que vocês vejam as questões e os eventos do ponto de vista de outra pessoa. Isso ajuda as crianças a desenvolverem a capacidade de agir com bondade, generosidade e outros valores fundamentais. Essas habilidades levam tempo para serem desenvolvidas, mas, como pais, podemos apoiá-las de maneira cotidiana. O que o fantoche do Sr. Sapo diria sobre isso?
3. Converse sobre tudo e qualquer coisa. Seus filhos estão ouvindo e aprendendo seus valores, pensamentos e sentimentos — mesmo que você esteja tendo dificuldade para comunicá-los. Comportar-se de acordo com seus valores na *maioria das vezes* e ter conversas sobre tudo e qualquer coisa à medida que seus filhos crescem é um caminho lento e constante para transmitir seus valores.
4. Normalize os erros. Todos nós esquecemos nossos próprios valores às vezes. Discutimos com um amigo porque estamos cansados. Furamos a fila porque momentaneamente achamos que somos os únicos com pressa. Perdemos a cabeça por causa de uma nota decepcionante depois de termos nos gabado de que não nos importamos com a validação externa. Quando você fizer algo que vá contra um valor essencial, adquira o hábito de perceber, verbalizar e fazer uma ***reparação*** se tiver a oportunidade. Mesmo que não seja possível refazer a ação, você pode dizer: "Puxa, isso não foi muito gentil da minha parte, e eu valorizo a gentileza. Vou tentar respirar antes de me expressar da próxima vez". A ***reparação*** não precisa necessariamente ser um pedido de desculpas. Às vezes, a ***reparação*** é simplesmente um carinho, uma risada compartilhada ou um gesto de reconexão.

Dito isso, você não precisa se tornar um esquete de "momentos de aprendizado" do *Saturday Night Live*. É 100% possível ser você mesmo, ensinar seus valores aos seus filhos e fazer as duas coisas sem um roteiro. Na verdade, *por favor,* faça as duas coisas sem um roteiro!

EXERCÍCIO DE REFLEXÃO

O que realmente importa para mim?

Fique em uma posição confortável e ajuste o cronômetro ou o aplicativo de atenção plena para dois, cinco ou vinte minutos — qualquer que seja o seu tempo disponível. Inspire pelo nariz contando até quatro, prenda a respiração contando até seis e expire pela boca, com os lábios ligeiramente franzidos, contando até oito. Pergunte a si mesmo: o que realmente importa para mim em minha educação? Permita que qualquer resposta saia de seu corpo. Observe essa resposta.

Inspire por mais quatro contagens, prenda a respiração por seis contagens e expire, com os lábios levemente contraídos, por oito contagens. Pergunte a si mesmo novamente: o que realmente importa para mim? Continue respirando e fazendo essa pergunta a si mesmo até que o cronômetro toque ou vibre, ou faça o que quer que seja. Não faça julgamentos sobre as respostas que surgirem. Apenas observe.

CAPÍTULO 4

Criando bons pais

Conheça seus arquétipos parentais

Você quer passar para seu filho a ideia de que, quando ele tem filhos, o resto da vida acaba? É isso que você quer que eles aprendam sobre o que é ter filhos?

ROBERT WALDINGER, MD

Grande parte da expectativa em relação à parentalidade é que moldaremos nossos filhos — e, até certo ponto, é o que fazemos, em virtude de sermos seus primeiros professores e a influência ambiental mais poderosa. Mas o desenvolvimento dos pais é, no mínimo, tão importante quanto o desenvolvimento dos filhos. Mesmo quando achamos que nosso trabalho é criar bons seres humanos, o que realmente estamos fazendo é criar bons pais. E o apoio aos pais prepara o terreno para uma criação consciente.

Nós nos tornamos pais quando nossos filhos entram em nossas vidas. Nossas necessidades e nossa maneira de ser em nossas famílias e em nossas comunidades mais amplas mudam junto com nossos filhos à medida que eles crescem. Há uma enorme motivação para mudanças durante a transição inicial para a paternidade, mas o desenvolvimento dos pais não para por aí. À medida que nossos filhos crescem, a experiência de sermos pais traz consigo inúmeras oportunidades de nos conhecermos melhor e de prosperarmos de maneiras que talvez nunca tenhamos sonhado.

Tornar-se um pai ou uma mãe melhor é tornar-se uma pessoa melhor.

Eu adoraria que todos tivessem a motivação para se amar e praticar o autocuidado com ou sem filhos, mas não há nada de errado em usar a motivação da parentalidade para trabalharmos em nós mesmos.

A hierarquia de necessidades dos pais

O psicólogo Abraham Maslow criou uma "hierarquia de necessidades" humana na década de 1940; a ideia é que precisamos atender às necessidades básicas antes de podermos desenvolvê-las. Na base da hierarquia de necessidades e em seu caminho ascendente estão as necessidades fisiológicas, depois a segurança, em seguida o amor e o pertencimento social, depois as necessidades de autoestima e, por fim, a autorrealização e transcendência.

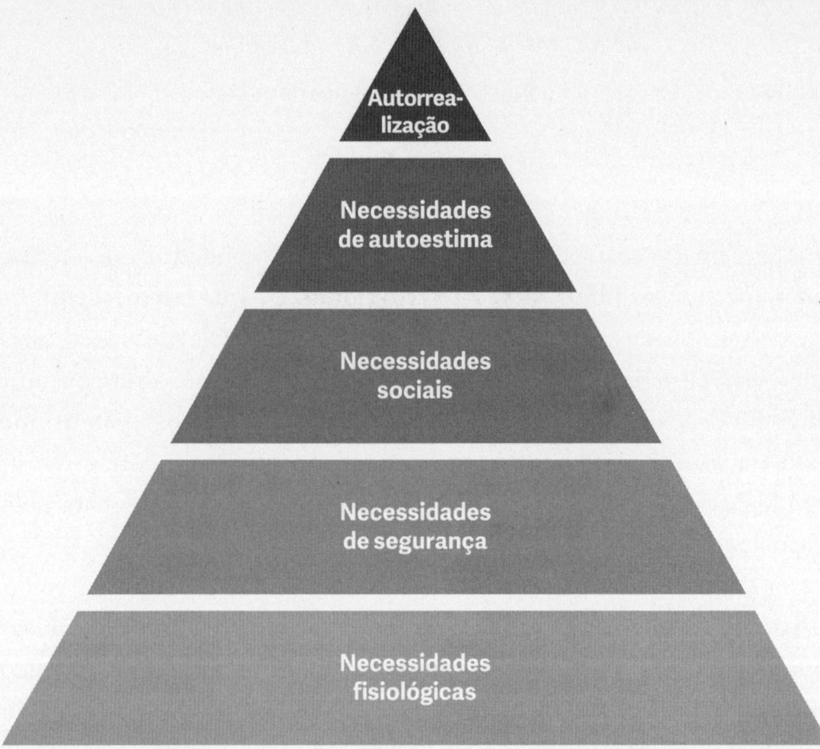

Acho útil adaptar essa teoria para enfatizar as necessidades dos pais, como explicado a seguir.

Necessidades fisiológicas: na base da hierarquia de necessidades dos pais estão as necessidades básicas de sobrevivência. Precisamos de comida, água, ar, abrigo, roupas, calor e sono.

Necessidades de segurança: quando nossas necessidades fisiológicas são atendidas, a segurança tem prioridade. Você se sente seguro contra a violência em casa? Sente-se seguro em seu emprego ou em relação às suas outras fontes de renda? Você se sente estável no que diz respeito à sua saúde física e emocional? Todos nós passamos por altos e baixos em termos de nos sentirmos e estarmos seguros, mas essa necessidade é bastante básica e não há problema em priorizá-la em relação a outras necessidades.

Necessidades de amor e pertencimento social: a parentalidade pode mudar nossos relacionamentos e, às vezes, até fazer com que nos sintamos isolados de velhos amigos, colegas de trabalho ou familiares. Estudos mostram que, quando os pais passam por estresse financeiro, as taxas de depressão aumentam — e isso não acontece somente porque as necessidades básicas não estão sendo atendidas. Esse estresse prejudica todos os nossos relacionamentos, inclusive aquele entre pais e filhos. Quando estamos estressados com o sustento de nossos filhos, trabalhamos mais e perdemos momentos importantes nos nossos relacionamentos. É claro que as necessidades básicas são fundamentais, mas também precisamos encontrar maneiras de priorizar nossos relacionamentos e o senso de conexão e pertencimento. É também por isso que, como sociedade, precisamos apoiar os pais!

Necessidades de autoestima: o respeito interior e a autoestima, bem como o respeito e a estima dos outros, podem não ser tão primordiais quanto nossas necessidades de alimentação, segurança básica e relacionamentos. Como ser pai ou mãe significa fazer algo totalmente novo como adultos, nossos inevitáveis erros podem afetar nosso senso de competência e, por extensão, nossa confiança. Como pais, geralmente nos concentramos em ajudar nossos filhos a se verem como alunos competentes e capazes, mas precisamos nos lembrar de também priorizar nossa própria dignidade e respeito.

Será que você poderia fazer algo simples todos os dias para enfatizar sua própria competência como ser humano e aprendiz de pai ou mãe?

Observe quando você se torna mais paciente e reserve um momento para se parabenizar por isso. Se tiver um parceiro ou até mesmo um amigo que também seja pai ou mãe, façam um combinado de perceber quando o outro estiver fazendo algo bem-feito.

Autorrealização: no topo da hierarquia das necessidades dos pais está a autorrealização. Todos nós temos que fazer escolhas que façam sentido para nossas famílias e, às vezes, isso significa adiar as aulas de flamenco, não surfar tanto quanto gostaria ou renegociar ambições profissionais. Mas, ao fazermos essas concessões, temos de encontrar um equilíbrio para não cairmos no papel de mãe mártir. É como Jung diz: "O maior fardo que uma criança pode carregar é a vida não vivida de seus pais". Sacrificar demais nossos sonhos por nossos filhos não os favorece em nada.

Quem cuida do cuidador?

Se valorizamos nossos filhos, devemos valorizar seus pais.

JOHN BOWLBY

Em seu relatório *Vibrant and Healthy Kids* (*Crianças vibrantes e saudáveis*, em tradução livre), de 2019, a National Academy of Sciences (Academia Nacional de Ciências) deixou clara a pesquisa: se quisermos que as crianças estejam bem, precisamos garantir que seus cuidadores estejam bem também.

Isso começa com você. Como *você* está se saindo?

Dê a si mesmo uma dose do "hormônio do amor"

Coloque a mão em seu coração. Este é um truque comprovado cientificamente para aumentar a ocitocina — ou o "hormônio do amor". Embora a ocitocina seja liberada de forma significativa durante o trabalho de parto, a amamentação e o sexo, a ciência nos mostra que também podemos ativá-la com um simples toque carinhoso, ainda que esse toque venha de nós mesmos. Portanto, lembre-se silenciosamente: "*Na maioria das vezes, eu sou o pai/a mãe que quero ser*". Respire e pergunte a si mesmo: "Quem está cuidando de mim?". Não há problema em reconhecer quando você sentir que a resposta é *ninguém*. Mas veja se você pode acrescentar... *ainda*.

A ciência nos diz que não é um luxo cuidar do cuidador principal — é uma necessidade. Não estamos falando aqui de passar dias num spa, embora uma massagem e um tratamento facial possam ser incríveis. Estamos falando de conexões. Passar uma hora por semana com pessoas com as quais você sente que pode ser você mesmo e que possam confortá-lo quando estiver se sentindo sobrecarregado pode fazer uma grande diferença.

A psicóloga e professora emérita Dra. Suniya Luthar, que passou décadas estudando a resiliência e o bem-estar materno, identificou os "quatro grandes" pilares de apoio de que todos nós precisamos: satisfação com as amizades, sentir-nos incondicionalmente amados, sentir-nos confortados quando estamos angustiados e termos um senso de autenticidade em nossos relacionamentos (a satisfação com o parceiro teve algumas associações com o bem-estar pessoal na pesquisa de Luthar, mas, curiosamente, o fato de estar casado, por si só, teve um impacto insignificante).

Vejamos os quatro pilares de Luthar sobre o apoio que os cuidadores precisam por parte dos relacionamentos e das comunidades:

Amizades: não é nem a qualidade de nossas amizades que é superimportante; é a frequência com que estamos junto a pessoas que nos fazem sentir que somos adultos e nos lembram que temos nossos próprios pensamentos e vidas e que podemos nos conectar a outras pessoas. Você já pensou em se juntar a outros cuidadores e marcar um encontro semanal para tomar um café e conversar enquanto seus filhos se divertem? Que tal um grupo de leitura? Há alguém com quem você possa marcar uma caminhada na hora do almoço? O contato regular com outras pessoas é uma forma essencial de formação de comunidade, e você não precisa morar na mesma cidade que seu melhor amigo para colher os benefícios.

Aceitação: assim como nossos filhos, os pais precisam experimentar a aceitação incondicional. Você tem pessoas em sua vida que o aceitam como você é? Você se aceita — física, pessoal e profissionalmente? Sei que pode ser complicado, mas não se sentir aceito pode desgastar qualquer pai ou mãe. Se você não se sente aceito pelas pessoas com quem convive, tente fazer uma lista de três contextos nos quais você poderia encontrar mais aceitação. Escolha aquele que lhe parecer mais viável e escreva três passos que você pode dar para cultivar essa comunidade, grupo ou relacionamento individual de aceitação. Dê um passo em direção a isso esta semana.

Conforto: você se sente confiante de que alguém estará ao seu lado quando você estiver estressado? Se não, não há problema em reconhecer isso como uma necessidade não atendida e começar a traçar estratégias para criar alguns relacionamentos que tragam conforto à sua vida. Esses confortos podem ser pequenos e acessíveis. Qual barista faz o melhor chai latte em seu bairro? Há alguma aula de ginástica que lhe proporcione conforto? Priorize as pessoas ou atividades que lhe dão conforto quando estiver se sentindo estressado.

Autenticidade: você consegue ser você mesmo com as pessoas da sua família, comunidade ou local de trabalho? Nem sempre é seguro e prático demonstrar as nossas singularidades, mas esconder quem realmente somos pode cobrar um preço. Priorize encontrar pelo menos alguns contextos em que você se sinta seguro para ser você mesmo. Tente criar um grupo de pais que se reúna pessoal ou remotamente. Reserve um tempo para velhos amigos que entendem quem você é, mesmo que eles não sejam pais.

Estresse tóxico pré-natal e depressão pós-parto

O estresse tóxico pré-natal é um grande fator de risco para a depressão pós-parto, mas todos nós somos suscetíveis a ele em algum grau, e não há motivo para se envergonhar. Entre 10 e 20% das mães da população em geral e até 40% das que vivem na pobreza ou em situações adversas, como abuso ou violência crônica, sofrem de depressão pós-parto. Quando as gestantes e os novos pais sofrem de estresse tóxico — que pode ser definido como estresse, ansiedade e depressão incessantes —, isso os afeta, bem como seus filhos no útero e qualquer bebê em casa. Se tiver qualquer pensamento de prejudicar a si mesma ou ao bebê, entre em contato com seu médico ou parteira imediatamente, ou vá ao pronto-socorro. O que você está passando é comum, provavelmente tem um componente hormonal e pode ser tratado.

Um questionário comum para detectar a depressão pós-parto é chamado de Edinburgh Postpartum Depression Scale (Escala de depressão pós-parto de Edimburgo). Pede-se aos pais que analisem suas experiências durante a última semana e reflitam se conseguiram rir ou esperar ansiosamente pelas coisas: (1) com uma sensação de alegria, como sempre fizeram; (2) um pouco menos do que o normal; (3) definitivamente menos do que costumavam; ou (4) não conseguiram. A escala também pede que os pais considerem: se estão se culpando por situações que dão errado; se eles se sentem ansiosos, assustados ou em pânico sem motivo aparente; se apresentam dificuldade para lidar com as situações; se estão tão tristes que têm dificuldade para dormir; se eles se sentem tristes ou infelizes a maior parte do tempo; se eles se sentem tão tristes que têm chorado; ou se têm pensamentos de autoagressão.

Perceber grandes desafios ou mudanças em mais de três dessas áreas, ou desafios ou mudanças moderados em cinco ou mais, sugere que o pai ou a mãe esteja enfrentando um quadro de depressão leve ou grave. Se esse for o seu caso, peça a um profissional de saúde para fazer uma triagem formal.

Se estiver apresentando sintomas de depressão pós-parto ou tendo pensamentos de autoagressão, você não está sozinha. Entre em contato com um profissional de saúde. Este poderá colocá-la em contato com os recursos necessários para superar esse período muito comum e difícil.

Cuidando do cérebro da mãe — não é o que você pensa

Nós brincamos com isso. Esqueceu de colocar as cebolas na sopa de cebola? Cérebro de mãe. Distraiu-se durante uma reunião matinal? Cérebro de mãe. É verdade que a interrupção do sono, aliada às exigências — muitas vezes avassaladoras — da maternidade, pode fazer com que você se esqueça das pequenas coisas, mas pesquisas científicas recentes mostram que a transição para a paternidade — tanto para pais biológicos quanto para não biológicos e para cuidadores de todos os gêneros — está, na verdade, associada ao crescimento do cérebro.

Quando estava terminando a faculdade e escrevendo minha dissertação com um bebê recém-nascido em casa — sim, ocasionalmente deixando-o no berço enquanto escrevia sobre apego —, percebi que tinha menos recursos para lembrar de coisas como onde estavam minhas chaves, mas conseguia me concentrar com precisão no que era importante para mim.

Os psicólogos do desenvolvimento há muito tempo entendem que os primeiros anos de vida de um bebê são um período de enorme neuroplasticidade, quando os pequenos seres humanos estão particularmente abertos a novas experiências e informações. Essa é a razão pela qual um bebê pode se adaptar a qualquer cultura em que nasce, aprender chinês, árabe ou linguagem de sinais e descobrir como lidar com qualquer contexto histórico em que se encontre. A formação e a diferenciação de neurônios e sinapses começam no estágio pré-natal e continuam em alta velocidade durante os primeiros anos de vida. Quando uma criança chega aos seis anos de idade, 90% do cérebro já está desenvolvido.

O segundo período de maior neuroplasticidade na vida de um ser humano ocorre durante a adolescência. O córtex pré-frontal — a parte do cérebro responsável pela tomada de decisões e, você sabe, por não tentar tirar uma selfie com um esquilo raivoso — não está totalmente formado até algum momento entre o décimo oitavo e o trigésimo aniversário de uma pessoa. Isso significa que seu filho adolescente que, por um lado, é capaz de refazer todo o seu sistema de computador e, por outro, decide que é uma excelente ideia dar um passeio com o carro da vovó, provavelmente não é um sociopata. Ele está apenas passando por um período natural de reconstrução neural e precisa dormir muito — e talvez seja hora de esconder discretamente as chaves do carro.

Uma recente pesquisa de neuroimagem conduzida por Pilyoung Kim e Sarah Enos Watamura, da Universidade de Denver, identificou um terceiro pico de crescimento neural previsível. Ele ocorre com nossa transição para a paternidade — e não ocorre apenas com os pais biológicos. O próprio ato de cuidar sinaliza ao cérebro que é o momento de mudar para um terceiro período de imensa neuroplasticidade. Independentemente do gênero ou do relacionamento com a criança que está sob seus cuidados, você está entrando nessa nova e poderosa fase de desenvolvimento potencial do cérebro.

Como seu circuito de recompensa está sendo ativado por níveis mais altos de ocitocina e dopamina, sensibilizando-o a se concentrar em sinais relacionados a bebês, seu mesencéfalo literalmente aumenta de tamanho. A neuroplasticidade e as alterações neurais no circuito de informações sociais do cérebro aumentam sua empatia, bem como sua capacidade de automonitoramento e autorreflexão em apoio ao cuidado sensível.

Por fim, o aumento da ativação no circuito de regulação da emoção apoia sua capacidade crescente de lidar com o estresse e se autorregular mesmo em circunstâncias estressantes. Comparando imagens de duas a quatro semanas e de três a quatro meses após o parto, os pesquisadores Pilyoung Kim, James F. Leckman, Xin Wang e James E. Swain observaram que o aumento da massa cinzenta no mesencéfalo de homens e mulheres estava associado a percepções positivas do novo bebê. Portanto, há uma incrível sinergia amor-expansão acontecendo.

Tudo o que você puder fazer para aumentar seu sistema de apoio, diminuir o estresse externo desnecessário e, de modo geral, dar a si mesma o máximo de espaço possível para respirar durante a transição para a parentalidade, contribuirá para que você possa aproveitar essa empolgante oportunidade neural.

Sete maneiras de engajar seu cérebro de mãe

A seguir, algumas sugestões para explorar e utilizar seu cérebro de mãe expandido.

1. **Deleite-se com o novo membro de sua família:** maravilhe-se com os dedos dos pés do bebê, com seu rostinho. Cada novo ser humano

contém um universo dentro de si. Toda vez que você tira um momento para se encantar, está construindo as conexões que impulsionam o cérebro do bebê e o seu.

2. **Perceba a magia em seus filhos mais velhos:** à medida que as crianças crescem, lembre-se de que você pode reacender conscientemente aquele senso de encantamento pelo universo único delas quando precisar de um estímulo cerebral. Inspire pelo nariz e expire pela boca. Perceba intencionalmente algo mágico na sua criança ou no seu adolescente.
3. **Sinta-se à vontade para dizer não:** se uma tarefa não for enriquecedora para você nem necessária para a sobrevivência de sua família, permita-se dizer não. Você não precisa se encontrar com uma colega de trabalho que o deixa estressado só porque ela pediu para "trocar umas ideias" com você. Quando disser "não" a algo, lembre-se do espaço que esse "não" abre para você — um "sim" para dar ao seu cérebro a oportunidade de limpar parte da bagunça.
4. **Durma quando seu filho dorme:** é um velho ditado — muito mais fácil de falar do que fazer e, às vezes, irritantemente irrealista de se ouvir —, mas também é um conceito que você pode expandir para se adequar à sua vida real. Sempre que possível, durma mais. E não apenas quando seus filhos são bebês. Assim como precisamos dormir quando o bebê dorme, precisamos dormir quando as crianças em idade escolar e os adolescentes dormem.
5. **Relaxe quando seu filho relaxar:** se não puder tirar uma soneca quando o bebê ou a criança dormir, pelo menos deite-se e relaxe no sofá, sem usar o telefone (a menos que ele seja um verdadeiro ponto de conexão e relaxamento para você). À medida que as crianças crescerem, continue a priorizar seu próprio tempo de descanso. Leia quando as crianças estiverem praticando esportes. Assista à TV quando os adolescentes estiverem assistindo à TV. Quando você perceber que precisa de uma pausa, resista ao roteiro cultural que faz com que os cuidadores digam a si mesmos que não podem parar. Se seu filho quiser fazer aula de artes marciais, em vez de usar esse tempo para

correr atrás de tarefas, veja se consegue encontrar um parque próximo onde você possa fazer algum exercício com atenção plena enquanto seu filho pratica exercícios com atenção plena. Em seguida, leve seu filho com você para resolver seus afazeres.

6. **Delegue:** se tiver um cônjuge, parceiro ou visitante, peça que ele alimente o bebê no turno da noite ou da manhã, para que você possa ter o tão necessário descanso. Se estiver amamentando, prepare uma mamadeira extra para que possa dormir mais algumas horas. À medida que seus filhos crescerem, continue encontrando maneiras de delegar. Delegar dá aos outros um propósito. É generoso. Faça com que as crianças maiores se vistam sozinhas. Faça com que os adolescentes preparem o próprio café da manhã — e o seu também, enquanto estiverem fazendo isso. Se você realmente tem dificuldade em delegar e dizer não, lembre-se para o que está dizendo sim naquele momento — dizer sim a algo ou a alguém, incluindo seu próprio autocuidado, é algo que pode fazer você se sentir bem. Seu cérebro agradecerá.
7. **Conheça seu cérebro e o que ele precisa:** nosso cérebro não para de mudar. Se estiver exausto ou estressado, seu cérebro pode parecer lento. Quando estiver aprendendo novas habilidades, isso pode dificultar temporariamente o acesso a outras habilidades. Se você for uma cuidadora que está chegando à perimenopausa, saiba que novas mudanças estão ocorrendo no seu cérebro. Embora possa ser frustrante, você também pode encarar isso como uma nova oportunidade de ter compaixão pelos desafios de autorregulação de seus filhos, de praticar a autocompaixão radical e de continuar respirando.

Lembre-se: entra pelo nariz, sai pela boca. Você pode dizer: "Estou conhecendo meu cérebro". Em momentos diferentes, seu cérebro pode ter necessidades diferentes. Talvez você precise fazer listas se estiver passando por um período de esquecimento. Talvez seja necessário conversar com seu médico se as alterações cerebrais estiverem atrapalhando seu funcionamento.

Não acredite no mito do "instinto parental"

Muitas vezes, as pessoas dizem aos novos pais: "Confie em seus instintos" ou "Siga sua intuição", e isso é fantástico, pois alivia a pressão. Mas nosso instinto nem sempre está disponível ou é claro. Por favor, nunca pense que você está em falta se, ao se tornar mãe, não tiver um "instinto materno" instantâneo, que sabe o que fazer o tempo todo.

As vozes que nos dizem que sempre seremos capazes de intuir o que é certo para nossos filhos podem ser tóxicas. É ótimo dizer aos pais: "Você consegue", porque nós "conseguimos" até certo ponto, mas é algo normal do desenvolvimento *não* saber o que fazer quando se está tentando algo novo, como ser pai ou mãe. E se você foi criado em um contexto de vínculos doentios, trauma, gritos, abuso ou qualquer ciclo que pretenda romper, seus instintos podem levá-lo a um lugar confuso; seu sistema nervoso foi programado para reagir de maneiras que não lhe favorecem.

A experiência é a maneira pela qual desenvolvemos nossos instintos, e todos nós carecemos de experiência quando nos tornamos pais pela primeira vez.

Não há nada de errado com você. Você só precisa oferecer a si mesmo as informações e o apoio necessários para reconectar seu sistema nervoso. Se você teve uma infância traumática, o que parece ser instinto pode, na verdade, representar uma resposta ao trauma. Mesmo que seu passado seja mais do tipo "não exatamente o que você gostaria de repetir", a maioria de nós precisa desenvolver e fortalecer instintos saudáveis à medida que continuamos amadurecendo como adultos. Podemos nos tornar mais conscientes do que está por trás de alguns de nossos impulsos, descobrir as razões subjacentes a algumas das subpersonalidades das quais nos envergonhamos e desenvolver práticas que ajudem a alinhar nossas ações aos nossos valores em constante evolução.

Pratique a autocompaixão

Comece a falar consigo mesmo da maneira que você espera que seu filho fale consigo mesmo. Quando você pratica a autocompaixão e a compaixão pelos outros, isso ajudará seus filhos a usar essa mesma voz.

> Da próxima vez que você se pegar repreendendo a si mesmo, tente adotar uma nova perspectiva. Diga: "Hoje, fiz o melhor que pude e, mesmo que não tenha sido como eu esperava, tenho uma nova chance amanhã". Ou diga: "O que será que está acontecendo comigo para que isso tenha sido tão desafiador? O que eu preciso para me apoiar melhor?".

Reeducando a nós mesmos

Para educarmos com intenção, cada um de nós precisa aceitar a maneira como foi criado. Alguns dos pais com quem trabalho passam a ter empatia renovada por seus pais quando têm seus próprios filhos, mas, para muitos de nós, é mais complicado do que isso. Pense na imagem corporal, por exemplo. Para o bem de nossos filhos, se não for por outra razão, um corpo de praia precisa ser o corpo que levamos para a praia. Ter filhos que você espera que cresçam confortáveis consigo mesmos, sabendo que o corpo é uma ferramenta e não um objeto, é um grande motivador para vestir aquela roupa de banho e ir para a areia, superando todas as mensagens que você possa ter recebido sobre como *deve* ser um corpo de praia.

Muitos de nós esperamos redesenhar nossos projetos de criação de filhos de alguma forma. O psicólogo Dr. Richard Schwartz desenvolveu uma estrutura para pensar sobre como nosso passado afeta nosso presente; ele a chama de modelo de Sistemas Familiares Internos. Esse modelo está recebendo muita atenção no momento, portanto, vamos tentar entendê-lo.

Basicamente, esse modelo considera que cada um de nós tem subpersonalidades, ou "famílias", em nossa cabeça, como no filme *Divertida Mente*. Essas subpersonalidades recebem informações de todas as nossas experiências, inclusive das nossas partes feridas e das emoções dolorosas, como raiva e vergonha.

Nossas subpersonalidades geralmente entram em conflito umas com as outras e com nosso *eu central* — o "melhor eu", equilibrado, confiante e compassivo que todos temos em nosso cerne. Se nos comportarmos de uma maneira da qual não nos orgulhamos, isso não significa que somos pessoas ruins ou "maus pais"; significa apenas que, em um momento de estresse ou desregulação, uma de nossas subpersonalidades que não é uma boa babá assumiu o controle.

Quando uma voz interna diz "Vá em frente!" e outra diz "Por que tentar?", isso não quer dizer que temos uma personalidade dividida, mas sim que estamos vivenciando partes normais de nós mesmos que evoluíram para assumir funções específicas em nosso processo de tomada de decisão. De acordo com Schwartz, nossas vozes internas podem ser categorizadas livremente em três grupos. O primeiro grupo é o de nossos *gerentes internos*, cuja função é nos manter organizados e seguros. Em dias bons, eles fazem exatamente isso. No entanto, quando ficam fora de controle, podem nos levar ao perfeccionismo ou até mesmo nos impedir de fazer coisas legais por medo de correr riscos.

O próximo grupo é o de nossos *exilados internos*, geralmente as partes de nós mesmos que sofreram traumas. Assim como qualquer pessoa que não recebe atenção suficiente, elas tendem a gritar mais alto. Quando tentamos silenciar essas partes de nós mesmos sem reconhecer sua existência e sua dor, elas podem se tornar extremas, sobrepondo-se aos nossos gerentes internos.

O terceiro grupo são os *bombeiros internos*. Você pode ter certeza de que seus bombeiros não estão apenas entrando em ação quando necessário, mas, ao contrário, estão saindo de controle quando você percebe que está apagando incêndios emocionais a qualquer custo — muitas vezes, até mesmo dando "tiros no pé" com comportamentos viciantes, doentios ou inúteis.

Reconhecer e aceitar essas partes de nós mesmos e as realidades de nossas histórias é fundamental para alcançarmos a cura e sermos capazes de criar nossos filhos a partir de um lugar de equilíbrio — de sermos a melhor versão de nós mesmos *na maioria das vezes*.

Faça amizade com suas múltiplas vozes internas

Assim como é importante lembrar que todos os sentimentos são bem-vindos (ainda que nem todos os comportamentos sejam), o modelo de

Sistemas Familiares Internos nos incentiva a lembrar nossas vozes internas de que todas as *partes* são bem-vindas, mesmo quando nem todas suas ações sejam aceitáveis.

Podemos fazer amizade até com as partes de nós mesmos que parecem mais vergonhosas. Um exercício útil aqui é sentar-se com algum tempo de sobra, um pouco de calma e um caderno. Esse não é tanto um exercício voltado para metas, mas um em que você desenvolve seus músculos de ***Reflexão***. Lembre-se: a ***Reflexão*** não é autoindulgente; é um dos Cinco *Rs*.

Digamos que você tenha lido uma nova pesquisa sobre gritos e tenha decidido que quer quebrar esse ciclo em sua própria família. Esse é o seu gerente tomando uma decisão. Entretanto, digamos que a gritaria esteja ligada à sua experiência de como as autoridades da sua família se comunicavam com você. A decisão de não gritar basicamente exila seu gritador interno. O segredo, aqui, é não abordar nenhuma dessas partes de você como "ruim" ou mesmo "irresponsável", mas sim como uma parte neutra, cujos sentimentos e habilidades de sobrevivência são bem-vindos, mas cujos comportamentos podem não ser mais bem-vindos.

O modelo de Sistemas Familiares Internos nos diz que todas essas vozes internas são normais e que podemos dar grandes passos em direção à cura e à integração ao reconhecê-las, aceitá-las e até mesmo ao conversar com elas. Dessa forma, você não está abordando a voz interna específica como algo ruim. Você pode imaginar a parte exilada de si mesmo acreditando, que gritar é a única maneira de obter os resultados que está buscando. Essa parte de você não é ruim; ela pode simplesmente ter aprendido, por meio de traumas, que a violência é uma maneira razoável de comunicar o sentimento de decepção. Por outro lado, se você estiver se concentrando no comportamento de compras, lembre-se de que essa parte de você não é ruim, tampouco irresponsável; é apenas um bombeiro tentando salvá-lo de outra dificuldade emocional.

Explore suas partes internas

Aqui está um processo para você experimentar caso tenha interesse em trabalhar com uma ou mais de suas partes internas, conforme proposto no modelo de Sistemas Familiares Internos. Escolha uma das partes e siga as etapas a seguir, conversando com essa parte como se fosse uma pessoa completa:

1. Diga (em voz alta, se puder): "Se você me sobrecarregar, não poderei ajudá-lo". Isso serve para lembrar essas suas partes de que, se elas continuarem a se sobrepor aos seus gerentes internos, você continuará a ter dificuldade para integrá-las.
2. Diga o seguinte, como um pedido: "Por favor, sente-se aqui comigo sem tentar assumir o controle. Quando estiver pronto, diga-me quem você é, do que está tentando nos proteger, qual é a sua intenção positiva ou do que tem medo, e eu vou anotar tudo isso". Isso faz com que seu gritador ou viciado em compras interno saiba que você está disposto a aceitá-los e que eles não precisam agir tanto para chamar sua atenção. Por exemplo, talvez seu gritador interno tenha medo de que haja vergonha associada às crianças que não obedecem rapidamente. Talvez seu comprador interno espere que os novos sapatos sociais o façam se sentir mais no comando.
3. Faça anotações sobre todas as partes que você percebeu durante esse exercício e o que elas têm a dizer, se é que têm algo a dizer. Se você tende a ser um pensador visual, pode até achar útil fazer pequenos desenhos de um gerente, um exilado e um bombeiro internos. Escreva pequenas legendas para que cada um deles expresse o que teme, como se sente em relação a você como um todo ou o que precisa para se sentir seguro (se isso parecer muito bobo, não faça! Definitivamente não é necessário).

Faça anotações sobre o que você percebe quando reconhece e até mesmo conversa com essas partes internas de si mesmo. Você não precisa "fazer" nada com essas anotações, mas observe, ao voltar a elas de tempos em tempos, se suas partes internas estão recorrendo a menos ações drásticas à medida que você começa a se envolver com elas e a mostrar aceitação e disposição de trabalhar com elas de maneiras mais amorosas e *reguladas*.

Conheça seus arquétipos parentais

Uma maneira semelhante de refletir sobre as múltiplas partes que habitam em nós vem do psiquiatra suíço Carl Jung. Ele conceituou a personalidade como sendo composta por nossa persona, nossa sombra, nossa *anima/animus* e nosso verdadeiro eu. Se adaptarmos esse pensamento para nos concentrarmos em nós mesmos como pais, poderemos ver nossos arquétipos pessoais como sendo uma persona parental, uma sombra parental (que reflete o modelo dos Sistemas Familiares Internos do exílio interno), uma *anima/animus* parental e nosso "verdadeiro eu" parental (que se alinha ao modelo dos Sistemas Familiares Internos do núcleo do eu).

Nem sempre é seguro ou prático deixar nosso estranho "verdadeiro eu" brilhar em um contexto público que pode ou não aceitar uma mãe que gosta de cantar a plenos pulmões enquanto dança na gangorra, mas, quanto mais integrados nos tornarmos como pais, mais saudáveis nos sentiremos emocionalmente e mais disponíveis estaremos para nós mesmos, nossos filhos e outras pessoas importantes em nossas vidas. Mas vamos considerar os outros arquétipos.

Persona parental: nossa persona parental é o pai ou a mãe que somos diante do mundo. Você é mais rigoroso ou mais relaxado quando está em público com seus filhos? Você mostra aos vizinhos uma família perfeitamente organizada enquanto se sente um caos por dentro? Você disfarça imperfeições que nem sequer são reais, apenas para que ninguém se sinta intimidado? Sem julgamento. Apenas reflita.

Sombra parental: nossa sombra parental representa as partes de nós mesmos das quais nos envergonhamos, mas das quais não conseguimos nos livrar. Você foi criado com a ideia de que as crianças devem ser vistas e não ouvidas? Você tem um medo de consumir carboidratos que não quer passar para seus filhos? Quando seu cérebro for para sua sombra parental, tente colocar a mão no coração e enviar uma mensagem silenciosa para si mesmo, dizendo: *"Eu aceito a parte de mim que se sente assim"*. Você não precisa agir de acordo com seus impulsos sombrios para aceitá-los como parte de quem você é.

***Anima* e *animus* parental:** a maioria de nós traz para a parentalidade nossas ideias pessoais, normas culturais e experiências familiares relacionadas aos papéis de gênero. O que você levaria para a criação de seus filhos se se identificasse como de outro gênero? Há alguma coisa que você gostaria de fazer com seus filhos e que acha que não é sua função cultural ou de gênero? O que aconteceria se você fizesse isso mesmo assim? Novamente, nada de julgamentos ou críticas aqui — apenas reflita.

Sessão de perguntas e respostas

Agora, imagine como seria integrar todas as suas personalidades parentais. Com que frequência você honra sua persona, sua sombra e sua *anima/animus* como partes aceitas do todo que você é? Considere a possibilidade de estabelecer uma intenção de aceitar tudo o que você é.

Pergunta: Cresci em uma família muito fria e até hoje não sou de abraçar. Não quero transmitir esse tipo de distanciamento para meus filhos. Existe alguma maneira de mudar a esta altura da minha vida?

Resposta: Se você gostaria de ter tido mais conexão física, mas, no seu corpo, não se sente uma pessoa afetuosa porque simplesmente não foi assim que foi criado, é possível desenvolver isso começando a fazer coisas diferentes com seu corpo, mesmo que sejam um pouco desconfortáveis. Faça uma aula de dança (***Reflexão***). Você não precisa se forçar a se tornar um abraçador instantâneo, mas pratique estar um pouco fora de sua zona de conforto (***Regulação***). À medida que se sentir mais confortável nesses espaços corporais desconfortáveis, você também poderá se alongar lentamente para demonstrar seu afeto de uma maneira mais física.

Vamos acabar com o arquétipo do mártir

O maior fardo que uma criança pode carregar
é a vida não vivida de seus pais.
CARL JUNG

Como pai ou mãe, você nunca está fazendo algo errado se, de fato, gostar de estar ao lado de seu filho. Há um enorme valor em apoiar seus filhos e torcer por eles quando estão fazendo algo que amam. Esse é certamente um grande prazer para mim! No entanto, é muito importante encontrar o equilíbrio entre apoiar nossos filhos e manter os aspectos que dão significado, propósito e alegria à nossa própria vida. Quando um sacrifício não está servindo aos pais ou aos filhos, mesmo que pareça estar, estamos passando para o arquétipo do mártir.

Quando você está sempre presente em todos os treinos e jogos ou em todas as viagens de carro, não há problema em se questionar com um senso de curiosidade: isso está realmente servindo a mim ou ao meu filho? Isso faz com que eu sinta que estou acertando na criação dos meus filhos?

Pergunte a si mesmo: estou me sacrificando porque tenho a intenção de me tornar o pai "perfeito" ou a mãe "perfeita"? Estou agindo com base no que todo mundo parece concordar que vale a pena ou porque eu acho que vale a pena? Há espaço para minhas próprias necessidades em meio às responsabilidades que tenho com a minha família? Adiei meus interesses e minha própria vida não parental para me dedicar à criação dos filhos? Será que me preocupo com o fato de o meu filho estar se sentindo negligenciado se eu não for a todos os torneios ou que ele perderá alguma coisa se não comparecermos a todas as atividades sociais? Será que estou me esforçando tanto para fazer o oposto do que meus pais fizeram que estou entrando no território da parentalidade extrema? Será que me preocupo com o fato de que escolher fazer algo que recarregue minhas energias me torna egoísta?

Os pais contemporâneos têm se concentrado exclusivamente em cada capricho, necessidade e evento da vida de seus filhos. Pode ser confuso quando os especialistas (inclusive eu) destacam o poder de ser um cuidador sensível — e pode ser fácil, às vezes, confundir essa sensibilidade de cuidado com fazer tudo o que pudermos para garantir que nossos filhos nunca se sintam decepcionados conosco. Mas pode ser útil reformular essa questão e pensar nas maneiras pelas quais nossos filhos nos veem sacrificando nossas próprias necessidades ou tempo. Um dos pais faz isso mais do que o outro? É esse o modelo que queremos passar aos nossos filhos?

Certa vez, quando uma de minhas filhas cometeu um erro na escola, ela perguntou se eu perderia meu emprego porque ela não era "perfeita". Meu cérebro quase explodiu. Minha *filha* se sentiu pressionada a ser perfeita porque achava que meu trabalho era ser perfeita na criação de uma filha perfeita. Puxa vida! Sua observação me ajudou a mudar meu pensamento. Pense em quanta pressão nossos filhos podem sentir para serem o centro do nosso universo! Sentir que todos os seus sucessos e fracassos são tão importantes para nós — que *nosso* senso de identidade está ligado ao desempenho *deles*?

Agora, tento refletir sobre todos esses aspectos quando tomo decisões no meu dia a dia. Penso ativamente em como posso ser um modelo para minhas filhas do que é ser uma amiga, uma cidadã, parte de uma família e de uma comunidade. Quando estou satisfeita com minha própria vida, posso estar presente para minhas filhas de uma maneira diferente. Mostro a elas que, embora elas sejam sempre minha prioridade número um, não são minha *única* prioridade. Mostro a elas que podem se esforçar muito nos treinos sem a minha presença, que podem se sentir bem consigo mesmas porque estão orgulhosas do trabalho que fizeram e que podem me contar tudo quando estivermos juntas. E, claro — será que preciso refletir regularmente se estou fazendo escolhas que honrem os momentos em que é realmente importante que eu esteja presente? Sim.

Precisamos nos nutrir para sermos os pais que queremos que nossos filhos tenham. Precisamos fazer as coisas que amamos. Damos um exemplo para nossas famílias do que significa gastar nosso tempo de uma forma que nos faça sentir bem. Ajudamos nossos filhos a adquirir novas habilidades, independência e compreensão em relação a muitos aspectos de nossa vida que realmente importam. Mas também precisamos cometer erros, perdoar a nós mesmos e tentar novamente. Se só temos o dia de hoje, temos que aproveitá-lo ao máximo.

Bom dia, eu te amo

A professora de psicologia Shauna Shapiro incentiva a prática de nos cumprimentarmos todos os dias com: "Bom dia [insira seu próprio nome], eu te amo".

Certamente é assim que esperamos que nossos filhos se sintam em relação a si mesmos, portanto, vamos começar dando o exemplo — e, se nossos filhos nos pegarem fazendo isso, melhor ainda. Praticar essa declaração repetidamente a insere em sua consciência. Coloque a mão em seu coração e diga comigo: "Bom dia [ou tarde ou noite], eu te amo".

Sessão de perguntas e respostas

Pergunta: É sempre na hora de dormir que meu filho quer me contar tudo o que aconteceu na escola e cada pequeno detalhe de algum filme a que assistiu. Eu quero estar presente na conexão, mas, às vezes, estou muito cansada. E é hora de dormir!

Resposta: Nas noites em que você tiver energia, vá em frente, aconchegue-se e ouça todas as histórias do dia (***Relacionamento***). Nas noites em que você estiver exausto, não há problema em dizer a ele que é hora de se aconchegar e contar apenas uma coisa que aconteceu na escola e que você está ansioso para ouvir o resto pela manhã. Estar conectado com seu filho não significa que você tenha que ouvir a reencenação do dia inteiro. Sejamos francos: muitas vezes, quando nos esforçamos além do ponto de exaustão, acabamos brigando com nossos filhos e nos sentindo pior. E, embora isso não seja o fim do mundo, é fundamental adquirir o hábito de encerrar as coisas com calma antes de se frustrar (***Regulação***).

EXERCÍCIO DE REFLEXÃO

Sonhe com seu próprio espaço de unicórnio

A maioria dos pais com quem converso não hesitaria em dar a seus filhos um espaço para explorar seus interesses — seja para aprender a fazer bolos, seja para mexer com cerâmica —, mas, com muita frequência, quando pergunto aos pais sobre seu próprio espaço para projetos de crescimento criativo, eles me olham com indiferença.

A autora do livro *Find Your Unicorn Space: Reclaim Your Creative Life in a Too-Busy World* (*Encontre seu espaço de unicórnio: recupere sua vida criativa em um mundo tão agitado, em tradução livre*), Eve Rodsky, sugere que cada um de nós crie espaço em nossa vida para o prazer, os sonhos e as atividades significativas que nos trazem alegria e propósito. Acho que essa ideia é especialmente benéfica para os pais. Não hesitamos em criar espaços de unicórnio para nossos filhos, mas também precisamos de nossos próprios espaços de unicórnio. É muito fácil colocar nossas próprias necessidades em último lugar, deixando de reservar um tempo para nós mesmos. Às vezes, isso acontece por culpa; outras vezes, porque achamos que simplesmente não temos energia ou que é impraticável. Mas o autocuidado é um imperativo para sermos pais e mães eficazes. Como Eve Rodsky nos lembra, "O espaço do unicórnio é mítico. Ele não existe até que o reivindiquemos. É uma prática de curiosidade, conexão com os outros e conclusão".

Você tem um espaço de unicórnio para si mesmo? Se não, imagine como seria um. O que lhe traz alegria? O que o deixa curioso? Quando você está esgotado, sente-se exausto, desconectado e ineficaz. No entanto, quando encontra um alívio para esse esgotamento, você fica mais esperançoso e sente mais integração entre o que deseja e como vive sua vida.

Lembro-me de me perguntarem quais eram meus hobbies quando minhas filhas eram bem pequenas. Fiquei muito irritada! Eu pensava: "O quê? Agora, além de tudo, esperam que eu também tenha um hobby?". Portanto, não se trata de um hobby. Hobbies soam como algo voluntário e extra. Não, trata-se de garantir que haja um bom ajuste entre a vida que você vive e quem você é por dentro.

Portanto, sente-se em um lugar confortável e faça algumas respirações conscientes. Feche os olhos. Visualize como seria seu próprio espaço de unicórnio. Se você se sentir inspirado após esse exercício, anote algumas medidas que poderá tomar para criar esse espaço e honrar sua própria curiosidade e seu prazer.

CAPÍTULO 5

Fundamentos para relacionamentos sólidos

Preparando o cenário para o apego seguro

Não há desenvolvimento sem relacionamentos.

JACK SHONKOFF, MD

O primeiro dos Cinco Rs, ***Relacionamentos***, começa com nosso vínculo de apego primário. Todas as crianças precisam de um relacionamento de apego com pelo menos um cuidador que as leve a acreditar que essa pessoa — apesar de suas limitações humanas e das inevitáveis rupturas e ***Reparações*** pelas quais qualquer relacionamento passa — pode oferecer uma base segura e previsível para atender às suas necessidades.

À medida que nos tornamos cuidadores cada vez mais sensíveis com a prática — e com o "servir e responder", o processo mencionado no Capítulo 1 —, também percebemos e ajustamos nosso comportamento e o ambiente de nossos filhos para melhorar o que os psicólogos chamam de "adequação", o que basicamente significa que aceitamos nossos filhos como eles são e os encontramos onde eles estão, *na maioria das vezes*. Então, vamos falar sobre esses princípios básicos.

Desmistificando o apego seguro

A vida mais bem organizada como uma série de aventuras ousadas a partir de uma base segura.

JOHN BOWLBY

A próxima coisa de que as crianças precisam, depois da alimentação e do sono, é de um relacionamento de apego com pelo menos um adulto carinhoso com quem elas sintam que podem contar na *maioria das vezes*. A ciência por trás disso é bela e consistente, mas há muita desinformação por aí, por isso quero passar algum tempo analisando os mal-entendidos e depois me aprofundando no aspecto científico.

Os pontos mais importantes a serem lembrados são os seguintes: apego é um ***Relacionamento***. Ele é dinâmico e pode ser ***Reparado***. E não depende de práticas processuais específicas. Bebês, ao longo da história, em todos os tipos de contextos, desenvolveram relacionamentos de apego seguro, e seu bebê ou filho também pode.

O apego seguro não depende da "parentalidade com apego"

Embora a palavra *apego* seja frequentemente usada como uma forma abreviada para se referir ao relacionamento de apego, é importante lembrar que o termo na psicologia do desenvolvimento se refere ao ***Relacionamento*** único e dinâmico entre duas pessoas. E, nesse campo, os relacionamentos não são considerados opcionais — eles são o primeiro dos meus Cinco *Rs* que levam à Resiliência.

O apego seguro não tem a ver com carregar o bebê no colo o tempo todo ou com a amamentação; tem a ver com a confiança profunda e permanente da criança na disponibilidade e capacidade de resposta dos pais. Portanto, não é o dormir junto que importa para o apego, mas sim o fato de o bebê dormir bem e ter interações de qualidade quando está acordado. Não é o contato pele a pele — embora seja sempre bom reservar um tempo para isso com o recém-nascido, se for conveniente —, mas sim a sintonia do cuidador com o relacionamento.

A "parentalidade com apego" (consulte a Introdução sobre essa teoria) nunca foi cientificamente associada ao desenvolvimento de um apego seguro. Muitas das recomendações do Dr. Sears podem ser boas para você e seu bebê, e até mesmo positivas. Mas a rigidez de sua abordagem e de seus defensores faz com que muitos pais se sintam perdidos e isolados. Por exemplo, o Dr. Sears sugeriu que os bebês devem ter apego físico constante. Infelizmente, isso criou uma geração de pais preocupados com o fato de que colocar o bebê no chão para tomar banho era prejudicial. Ele não disse nada sobre entender os sinais do bebê, perceber quando e como ele gosta de ser segurado ou quando o contato físico pode não ser ideal. Ele também falou fervorosamente sobre a necessidade da amamentação, traumatizando as mães que não puderam ou não amamentaram, fazendo com que se sentissem inúteis. O trabalho de Sears foi filtrado por uma lente que deixou os pais com a sensação de que ser um mártir fazia parte da criação dos filhos, em vez de reconhecer que a saúde mental dos pais está intrinsecamente ligada à saúde e ao desenvolvimento do bebê. E ele não percebeu que o apego é um processo dinâmico, que muda à medida que a criança cresce, deixando os pais sem saber como encerrar o ciclo de dormir junto ou de outros apegos físicos. Na verdade, ele simplesmente não está relacionado a esses aspectos de rotina. Na pior das hipóteses, gastar tempo se estressando com esses detalhes pode prejudicar o desenvolvimento de uma forte conexão entre pais e filhos.

Não me entenda mal — tenho alguns clientes que praticam a "parentalidade com apego", e isso é ótimo quando funciona para eles. Mas muitas mães me procuram aterrorizadas com a ideia de que estão fazendo algo terrível ao deixar seus filhos dormirem em outro quarto. A ciência diz que isso é um absurdo: a "parentalidade com apego" não faz de você um pai ou uma mãe melhor. Lembre-se: não importa como as crianças dormem; o que importa é que elas durmam. Não importa a nutrição diversificada que as crianças recebem, o importante é que elas recebam essa nutrição diversificada. Não importa o gênero do cuidador principal ou se ele tem vínculo biológico com a criança; importa que, *na maioria das vezes,* o cuidador seja emocionalmente sensível e sintonizado com a criança em particular.

O cuidador principal precisa ser sensível o suficiente para perceber e responder aos sinais exclusivos das crianças e, ao fazê-lo, encontrá-la onde ela está; com o tempo, isso melhora a adequação do relacionamento. *Isso é bom o suficiente.* Seu filho desenvolverá tanto a confiança de que suas necessidades serão atendidas quanto as habilidades de enfrentamento para superar os momentos em que nem todos os sinais são respondidos — porque você é humano. E é preciso ser humano para criar um bom ser humano.

A verdadeira ciência do apego

Então, vamos falar sobre a *verdadeira* teoria do apego. Na década de 1930, o psiquiatra londrino John Bowlby percebeu que as crianças com as quais ele trabalhava e que tinham problemas emocionais pareciam não receber afeto dos pais. Bowlby — ele mesmo criado por uma babá e por amas na Inglaterra (o que enfatiza a verdade de que a pesquisa psicológica é, muitas vezes, uma "pesquisa sobre mim") — começou a enxergar as mães como âncoras emocionais de seus filhos e teorizou que as crianças precisavam de uma influência calorosa e íntima para desenvolver estabilidade em meio às tempestades normais e inevitáveis da vida.

De acordo com Bowlby, os bebês saudáveis formavam uma "pequena hierarquia de vínculos", ou seja, o número de pessoas às quais eles estavam ligados tinha que ser limitado para que aprendessem pistas emocionais relevantes, mas não tão limitado a ponto de os bebês sentirem que não tinham nenhum apoio quando a mãe saísse para se divertir com os amigos.

Nas décadas de 1950 e 1960, a psicóloga de desenvolvimento canadense Mary Ainsworth expandiu as teorias de Bowlby, trabalhando primeiro em Uganda, estudando as reações dos bebês a ela (a primeira pessoa branca que eles viam), e depois em Baltimore. Ela começou a definir os padrões de relacionamento entre os bebês e suas mães com base em como as crianças reagiam às separações e, mais importante, aos reencontros. Os bebês com vínculos seguros brincavam e exploravam livremente a partir da "base segura" da presença de suas mães. Quando as mães saíam, alguns dos bebês ficavam irritados. De qualquer forma, quando elas retornavam, os bebês se animavam, às vezes reconhecendo suas mães a distância e, às vezes, estendendo os braços para serem pegos no colo. Desde então, pesquisas em todo o mundo confirmaram o que Ainsworth descobriu: cerca de 65% dos bebês têm um relacionamento de apego seguro o suficiente com seus principais cuidadores — não necessariamente as mães —, usando-os como uma base segura a partir da qual podem explorar o mundo.

Inspirado por Mary Ainsworth e pelo movimento pacifista da região da Baía de São Francisco, no final da década de 1960 — quando as gravações de Janis Joplin ecoavam das janelas de ônibus da Volkswagen e a palavra *amor* começou a aparecer em artigos acadêmicos —, um jovem psicólogo do desenvolvimento chamado Alan Sroufe se interessou por relacionamentos de apego. Com uma equipe do Instituto de Desenvolvimento Infantil da Universidade de Minnesota, o professor Sroufe lançou o que se tornaria o mais longo estudo de desenvolvimento psicológico humano já realizado. No estudo, os clínicos se encontravam com as crianças periodicamente — desde a infância até a adolescência, depois na idade adulta e até mesmo durante a transição para a parentalidade — e estabeleceram os princípios básicos de como as maneiras como somos criados e experimentamos segurança nos afetam e, quando rompidas, como podem ser ***Reparadas***.

O resultado é o seguinte: os cuidadores que promovem relacionamentos de apego seguro estão em sintonia com seus próprios sentimentos e, a partir daí, conseguem estar em sintonia com seus bebês. *Na maioria das vezes,* eles são amorosos, receptivos, carinhosos e emocionalmente disponíveis. Eles prestam atenção e ajustam seu comportamento quando o bebê está fechando os olhos por excesso de estímulo. Eles percebem e se preocupam quando o bebê se sente ansioso. Eles se afastam e permitem que seus filhos passem por um pouco de angústia à medida que aumentam lentamente sua tolerância a tudo que não dá certo. Eles fazem ***Reparações*** quando há uma ruptura. Seus filhos crescem confiantes na capacidade do cuidador de lidar com seus sentimentos — da alegria ao terror.

Ao desenvolver um relacionamento de apego seguro com seu filho, você também está apresentando a ele a corregulação. Você pode acalmá-lo com sua própria tranquilidade, mesmo mantendo os limites que ele espera que você mantenha. Você está ao lado dele, mas será o adulto quando surgirem situações que precisem de um adulto. Você pode ser a segurança emocional dele e embalá-lo para dormir. Mesmo quando seus filhos forem adultos, haverá momentos em que eles precisarão de você, e você pode estar ao lado deles. *Na maioria das vezes,* isso é tudo o que estamos procurando.

Tipos de vínculo

O relacionamento de apego seguro é ideal, pois permite que as crianças explorem confortavelmente seu ambiente. Quando as crianças confiam que, se encontrarem uma ameaça, poderão retornar ao pai ou à mãe para se protegerem, isso significa que elas veem seus pais como uma base segura. Por outro lado, um relacionamento de apego inseguro é evidente quando as crianças parecem ter medo de explorar. Elas podem se preocupar se os pais estarão lá quando retornarem, o que, na psicologia do desenvolvimento, chamamos de "apego inseguro ambivalente". Ou elas podem conseguir explorar, mas enxergam seus pais como uma fonte de conforto quando se deparam com uma ameaça ou percepção de ameaça, e isso é conhecido como "apego inseguro evitativo". Uma última classificação, conhecida como "apego desorganizado", refere-se a crianças que têm respostas conflitantes e inconsistentes — geralmente porque os comportamentos dos pais podem ser erráticos ou confusos. Esse tipo de reação é frequentemente observado em crianças consistentemente maltratadas.

Embora eu ache importante que os pais saibam de tudo isso, também é importante lembrar que a maioria das crianças *está* em relacionamentos com apego seguro. Dito isso, algumas crianças simplesmente são mais cautelosas por natureza e, lindamente, até mesmo um apego inseguro não é uma sentença definitiva. Lembre-se: um dos Cinco *Rs* que levam à resiliência é a ***Reparação***. Mesmo que os pais não tenham sido essa base segura até agora, pelo motivo que for, desde ausência até vícios, eles podem trabalhar para se fazer emocionalmente presentes quando estiverem fisicamente com os filhos e curar suas próprias barreiras à estabilidade, de modo que possam oferecer essa base segura às crianças. Ao fazer isso, eles ativam a ***Reparação***.

O apego é dinâmico e pode ser reparado

Atualmente, muitos pais determinaram que o apego é importante e têm pavor de que um movimento errado possa romper o vínculo para sempre. Eles me procuram o tempo todo, profundamente preocupados, vulneráveis e envergonhados, convencidos de que, de alguma forma, arruinaram seus filhos. Uma mãe estava voltando ao trabalho após a licença-maternidade e, desesperada para dormir um pouco, deixou o bebê chorar; agora, ela estava apavorada com a possibilidade de ter deixado uma cicatriz permanente. Outra mãe não conseguia amamentar. Uma mãe confessou ter dito algo horrível para seu filho pequeno quando se sentiu sobrecarregada. Outra estava preocupada depois de ter dito ao filho adolescente que ele cheirava mal e precisava de um banho.

Eu as assegurei — e estou aqui para assegurar você — que a maioria das crianças forma um vínculo seguro, apesar das diferentes rotinas de trabalho e de sono dos pais, e apesar das respostas muito humanas dos pais ao estresse. A ciência nos diz que, se um cuidador responde às necessidades do bebê *na maioria das vezes*, isso é o suficiente para um vínculo seguro. Mas mesmo que algo fique desalinhado no processo de apego, esse vínculo pode ser ***Reparado***. De fato, interrupções passageiras na disponibilidade ou na capacidade de resposta do cuidador ativarão um processo reparador no ***Relacionamento***, e a confiança da criança em seu cuidador será recuperada sem a necessidade de nenhuma intervenção específica. Esse padrão de quebra e conserto, conhecido como "ruptura e reparo", faz parte da maneira como as crianças saudáveis crescem e prosperam. Lembre-se de que a ***Reparação*** é um dos Cinco *Rs* que levam à resiliência — e isso não se aplica apenas aos bebês, mas também a todos os seres humanos durante a infância e a vida adulta.

O Dr. Edward Tronick, professor de psicologia da Universidade de Massachusetts e um dos cientistas mais influentes no desenvolvimento infantil, fez o agora famoso experimento do "rosto imóvel" na década de 1970, quando a maioria dos psicólogos ainda via os bebês como telas em branco, esperando para serem preenchidas pelos pais, e quando a maioria dos pesquisadores estava concentrada no desenvolvimento cognitivo das crianças. Tronick estava interessado em observar as conexões *sociais* entre os bebês e seus cuidadores. Ele e seus colegas pediram às mães que interagissem normalmente com seus bebês e, em seguida, parassem abruptamente, fossem para outra sala para uma pausa rápida e retornassem em um modo neutro e desinteressado. Em seguida, as mães foram instruídas a sair do cômodo para uma segunda pausa breve e depois retornar normalmente (você pode assistir ao experimento no YouTube).

Na primeira etapa do experimento, as mães e os bebês estavam deliciosamente conectados, obviamente envolvidos em uma interação social complexa. A etapa seguinte sinceramente foi de partir o coração, quando os bebês murcharam com o desinteresse das mães. Essas duas primeiras partes do experimento mostraram de forma dramática a conectividade social e emocional entre pais e bebês. Mas a terceira fase, quando a mãe retorna, foi ainda mais inspiradora. Quase instantaneamente, os bebês do experimento iniciaram um processo de reparação com suas mães e voltaram a se envolver. Isso foi a ***Reparação*** em ação.

Esse "rosto imóvel" estressa o bebê quando ele não sabe o que significa? Com certeza. Mas a ida e a volta — essa desconexão e reconexão por meio da bagunça normal da vida diária — faz parte da maneira como construímos relacionamentos duradouros e seguros com as pessoas ao nosso redor. Da mesma forma, é um processo importante à medida que as crianças desenvolvem seu senso de apego seguro em relação aos outros.

Sessão de perguntas e respostas

Pergunta: Costumo enviar mensagens de texto para amigos quando estou com meu filho. Isso está interferindo no senso de apego dele?

Resposta: Não; desde que você esteja um pouco envolvido com seu filho, ele provavelmente ficará bem. Em uma pesquisa posterior, Ed Tronick estabeleceu que a maioria dos pais, mesmo quando estão com seus filhos, só estão superenvolvidos cerca de 30% do tempo (***Reparação***). Parte do que ajuda nossos filhos a desenvolver confiança no fato de que estaremos ao lado deles quando precisarem de nós é o fato de aprenderem a esperar por nossa atenção (***Relacionamento***). Pouco a pouco, eles desenvolverão otimismo em relação ao futuro, mesmo quando estivermos ao telefone ou não estivermos emocionalmente presentes. Aqui está algo que você pode praticar: veja se consegue equilibrar suas respostas aos amigos de modo que se sinta conectado a eles, mas não ao ponto de que seu filho se sinta menos relevante do que seu telefone (***Reflexão, Regras***).

Bom o suficiente é bom o suficiente

Para que o relacionamento seja estável, seu filho precisa saber que tem um cuidador em quem pode confiar, que é relativamente previsível e com quem se sente seguro. O tempo não é um fator; a qualidade é. Talvez você não chegue em casa na hora de dormir. Talvez você tenha que sair algumas manhãs antes de seu filho acordar. As pesquisas mostram de forma consistente que estar emocionalmente presente quando se está fisicamente presente permite interações de maior qualidade, e essas interações dão o melhor retorno possível.

Portanto, assuma sua disponibilidade. Se você não chegará em casa a tempo de colocar seu filho na cama, avise-o. Se você não mora com seu filho, seja realista quanto à frequência com que o verá. Informe ao seu filho quando e como ele pode entrar em contato com você. Esteja disponível quando disser que estará disponível e seja sincero quando não puder. Construir confiança com seu filho significa que ele pode acreditar em você: você diz o que quer dizer e realmente quer dizer o que diz.

Quando *estiver* com seu filho, comprometa-se a deixar o celular de lado por períodos razoáveis. Dê atenção a ele e à atividade que estão fazendo juntos. Desenvolva tradições novas e significativas — como café da manhã ou jantar aos sábados ou passeios ao parque no dia da visita. As crianças formam memórias importantes em torno de rituais ou tradições que aumentam seu senso de pertencimento e autoestima.

Readaptação de apego

Durante a pandemia, mudei-me de Nova York para a Califórnia — terra dos terremotos. Adoro o clima, mas a ideia de o solo se abrir sob meus pés sem aviso era, no mínimo, desanimadora. Ainda não passei por um terremoto perceptível, mas fiz uma inspeção na minha casa e descobri que ela não era tão resistente quanto as casas mais novas que estão sendo construídas, por isso fiz uma reforma para garantir que ela não caísse. É uma sensação muito segura saber que nossa casa é resistente. Fiz um investimento para garantir que, embora ela possa tremer e balançar, provavelmente não vai desabar.

O apego pode ser readaptado exatamente da mesma forma. Se a base segura não estiver presente desde o início, ou se as coisas tiverem ficado instáveis em decorrência dos terremotos da vida, você pode readequá-la.

O cônjuge da minha cliente estava em uma missão quando a primeira filha deles nasceu. A mãe estava preocupada com o fato de que, quando o marido voltasse para casa após a missão, seria um desastre, pois ele ficaria muito animado em ver a bebê, mas seria um estranho para a filha, que poderia ter uma reação negativa.

Essa mãe fez um livrinho para a bebê e lia para ela quase todos os dias, desde cerca de nove meses de idade. Era um daqueles livros que podem ser feitos on-line, com várias fotos da bebê e dos pais juntos. Quando o marido voltou para casa após a missão e encontrou a filha, ela correu até ele e o abraçou. Ele era como Elmo — um personagem familiar nas histórias reconfortantes dessa criança. Seja você o cuidador ausente, seja aquele que fica em casa, você pode fazer alguma versão disso para lembrar seu filho do seu amor e da sua presença mesmo a distância.

O professor Alan Sroufe, mencionado anteriormente neste capítulo, que se tornou um dos principais psicólogos do desenvolvimento do mundo, interessou-se pelo apego porque não o tinha quando criança. Quando o entrevistei para o meu podcast, ele lembrou aos ouvintes que o desenvolvimento de todas as crianças tende a progredir com períodos de equilíbrio e períodos de ruptura. Às vezes as coisas vão muito bem e às vezes não. Ele falou sobre dois casos que realmente o marcaram.

Um menino começou de forma muito positiva — com um apego seguro — e, em seguida, todos os tipos de situações desafiadoras aconteceram em sua vida. Seus pais passaram por um divórcio amargo, seu pai e seus irmãos se mudaram e sua mãe morreu. Foi uma série de eventos de partir o coração. Como era de se esperar, ele passou por alguns anos difíceis na adolescência, mas, quando se tornou um jovem adulto, conheceu alguém para amar e conseguiu reconstruir seu senso de confiança de que outras pessoas poderiam estar ao seu lado. Ele se tornou um dos melhores pais que o Professor Sroufe já viu — e Sroufe já viu muitos pais.

O que esse homem obteve no início de sua vida foi uma base sólida, de modo que, quando se apaixonou, pôde aproveitar a oportunidade para aprender a ser mais aberto em relação aos seus sentimentos, porque estava novamente em um relacionamento seguro, como havia tido no início. Em um caso contrastante, a família de uma menina estava em turbulência desde o início — com abuso, ambiente caótico em casa, vícios na família e um apego compreensivelmente inseguro. Enquanto estava no ensino primário, ela e a mãe fizeram terapia, e a menina conseguiu construir uma ilha de segurança em sua vida. Na adolescência, ela voltou a se desestruturar, mas se reconstruiu com o tempo. Ela tinha dificuldade para confiar, sentia-se muito vulnerável, mas conseguiu voltar àquela ilha de positividade de sua infância e se estruturar sobre ela. Mesmo quando muitas coisas dão errado em nossas vidas, o professor Sroufe nos lembra de que todos nós temos "essas ilhas de positividade e apoio" em nossas histórias — "e podemos nos estruturar sobre elas".

EXERCÍCIO DE RELACIONAMENTO

Encontrando-se consigo mesmo onde está

Os relacionamentos de apego prosperam no contexto da presença, então tudo o que pudermos fazer para praticar a presença com nós mesmos ajudará tornar cada vez mais natural o ato de estar presente em nossos relacionamentos. Ajuste o cronômetro para cinco ou dez minutos. Sente-se em um lugar confortável e permita-se relaxar. Permita-se olhar ao redor de onde você está. Repare nas cores à sua volta no cômodo, a luz e a escuridão. Absorva o ambiente.

Observe cinco coisas que você vê na sala. Por exemplo: "Estou observando a cadeira. Estou notando que há luz entrando pela janela. Estou observando a pilha de livros no canto. Estou percebendo que meu gato parece um pouco selvagem. Estou percebendo que preciso de uma pedicure".

Permita que seus olhos se fechem. Deixe seus ombros relaxarem e seus braços e mãos descansarem. Pense em você chegando com um senso de dignidade e alerta, um senso de presença e relaxamento. E apenas repare nos sons. Ouça e preste atenção. Por exemplo: "Estou ouvindo o ar-condicionado. Estou ouvindo os passinhos do meu cachorro". Talvez você ouça um carro passando. Portanto, repare em apenas cinco sons.

Agora você já notou cinco coisas que viu e está percebendo cinco sons que ouviu — em seguida, faça uma pausa, respire e comece a perceber: "Há algo que eu possa sentir o gosto ou o cheiro ou qualquer coisa em que eu possa pensar que me traga à mente um gosto ou cheiro?", "O cômodo tem cheiro de leite regurgitado?". Você consegue imaginar o sabor de um sorvete de chocolate?

Toque a cadeira em que está sentado, o chão ou o volante à sua frente, porque os únicos cinco minutos que você tem são quando está esperando para pegar o filho número três na escola. Sinta a textura do volante. Percorra cada um de seus sentidos, respirando à medida que observa.

Agora, faça uma pausa e observe o estado de seu coração. Há curiosidade? Há exaustão? Há tristeza? Há entusiasmo? Há ternura? Você está fazendo isso com a intenção de perceber. Não está fazendo nenhum julgamento. Apenas sinta seu corpo. Agora, abra os olhos e chegue exatamente ao momento presente.

Esse é exatamente o lugar a partir do qual você pode ser o pai ou a mãe que deseja ser *na maioria das vezes*. Esse é exatamente o lugar a partir do qual você pode criar bons seres humanos.

CAPÍTULO 6

Crie o filho que você tem

Temperamento, estilos parentais e como tirar o melhor proveito da adequação

Você é um pastor. Você não projeta as ovelhas... Os pastores são pessoas poderosas. Eles escolhem os pastos em que as ovelhas vão pastar, se desenvolver e crescer. Eles determinam se elas serão nutridas adequadamente. Eles determinam se elas serão protegidas contra perigos. O ambiente é importante, mas não projeta as ovelhas. Nenhum pastor transformará uma ovelha em um cachorro. Isso não vai acontecer. E, no entanto, é isso que vemos os pais tentando fazer o tempo todo. Dê um passo atrás e veja a si mesmo como o pastor.

RUSSELL BARKLEY, PhD

Quando eu era pequena, sonhava em ser bailarina. Acabei não tendo o corpo necessário para seguir uma carreira profissional, mas imaginei que um dia teria uma filha naquele palco, recebendo sua tiara e seu buquê de rosas cor-de-rosa. Todos nós chegamos à parentalidade com sonhos e ideias sobre o tipo de filho que teremos.

Talvez ele tenha um talento natural para o saxofone.

Talvez ela ganhe um Prêmio Nobel de Química.

Talvez ele fique muito alto e forte e se torne um craque do vôlei.

Às vezes, essas idealizações correspondem a quem são nossos filhos — e às vezes não. Assim como em alguns dias você tem um filho favorito. Precisamos deixar de lado nossa vergonha em relação a essas coisas.

O antídoto para a vergonha é a empatia por si mesmo. Você pode dizer: "Sabe de uma coisa? É totalmente razoável que, pelo fato de ter sido uma bailarina, eu tenha sonhado com uma filha bailarina. Não vou ser dura comigo mesma, mas também não vou descontar na minha filha. Não vou tentar transformá-la em alguém que ela não é". Isso é muito diferente de dizer: "Eu sonhava em ter uma filha bailarina e me sinto tão mal por ter me decepcionado que nem vou reconhecer isso para mim mesma".

Assim como estamos ensinando aos nossos filhos que todos os seus sentimentos são bem-vindos, mesmo que nem todos os comportamentos sejam, podemos emprestar essa empatia e compaixão a nós mesmos também. Quando temos empatia por nós mesmos, conseguimos olhar para nossos filhos para que nos mostrem quem eles são e no que estão interessados. Ao apreciar toda uma gama de formas de estar no mundo, podemos ajudá-los a se sentirem valorizados exatamente por quem são.

E quem são eles? Tudo começa com o temperamento, e isso aparece muito cedo.

Temperamento

Você não vai transformar um caranguejo-eremita em um rei da popularidade.

Não acredita na importância do temperamento? Experimente ter mais de um filho. Minha primogênita circula com leveza por todos os cômodos em que se encontra, apresentando-se com um saltitar amigável. Minha segunda filha, uma introvertida clássica, pensa antes de falar e escolhe cuidadosamente suas conexões interpessoais. Ambas estiveram essencialmente no mesmo ambiente, com os mesmos pais, e ambas têm habilidades maravilhosas, maneiras únicas de enxergar o mundo e personalidades distintas. A criação dos pais é importante, mas os aspectos *profundos* do temperamento não mudam.

Quando falamos sobre o temperamento das crianças, estamos nos referindo a diferenças individuais de base genética no modo como as pessoas se relacionam com o mundo. A ciência dos séculos XX e XXI nos diz que o temperamento permanece relativamente consistente em todas as situações e ao longo do tempo. Ele pode ser influenciado pelo ambiente e pelas respostas dos pais, mas, em um nível básico, cada um de nós é quem é.

O psicólogo Dr. Alexander Thomas e a psiquiatra Dra. Stella Chess pesquisaram o temperamento infantil ao longo de várias décadas, de meados dos anos de 1950 até o final da década de 1970, e descobriram que, longe de ser uma tela em branco — teoria que dominou a filosofia e a psicologia ocidentais desde a Grécia antiga —, cada bebê é único na forma como responde ao ambiente. Cada pai ou mãe também é único, e a compatibilidade básica com nossos filhos pode tornar nossos relacionamentos mais fáceis ou mais desafiadores. Mas todos nós podemos nos tornar pais suficientemente bons para os filhos que temos.

Cada um de nós é independente e único

Quando entendemos nossos filhos como entidades separadas de nós mesmos — pessoas com temperamentos únicos e diferentes dos nossos —, estamos mais bem equipados para responder com sensibilidade e estabelecer limites adequados.

Os doutores Thomas e Chess definiram três tipos gerais de crianças: fáceis, de adaptação lenta e difíceis. As crianças fáceis geralmente são felizes e ativas desde o nascimento e se adaptam sem esforço a novas situações e ambientes. As crianças de adaptação lenta são mais calmas e menos ativas, além de mais cautelosas ao se depararem com novas situações. As crianças difíceis — ou o que muitos de nós preferimos chamar de "crianças cheias de energia" hoje em dia — têm hábitos irregulares, tendem a apresentar dificuldade para se adaptar a novas situações e, muitas vezes, podem se tornar bastante intensas. Sim, por mais que queiramos as chamar de "cheias de energia", elas podem ser bastante difíceis para seus cuidadores.

Jerome Kagan, professor de psicologia de Harvard, considerado pioneiro em psicologia do desenvolvimento, realizou outro estudo de longo prazo que começou com as reações gravadas em vídeo de bebês e crianças pequenas a objetos, pessoas e situações desconhecidas. Em seguida, ele correlacionou essas reações a entrevistas com eles mais tarde na vida. Os bebês altamente reativos, temerosos ou inibidos tenderam a se tornar adultos tímidos. Os bebês pouco reativos e desinibidos tenderam a se tornar ousados e sociáveis.

Basicamente, a pesquisa de Kagan indicou que a introversão ou a extroversão aparecem muito cedo e permanecem conosco. Nossa influência como pais é real, mas não vamos transformar o palhaço da classe em um tipo tímido, assim como é pouco provável que transformemos um eremita em alguém extremamente sociável. Simplesmente não dá para fazer isso, e pode ser prejudicial transmitir aos nossos filhos a mensagem de que quem eles são nesse nível tão básico — algo que eles mesmos não escolheram — é errado ou decepcionante de alguma forma.

Nas últimas duas décadas, os pesquisadores também passaram a ver o nível de sensibilidade de cada ser humano como bastante estável. Em seu artigo de 2005, "Biological Sensitivity to Context" ("Sensibilidade biológica ao contexto", em tradução livre), Bruce J. Ellis, da Universidade do Arizona, e W. Thomas Boyce, da Universidade da Califórnia, pegaram emprestadas duas expressões idiomáticas suecas para nomear um novo conceito em genética e desenvolvimento infantil: *orkidebarn*, que significa "criança orquídea"; e *maskrosbarn*, ou "criança dente-de-leão". Como Ellis e Boyce explicaram em seu artigo, as crianças dentes-de-leão parecem ter a capacidade de sobreviver — e até mesmo prosperar — em quaisquer circunstâncias que encontrem. Elas são psicologicamente resistentes, e pelo menos parte disso é genético.

As crianças orquídeas, por outro lado, são altamente sensíveis a seus ambientes, especialmente à qualidade da educação que recebem dos pais. Os genes ligados a determinadas enzimas ou receptores químicos cerebrais em crianças orquídeas, se combinados com estresse familiar ou maus-tratos, podem levar a uma série de problemas comportamentais e até mesmo a transtornos de humor. Se forem negligenciadas e deixadas para se defenderem sozinhas em meio a multidões que não suportam sua sensibilidade, as crianças orquídea definham rapidamente. No entanto, se forem bem cuidadas, elas não apenas sobrevivem, mas também podem florescer de verdade, saindo-se melhor do que seus pares dente-de-leão e tornando-se "flores de delicadeza e beleza incomuns".

Em 2018, pesquisadores da Stony Brook University, no estado de Nova York, e da Queen Mary's University, em Londres, fizeram uma série de perguntas a centenas de jovens adultos, como: "Você se sente facilmente sobrecarregado por fortes estímulos sensoriais?"; "O humor das outras pessoas afeta você?"; "Você se emociona profundamente com artes ou música?". Eles descobriram que cerca de 30% dos entrevistados poderiam ser classificados como dentes-de-leão; cerca de 30%, como orquídeas; e os 40% restantes, em algum ponto intermediário. Mantendo a metáfora da flor, eles chamaram as pessoas do meio de tulipas — menos frágeis do que as orquídeas, mas mais sensíveis do que os dentes-de-leão. Isso estabeleceu que as categorias dente--de-leão e orquídea podem ser mais bem entendidas como um espectro.

Ainda assim, é com nossas orquídeas que precisamos ser particularmente delicados. Boyce aconselha os pais de crianças orquídeas a usarem as letras dessa palavra em inglês para se lembrarem de seis estratégias parentais que, convenientemente, formam o acrônimo *ORCHID* (orquídea em inglês):

***O**wn* **(próprio):** deixe seu filho descobrir *seu* verdadeiro eu.

***R**outines* **(rotinas):** estabeleça *rotinas* previsíveis na vida doméstica e familiar. A rotina é especialmente importante, aconselha Boyce. "As crianças orquídeas parecem ser bem-sucedidas com coisas como jantar todas as noites no mesmo lugar, no mesmo horário e com as mesmas pessoas, com certos tipos de rituais que a família realiza semana a semana, mês a mês", diz ele. "Esse tipo de rotina e mesmice da vida, dia após dia, semana após semana, parece ser algo que ajuda crianças com essas grandes suscetibilidades."

***C**ompassion* **(compaixão):** expresse sua *compaixão* com frequência.

***H**uman* **(humano):** reconheça as *diferenças humanas* entre seus filhos.

***I**maginative* **(imaginativo):** certifique-se de que seu filho orquídea tenha tempo e espaço para brincadeiras que envolvem a *imaginação.*

***D**anger* **(perigo):** por fim, como as crianças orquídeas tendem a ser medrosas, ajude-as a enfrentar o *perigo* de maneiras simples e controláveis, para que, pouco a pouco, à medida que crescerem, elas possam ampliar a capacidade de enfrentar seus medos.

Quando uma flor não desabrocha, você conserta
o ambiente em que ela cresce, não a flor.
ALEXANDER DEN HEIJER

Teste: Seu filho é uma orquídea, uma tulipa ou um dente-de-leão?

Circule todas as opções a seguir que se aplicam:

1. Seu filho parece preferir rotinas. Se você normalmente tem um muffin esperando por ele em casa depois da escola, parar para comer pizza causa um certo estresse.
2. Seu filho adora uma festa surpresa.
3. Seu filho prefere ficar sentado em um canto lendo, mesmo quando há outras crianças presentes.
4. Seu filho adora brincar com os outros.
5. Seu filho parece responder a uma correção gentil, mas se sente sobrecarregado quando acha que está sendo punido.
6. Seu filho não responde à correção gentil e parece precisar de um limite superfirme.
7. Seu filho parece se desenvolver apenas com muito reforço positivo.
8. Seu filho avança rapidamente com projetos que o interessam.
9. Seu filho tem uma forte reação a ruídos altos ou irritantes.
10. Seu filho parece não se importar com nenhum barulho específico.
11. Quando as roupas do seu filho ficam molhadas ou com areia, ele quer trocá-las imediatamente.
12. Seu filho parece ter uma atitude do tipo: "O que é um punhado de terra na minha cueca quando há um balanço para brincar?"
13. Seu filho parece se sair melhor tentando novas tarefas quando ninguém o está observando.
14. Seu filho não parece perceber se está sendo observado ou não.
15. Seu filho tem dificuldade em aceitar que o livro dele não está no mesmo lugar que estava ontem.
16. Seu filho parece não perceber se um brinquedo foi movido.
17. Seu filho puxa a roupa quando o tecido pinica.
18. Seu filho parece não se importar com o tecido com que são feitas suas roupas.
19. Seu filho percebe e sente empatia pela dor de outras pessoas e animais de estimação sem ser solicitado.
20. Seu filho precisa de lembretes para pensar em como as outras pessoas estão se sentindo.

Resultados

Mais números ímpares: seu filho pode ser uma orquídea — um ser altamente sensível. Eles são muito especiais! Apenas cerca de uma em cada cinco crianças é considerada altamente sensível.

Mais números pares: seu filho parece ser um dente-de-leão. Ele cria raízes e se desenvolve bem em vários ambientes diferentes e, às vezes, precisa ser lembrado de que nem todo mundo se sente confortável nesse lugar feliz e agitado em que ele se sente tão bem.

Cerca da mesma quantidade de respostas pares e ímpares: seu filho provavelmente é uma tulipa: sensível em alguns aspectos e bastante vigoroso em outros.

A boa notícia é que todos nós *podemos* viver juntos, encontrando pontos em comum. O segredo é aproveitar nossa empatia e celebrar nossas diferenças. Se você tiver um dente-de-leão em suas mãos, em vez de pensar: "*Minha filha é insensível, ela ignora os sentimentos das outras pessoas e, às vezes, parece nem perceber os seus próprios sentimentos*", lembre-se de que a ciência nos mostra que a resiliência é um superpoder e que a empatia pode ser aprendida. Se você foi agraciado com uma orquídea, em vez de pensar: "*Meu filho é tão delicado; ele nunca conseguirá sobreviver neste mundo cruel se eu não o endurecer*", lembre-se de que a ciência nos incentiva a tratar nossas orquídeas com ainda mais delicadeza. Em seu próprio tempo, com os cuidados de que precisam, elas florescerão e se tornarão extraordinárias. A ciência também nos lembra de que a resiliência pode ser reforçada e desenvolvida. Lembre-se de que os Cinco *Rs* que levam à resiliência não incluem gritar "Seja forte, garoto!", mas significam: ***Relacionamentos***, ***Reflexão***, ***Regulação***, ***Regras*** e ***Reparação***.

Comunicação que valoriza o estilo deles

Em nosso grupo, Simone disse: "Todos os seus filhos lhes contam tudo. Uma das minhas filhas conversa comigo, mas a outra não fala comigo sobre nada". Perguntamos: "Bem, do que ela gosta? Qual é a maneira dela de se comunicar?".

Simone respondeu: "Ela é uma leitora e adora ler e escrever".

Sugeri que Simone escrevesse uma carta para a filha e que as duas começassem a trocar cartas.

Simone teve de adaptar sua própria personalidade à maneira de se comunicar de cada filha. Não há nenhuma regra que diga que um ***Relacionamento*** próximo deve ser construído estritamente com base na comunicação verbal. Assim, Simone iniciou uma troca de correspondência com uma de suas filhas. Assim que o fez, ela e essa filha mais quieta começaram a compartilhar pensamentos, e foi assim que Simone ficou sabendo de muitas das coisas que sua filha estava vivenciando. Elas nunca precisaram dizer uma palavra. Simone lembrava à filha que elas podiam conversar a qualquer momento, mas também nunca precisavam fazê-lo — aquelas eram cartas particulares.

A resposta sobre a melhor forma de se comunicar com um filho será diferente para cada família, mas o processo de chegar à resposta é o mesmo. Assim como respirar fundo, você descobre como se sente em relação a isso. Você pensa no que seu filho está realmente precisando no momento.

Você também tem um temperamento

Rugir como um tigre transforma algumas crianças em pianistas que estreiam no Carnegie Hall, mas apenas esmaga outras. Mimar dá a alguns a desculpa para fracassar e, a outros, a chance de vencer.

AYELET WALDMAN

Você é introvertido, extrovertido, ou um pouco de cada, dependendo do contexto? Você é descontraído ou mais espirituoso? Você se vê como uma orquídea, uma tulipa ou um dente-de-leão? Você fica com medo cada vez que seu filho atinge um novo marco? Sua família o vê como um elefante em uma loja de cristais? Todos nós somos únicos, mas nossos ***Relacionamentos*** podem exigir mais ***Reflexão*** quando há incompatibilidade entre o temperamento de nossos filhos e o nosso. A sensação de que não nos encaixamos bem é uma das fontes mais comuns de angústia entre pais e filhos — e pode levar a problemas de comportamento reativo nas crianças.

Analise as perguntas da página 98 e aplique-as a você mesmo, em vez de ao seu filho. Você é um dente-de-leão que está criando uma tulipa? Isso pode criar uma oportunidade para que você amplie sua própria sensibilidade. Você é uma orquídea cuidando de um dente-de-leão? Isso pode significar que você precisa praticar o aumento de sua própria tolerância a ruídos altos e comportamentos bruscos. Talvez você mesmo tenha sido uma criança orquídea que não recebeu o cuidado sensível de que precisava para florescer e está determinado a fazer melhor com seu próprio filho orquídea. Não tema: ainda há espaço para todos nós florescermos.

O fato de não ter um temperamento natural não arruína seu relacionamento com seu filho — nem um pouquinho. O segredo é tentar encontrar o equilíbrio certo que satisfaça você e seu filho e que ajude a manter a família em harmonia tanto quanto possível.

Por exemplo, resista ao impulso de gritar "Você é igual ao seu pai!", ou o que quer que esteja pensando no calor do momento. Inspire pelo nariz. Expire pela boca. Lembre-se de sua senha como pai/mãe.

Reformule suas preocupações parentais

Em vez de perguntar: "Por que meu filho está se comportando dessa maneira?"
Pergunte a si mesmo: "O que o comportamento do meu filho está tentando comunicar sobre suas necessidades?"

Em vez de perguntar: "Como posso consertar isso em meu filho?"
Pergunte a si mesmo: "O que é difícil para mim em relação à experiência do meu filho?"

Em vez de perguntar: "Como posso ajudar meu filho a ter sucesso?"
Pergunte a si mesmo: "O que meu filho faz bem?"

Em vez de perguntar: "Por que meu filho se interessa por isso?"
Pergunte a si mesmo: "O que esse interesse tem de difícil para mim?"

Em vez de perguntar: "Como posso garantir que meu filho entre em Harvard?"
Pergunte a si mesmo: "Como posso criar um filho com propósito?"

Em vez de perguntar: "Como posso fazer meu filho feliz?"
Pergunte a si mesmo: "Como posso criar uma pessoa que tenha agilidade emocional, alcance e propósito?"

Tenha um corresponsável ou um amigo para equilibrar seus pontos fortes

Nirmala me procurou para falar sobre seu medo de playgrounds. "Estou sempre apavorada com a possibilidade de meu filho cair e se machucar. Não quero ficar sentada assistindo. Simplesmente não consigo, mas sei que minha ansiedade não é boa para ele."

"Você tem razão", eu disse gentilmente. "Ele não precisa absorver seu medo e ansiedade. Então, o que fazer? Existe alguma outra maneira de ele aproveitar o playground que não envolva você?"

Ao dar a Nirmala permissão para ter seus próprios sentimentos, ela rapidamente conseguiu encontrar uma solução, percebendo que o corresponsável pela criança poderia assumir a função de levá-la ao playground e, um dia, talvez não tivesse tanto medo. Enquanto isso, ela deixou seu filho brincar sem medo com o papai.

Se existe um corresponsável pelo seu filho — seja ele cônjuge, parceiro ou ex —, vocês podem equilibrar os pontos fortes um do outro. Os corresponsáveis bem-sucedidos compensam o que o outro cuidador não tem para atender às necessidades de seus filhos. Por exemplo, talvez você goste de atividades físicas, enquanto seu cônjuge fica ansioso no playground. Abaixe-se e comece a brincar com seus filhos durante o "seu tempo". Se o outro genitor do seu filho não for muito afetuoso, você pode tomar medidas adicionais para proporcionar abraços e beijos.

Cachinhos Dourados e os três estilos parentais

Em um dos grupos de mães do qual faço parte há mais de uma década, Mariah e Mandy representam os dois extremos do espectro da parentalidade. Mariah é perfeccionista, do tipo A, que aproveitou seu sucesso acadêmico e profissional como advogada para colocá-lo em prática, como ela é a primeira a reconhecer, em sua abordagem de criação de filhos. Ela chega ao grupo ansiosa e determinada a estabelecer as bases para que seus dois filhos sejam melhores, mais fortes, mais rápidos e mentalmente saudáveis. Ela não sabe ao certo por que seus filhos começaram a esconder os boletins escolares.

Em contraste, Mandy é a clássica mãe descontraída, do tipo "seja quem você é", que reluta em impor qualquer estrutura ou limite por medo de envergonhar seus filhos, até que eles a pressionam demais e ela perde a cabeça de forma imprevisível. Seus filhos são muito ligados a ela, mas um tanto descontrolados e bastante ansiosos. Mandy comparece ao grupo de pais com histórias que a deixam perplexa e sem entender por que, quando ela está tão sintonizada com seus filhos, eles fazem coisas desafiadoras e parecem cheios de dúvidas sobre si mesmos. As pesquisas mostram que isso provavelmente se deve à falta de limites e fronteiras, o que faz com que as crianças tenham dúvidas quanto à capacidade de seus pais estarem prontos para assumir o papel de adultos quando necessário.

Ao longo dos anos em que trabalhei com Mariah e Mandy, além de centenas de outros pais, aprendi que todos nós podemos aprender a nos autorregular e a nos tornar autoritários, comportando-nos de forma equilibrada *na maioria das vezes*. E lembre-se: na criação de filhos, tudo o que precisamos almejar é *"na maioria das vezes"*.

Todos nós compartilhamos traços e características tanto da Mariah quanto da Mandy. Em alguns dias, todos nós queremos ceder e deixar as crianças fazerem o que quiserem. Em outros dias, precisamos que elas cumpram seus deveres. Nenhuma dessas posições está errada. Não existe uma única maneira correta de ser pai ou mãe e, com o tempo, todos nós teremos um dia muito caótico e um dia muito rígido. Todos nós — inclusive eu — estamos fazendo o melhor que podemos. Estamos todos agindo com um profundo amor por nossos filhos.

A ciência afirma que, quando somos (*na maioria das vezes*) permissivos, cedendo quando nossos filhos fazem birra ou negociando toda vez que precisamos que eles façam algo, eles tendem a crescer um pouco mais ansiosos, perguntando-se: "*Quem está limitando minha segurança física e emocional por aqui?*". As crianças precisam que seus pais as protejam do caos excessivo.

Quando somos autoritários, discutimos com nossos filhos, os controlamos demais ou aplicamos punições sem nenhuma explicação além de "porque eu disse", há muita rigidez. Muitas crianças simplesmente reagem ao autoritarismo aprendendo a ser dissimuladas, a mentir para os pais e a viver em um estado de medo em vez de abertura e crescimento. Mesmo que você tenha tido pais autoritários e acredite que essa abordagem paternal baseada no medo tenha lhe proporcionado notas máximas e evitado erros idiotas em festas, é improvável que essa seja a história de seu irmão, se você tiver um. Somente determinados temperamentos podem prosperar sob esse tipo de controle excessivo.

Os impactos dos estilos parentais foram estudados em várias culturas e, à primeira vista, pode parecer que os resultados foram diferentes, mas é mais provável que as diferenças culturais estejam nas interpretações e apresentações dos estilos parentais pelos pais e pesquisadores. Por exemplo, na Espanha, os pesquisadores descobriram que os pais de crianças permissivas tiveram resultados mais positivos; mas, quando se aprofundaram no assunto, a maneira como os espanhóis interpretavam "permissivo" era o que os pesquisadores dos EUA chamariam de "sensível com limites", também conhecido como autoritativo.

Na década de 1960, a psicóloga do desenvolvimento Dra. Diana Baumrind fez várias pesquisas com crianças em idade pré-escolar e seus pais, e definiu três estilos diferentes de criação — que, assim como os tipos de criança dente-de-leão, tulipa e orquídea, eu gosto de pensar mais como parte de um espectro: em uma extremidade, há o pai permissivo, com poucas exigências e expectativas e muita sensibilidade. Na outra extremidade do espectro, há o pai autoritário, com muitas exigências e expectativas e pouca sensibilidade. Em um ponto intermediário, há o pai autoritativo — que impõe limites e fronteiras *e* tem muita sensibilidade. A Dra. Stephanie Carlson, psicóloga do desenvolvimento, chama essa posição de "parentalidade Cachinhos Dourados" — o equilíbrio ideal. E a pesquisa tem se mantido estável: a parentalidade Cachinhos Dourados está associada aos resultados mais integrados do desenvolvimento infantil e a mais evidências de que uma abordagem intermediária obtém melhores resultados do que as abordagens rígidas ou extremas.

Teste: Qual é a sua abordagem parental ideal?

Responda a cada uma das perguntas a seguir:

1. Suponha que você encontre seu filho de cinco anos desenhando um mapa do universo na parede e que você não goste muito de murais improvisados. Você...

   a. Confisca os lápis de cor e coloca a criança em uma pausa para reflexão por uma hora.
   b. Diz: "Não desenhamos nas paredes; isso as danifica. Aqui está um papel para desenhar". Você a ajuda a limpar a parede e a se preparar com alguns materiais de arte apropriados.
   c. Decide que vai pintar a parede novamente quando se mudar — crianças são assim mesmo.

2. Se os pais fornecerem comida, amor e abrigo, as crianças praticamente se criam sozinhas.

   a. Discordo totalmente.
   b. Discordo.
   c. Concordo.

3. Seu filho está jogando no time de futebol e é colocado no banco. Você...

   a. Obriga seu filho a treinar diariamente por uma hora a mais para que isso não aconteça novamente.
   b. Pergunta o que ele poderia fazer para aumentar a probabilidade de conseguir mais tempo jogando e o ajuda a determinar o esforço que está disposto a fazer e a seguir em frente.
   c. Reclama com o técnico por ter sido injusto e leva seu filho para tomar sorvete no meio do jogo (por que perder tempo torcendo pelos outros e se sentindo rejeitado?).

4. Sua filha de nove anos escolhe uma roupa maluca para usar, que inclui os sapatos de salto alto e os shorts descartados da irmã mais velha. Você...

   a. Faz com que ela se lembre que não tem idade suficiente para escolher suas próprias roupas e a faz vestir o conjunto de moletom azul aprovado pela mãe.
   b. Reconhece o senso de moda apurado dela e a orienta a ajustar a roupa para garantir que esteja segura e quentinha.
   c. Imagina que ela aprenderá quando cair tentando andar de salto alto e congelar com os shorts.

5. Alguém diz: "Eu cresci com a filosofia 'poupe a vara, estrague a criança'. Eu me saí bem, e é assim que vou criar meus filhos".

   a. Concordo.
   b. Discordo.
   c. Não existe essa coisa de "mimar".

6. Seu filho está com dificuldade para resolver um quebra-cabeça adequado à idade dele. Você...

   a. Guia a mão dele para que coloque a peça no lugar certo.
   b. Com cuidado, move uma peça útil do quebra-cabeça um pouco mais para perto da vista dele, para que ele possa descobrir onde ela deve ficar por conta própria (e se sentir muito mais realizado quando fizer isso).
   c. Observa como ele coloca a peça do quebra-cabeça onde quiser, mesmo sabendo onde ela deveria ficar.

7. Sua filha de treze anos de idade liga para você bêbada, pedindo que vá buscá-la, o que quase lhe causa um ataque de pânico, dado o histórico de alcoolismo em sua família e, *Oi, ela tem apenas TREZE anos.* Você...

a. Coloca de castigo por um mês.
b. Vai buscá-la, explica que está feliz por ela ter contado a verdade e diz que nunca fará com que ela se arrependa disso, mas que você decidirá as consequências apropriadas quando ela estiver sóbria e depois que vocês tiverem tido uma boa noite de sono.
c. Você vai buscá-la e levá-la para casa — e não fala mais no assunto. O importante é que ela confiou em você o suficiente para ligar!

Resultados

Principalmente alternativas A: um pouco autoritário demais. Inspire e expire. Diga a si mesmo: "*Não há problema em deixar as coisas de lado às vezes*". Seu desafio é ter certeza de que está sendo sensível a quem seu filho é, em vez de decidir como tudo deve ser e esperar que todos se adaptem a esse padrão. Os antídotos para o autoritarismo são a empatia e a conexão.

Principalmente alternativas B: ding, dong! Ponto para a parentalidade autoritativa! Você está no caminho certo.

Principalmente alternativas C: um pouco permissivo demais. Inspire e expire. Diga a si mesmo: "*Eu sou o adulto agora. É meu dever dizer não às vezes*". Os antídotos para a permissividade são as fronteiras, os limites, a rotina e a estrutura.

Reflexão: você está agindo de forma controladora ou coercitiva?

Essa é uma característica mais sutil de alguns pais autoritários. O controle pode ser psicológico ou emocional, e pode surgir até nos melhores de nós. Recentemente, para um grande evento familiar, minha filha queria usar sapatos dourados. Achei que, nesse caso, o vestido dela certamente ficaria melhor com sapatos prateados. Sem desrespeito ao dourado — adoro sapatos dourados. Eu disse: "Claro, querida, a decisão é sua". Então, fui procurar alguns pares de sapatos prateados que eu estava disposta a comprar para ela. Mostrei a ela os sapatos e disse para escolher um, enfatizando novamente que a escolha era dela. Ela disse: "Bem, não é realmente minha escolha, porque minha escolha era dourado e estes são todos prateados". Ela estava certa.

Eu tinha uma opinião forte sobre a cor e estava pagando pelos sapatos; o problema era que eu estava usando minha incrível voz parental de "escolha", e não havia escolha. Era uma maneira de ser coercitiva e controladora sem reconhecer isso. Felizmente, entre não ter que acertar o tempo todo e a confiança dela na segurança de me chamar para sair, tudo acabou bem. Nós rimos. Mas foi um momento em que a melhor resposta teria sido mostrar a ela opções de sapatos dourados *ou* dizer: "Sabe de uma coisa? Esse evento é muito importante para mim, então vou escolher o que você vai vestir. Sei que isso é controlador, mas estou me dando um desconto". Dessa forma, eu reconheceria e assumiria meu comportamento, sem fazer com que ela questionasse se, de fato, o sapato prateado *era* a escolha dela.

Aqui está um exemplo mais delicado. Uma cliente contou que viu sua filha dizer algo não muito agradável sobre a mãe para a avó. Esta, elegantemente, disse, com os olhos cheios de lágrimas: "Você me machuca quando diz coisas assim sobre sua mãe. Você me feriu. Agora precisa me dar um abraço e dizer o quanto ama a sua mãe". Essa é uma maneira coercitiva de convencer uma criança de que ela precisa se sentir de determinada maneira, precisa assumir os sentimentos dos adultos e precisa expressar seus sentimentos de amor de uma maneira específica para resolver o problema.

O controle também pode ser cognitivo. Pense no seu filho fazendo aquele quebra-cabeça. Se você usar sua mão para guiar a criança até o local correto, isso é controle. É difícil para alguns de nós suspender o controle — não por maldade, mas porque muitas vezes achamos que estamos ajudando, já que, sem nós, eles teriam dificuldade para colocar a peça do quebra-cabeça no lugar certo. Nenhum desses tipos de comportamento prejudicará a criança se acontecer de vez em quando, mas o controle persistente está associado a resultados negativos. Às vezes, todos nós somos um pouco controladores, rígidos ou negligentes, e isso não prejudicará nossos filhos. O segredo é acertar *na maioria das vezes*.

Definição de regras, limites e fronteiras

Fronteiras são a distância na qual posso amar você e a mim simultaneamente.
PRENTIS HEMPHIL

Então, como aprendemos a incorporar a parentalidade Cachinhos Dourados — ou pelo menos avançar nessa direção? Se você tende a ser permissivo, a resposta é: limites e fronteiras que não envergonhem, independentemente do temperamento do seu filho. Fronteiras são amor. Limites são segurança.

As ***Regras*** englobam limites e fronteiras e andam de mãos dadas com o cuidado sensível, a regulação e a modelagem dos comportamentos que queremos ver em nossos filhos. Falaremos muito sobre ***Regras*** ao longo deste livro, pois elas são um dos cinco princípios da parentalidade, portanto, quero começar com algumas definições básicas.

Fronteiras referem-se às regras que cada um tem para si mesmo, bem como às coisas que acontecem interpessoalmente — ou entre pessoas.

Limites são regras que se referem a comportamentos inaceitáveis.

Isso pode ser confuso porque uma fronteira não é algo que podemos ver. Não há uma fita amarela de advertência. Mas, com sintonia e sensibilidade, podemos começar a perceber as fronteiras *na maioria das vezes*.

Por exemplo, algumas crianças pequenas gostam de ser pegas no colo e abraçadas. Outras se sentem sobrecarregadas com isso. À medida que aprendemos sobre nossos filhos e suas sensibilidades únicas, o cuidado sensível significa que prestaremos atenção às suas respostas e aprenderemos a demonstrar nosso amor de uma forma que também seja respeitosa com eles. Esse espaço é uma fronteira.

As fronteiras mudam com o tempo, à medida que as crianças crescem. Uma criança de cinco anos que, de repente, limpa seus beijos e diz "Que nojo" está, na verdade, dizendo: "Minha fronteira é que beijos molhados não são mais para mim, portanto, respeite essa regra". Um adulto pode ter uma fronteira como "Não respondo a mensagens de texto depois das 21h". Novamente, não é algo que possamos ver e, nesse caso, nem mesmo algo que precise ser comunicado a outras pessoas; é apenas uma diretriz pessoal que diz: *"Esta é a distância em que posso amar e respeitar a mim mesmo e, ao mesmo tempo, amar e respeitar quem quer que esteja me enviando mensagens de texto a essa hora da noite*".

Outro exemplo de fronteira é aquela que existe entre adultos e crianças quando se trata de nossas funções. Embora possa ser um ótimo momento de conexão e felicidade deitar-se no chão e brincar de montar blocos com seu filho, ele também precisa saber que você pode se levantar e fazer seu trabalho como adulto, mantendo-o seguro, se, de repente, começar um incêndio na cozinha. Essa fronteira entre nós e nossos filhos estabelece que: "*Nós dois sabemos como brincar, mas, como adulto, também sei qual é o meu papel quando surge um problema da vida adulta*".

Da mesma forma, uma fronteira entre adultos e crianças surge quando temos um corresponsável e queremos discutir nossa abordagem em relação à disciplina ou algum assunto adulto. As crianças se sentem seguras ao saber que os adultos cuidarão das questões adultas da família e, em geral, apresentarão uma frente unida. Aqui, estamos usando nossas habilidades de regulação para agirmos como adultos e mantermos as questões adultas nos espaços corretos.

As fronteiras são reconfiguradas com o tempo. Desde o primeiro momento em que o cordão umbilical de um bebê recém-nascido é cortado até a adolescência, quando não é mais legal entrarmos no quarto deles sem bater à porta, as fronteiras são uma distância em constante mudança que determina como podemos amar e respeitar uns aos outros e a nós mesmos.

Limites, em oposição a fronteiras, referem-se a ***regras*** que determinam o que uma pessoa não pode fazer. Embora os limites possam ser interpessoais, eles geralmente se referem a comportamentos que são ou não aceitáveis em sua família ou no mundo em geral. Exemplos de limites são: não permitir que uma criança fique acordada depois da hora de dormir, não permitir que ela destrua objetos ou que ela morda o amiguinho, tudo isso sem sofrer as consequências desses comportamentos — por exemplo, no caso da mordida, o amigo ficará muito chateado e talvez não queira mais brincar com ela, *e* você precisará colocar mais espaço entre o corpo dela e o do amigo, pois terá de ajudar a proteger a outra criança.

Uma fronteira, portanto, é a distância entre as pessoas que permite que elas se sintam ao mesmo tempo seguras e respeitadas. Podemos ser sensíveis às fronteiras de nossos filhos e somos responsáveis por estabelecer e deixar claras as nossas próprias fronteiras. Um limite, por sua vez, é qualquer regra que não envolva o espaço psíquico ou físico entre as pessoas. Por exemplo, *não batemos a colher no prato* ou *só permitimos uma hora de tela por dia*. Precisamos de limites e fronteiras para estabelecer um ambiente seguro, e podemos conversar sobre eles juntos, mesmo que sejam diferentes.

Demonstrar respeito ao seu filho e fazer com que ele saiba que você espera que ele desenvolva um comportamento interpessoal respeitoso, oferecendo-lhe estrutura, incluindo limites e fronteiras, é uma expressão do quanto você se importa com ele. As crianças precisam dessas grades de proteção para aprender e crescer, para saber o que é aceitável e para se sentirem seguras. A consistência as ajuda a regular seus comportamentos e permite que saibam o que esperar em determinadas situações. As fronteiras e os limites podem ser comunicados por meio do que você demonstra, do que você permite em sua casa e de conversas que envolvam raciocínio, lógica e valores familiares.

Assim como a função de nossos filhos é forçar nossas fronteiras e testar nossos limites como pais, experimentando vários comportamentos, é nossa função como pais definir o que permitiremos ou não. Abordarei esse assunto mais detalhadamente no Capítulo 11, mas a questão de limites e fronteiras aparece em praticamente todos os aspectos da criação dos filhos. Assim como a respiração, limites e fronteiras são um tema!

A surpreendente ciência do elogio

Independentemente do temperamento das nossas crianças ou de nossas próprias tendências como pais, a maioria de nós adora elogiar os filhos. Eles *são* incríveis, não são? Entusiasmar-se para apoiar seu filho nunca é algo negativo. Todos nós devemos nos entusiasmar quando estamos com nossos filhos. Mas ajudá-los a desenvolver seus sistemas internos de motivação pode exigir um pouco mais de delicadeza — quando possível. Resistir ao impulso de elogiar constantemente é, na verdade, uma parte da maneira como mostramos aos nossos filhos que os vemos como são. Aceitar nossos filhos e amá-los incondicionalmente significa *não* os transformar em ícones.

Pode parecer que você está endeusando alguém ao dizer que acha que essa pessoa é o ser humano mais extraordinário do mundo, mas, se sentir que precisa dizer isso a ela, lembre-se de acrescentar "para mim". Afinal de contas, pode haver algumas outras crianças incríveis neste mundo enorme. Muitos de nós imaginamos que mais elogios aproximariam nossos filhos de nós e fariam com que eles se sentissem incríveis ao nosso redor, mas não é isso o que geralmente acontece. Quando exageramos nos elogios, as crianças podem acabar se fechando em si mesmas e se sentindo invisíveis para as pessoas que as colocam em um pedestal, ainda que de maneira bem-intencionada e amorosa, como os pais às vezes fazem. O que queremos que nossos filhos saibam é que os amamos — com defeitos e tudo —, que temos uma avaliação realista de quem eles são e que os amamos incondicionalmente.

Quando elogiamos uma criança por algo que ela já está fazendo, isso pode, na verdade, diminuir sua motivação e direcioná-la para outras coisas. Há momentos em que queremos que a motivação venha de dentro, especialmente em relação a coisas pelas quais eles já são apaixonados. Com o tempo, as crianças podem perder a confiança em sua própria capacidade de autoavaliação se os pais as elogiarem demais, o que as deixa suscetíveis à pressão dos colegas e à cultura pop. Portanto, em vez de dizer a seu filho que tudo o que ele coloca no papel é uma obra-prima, tente simplesmente observar algo em seu trabalho. Você pode dizer: "Gosto da maneira como você usou tanto azul nesse trabalho". Ou apenas: "Percebi que você usou vários tons diferentes de azul".

Aqui estão algumas alternativas ao elogio:

- Pergunte ao seu filho sobre o processo da atividade que ele fez.
- Peça a ele que lhe ensine o que fez.
- Pergunte ao seu filho como ele se sente em relação ao processo, para que possa se autoavaliar em vez de procurar por validação externa.
- Descreva o que você observou, em vez de dar o próximo passo e emitir um julgamento.

Mas não vamos jogar o bebê fora junto com a água do banho. Há um espaço intermediário entre exagerar nos elogios e evitá-los. Portanto, não estou dizendo que você não pode compartilhar com seu filho o quanto ele é incrível, mas seja *específico* ao dizer as coisas que aprecia nele. Se você elogiar algo que ele valoriza em si mesmo, em vez de algo que você valoriza, ele se sentirá muito mais à vontade com esses elogios, em vez de achar que não é algo que ele possa alcançar.

Concentre seus elogios no esforço, não no resultado. Valorize o processo em vez do trabalho concluído. O que importa é o quanto você estudou, não a nota. Se você está acostumado a dizer "mandou bem", pode continuar dizendo isso, mas deixe claro especificamente o que ele fez muito bem. Diga, por exemplo, "mandou bem por amarrar seus sapatos".

A ideia é que estamos ensinando aos nossos filhos não que eles são magicamente incríveis em tudo o que fazem, mas sim que os esforços levam a resultados específicos — e, quando isso não acontece, podemos, como seres humanos resilientes, superar isso sem catastrofizar ou interpretar os fracassos diários como algo que diga respeito a nossa bondade e valores intrínsecos.

No Capítulo 2, falei sobre a "mentalidade de crescimento", um componente fundamental da motivação e do aprendizado. Mas Carol Dweck, a psicóloga que definiu o conceito, mais tarde se preocupou com o fato de pais e educadores o terem entendido um pouco errado. Ela diz: "Muitos pais ou professores dizem 'elogie o esforço, não o resultado'. Eu digo que está errado: elogie o esforço que levou ao resultado ou ao progresso do aprendizado; associe o elogio a ele. Não se trata apenas de esforço, mas de estratégia... Portanto, ajude o aluno a encontrar outra estratégia. Professores eficientes que realmente têm salas de aula cheias de crianças com mentalidade de crescimento estão sempre apoiando as estratégias de aprendizagem das crianças e mostrando como essas estratégias resultaram em sucesso". Portanto, sempre que possível, *elogie a estratégia, não o resultado.*

Use a decepção como uma oportunidade

É natural querer ver nossos filhos vencerem, mesmo que percebamos que, às vezes, temos de segurar a língua quando se trata de elogios, mas a verdadeira oportunidade de crescimento para a motivação interna geralmente vem com a derrota — ou com o fato de, às vezes, não conseguirmos o que queremos. É um verdadeiro presente ensinar uma criança pequena a lidar com a decepção. As crianças percebem que seus pais não se preocupam com o que elas estão sentindo. Queremos ajudá-las — lentamente — a expandir sua janela de tolerância ao desconforto e a entender que os sentimentos não são tão assustadores como podem parecer no início. Elas conseguirão lidar com seus sentimentos.

Começa com algo pequeno, como não conseguir ficar acordado quando seus pais estão jantando com convidados e você quer ficar acordado ou, então, não conseguir o copo azul quando você *realmente* queria o copo azul. Como pais, podemos reconhecer a decepção, mas não precisamos resolver o problema.

Se as crianças não passarem por pequenas decepções durante a infância, não conseguirão lidar com as inevitáveis e grandes decepções que surgirão ao longo da vida. Pense em fazer exercícios físicos. Se você se alongar e começar com metas modestas e atingíveis, é menos provável que se machuque. Lentamente, ao longo do tempo, com pequenas rupturas e ***Reparos*** musculares, você pode aumentar sua resistência e participar daquele triatlo. Se você passar de um ano sentado no sofá para correr 10 km, é provável que se machuque a ponto de ter de passar mais um ano no sofá. Da mesma forma, os conceitos psicológicos de estresse positivo, tolerável e tóxico referem-se aos efeitos do sistema de resposta ao estresse no corpo.

O estresse positivo é uma parte normal e saudável do desenvolvimento. Conhecer um novo cuidador pode causar um breve aumento na frequência cardíaca de seu filho e uma expressão de olhos arregalados em seu rosto — e isso é bom. Ele está percebendo que algo não lhe é familiar e isso está esticando seus músculos emocionais em direção à agilidade. O estresse tolerável ativa o sistema de alerta do corpo em um grau ainda maior. Pense no modo como seu filho reage à perda de um animal de estimação, a uma tempestade perigosa ou ao cair de um brinquedo. Se o evento estressante ocorrer em um curto período e houver adultos atenciosos com os quais seu filho já tenha relacionamentos para apoiá-lo, o estresse tolerável pode até mesmo se tornar um alicerce para a resiliência.

Como adultos, também temos que continuar praticando a experiência de nos sentarmos confortavelmente — ou desconfortavelmente — diante da decepção de nossos filhos, sem permitir que isso nos leve a um colapso. Claro, é difícil ver nossos filhos não conseguirem o que querem, especialmente se pudermos consertar isso com um estalar de dedos ou um telefonema irritado. Poderíamos simplesmente usar um copo de cor diferente ou mantê-los acordados. Podemos chegar ao ponto de ameaçar um professor para que ele dê uma nota melhor. Mas, se fizermos isso, estaremos roubando de nossos filhos a experiência de saber que eles podem sobreviver apesar do fato de terem ficado decepcionados e de isso ter sido desconfortável. A decepção é uma oportunidade de praticar a única garantia da vida: a de que nem sempre conseguiremos tudo o que queremos.

No entanto, se percebermos que nossos filhos estão experimentando ou se aproximando de níveis tóxicos de estresse, precisamos agir. O estresse tóxico pode ocorrer quando as crianças convivem com abuso físico ou emocional, abuso de substâncias por parte de um cuidador ou exposição à violência sem o apoio suficiente de um adulto. Essas experiências que desencadeiam a ativação prolongada da resposta ao estresse não criam resiliência. Em vez disso, elas podem interromper o desenvolvimento do cérebro e aumentar os riscos de doenças relacionadas ao estresse mais tarde na vida. Esse estresse ruim — que os psicólogos chamam de "estresse tóxico" — nunca é algo que desejamos para as crianças, mas vale a pena observar que, mesmo nessas circunstâncias, é possível fazer com que elas passem da experiência do estresse tóxico para o estresse tolerável com a presença de um cuidador sensível e amoroso. Portanto, embora queiramos manter nossos filhos longe de qualquer situação que possa causar estresse tóxico, saiba que, se eles passarem por isso, seu cuidado sensível ajudará a ativar a ***Reparação***.

Sessão de perguntas e respostas

Pergunta: Meu filho de seis anos tem sentimentos *intensos*, mas nunca quer nomeá-los ou falar sobre eles e simplesmente nos afasta.

Resposta: Às vezes, queremos dizer algo, rotular um sentimento, demonstrar empatia com palavras quando nossos filhos estão nos informando que não estão disponíveis para que conversemos com eles. Nesses casos, mostre com seu corpo que você sabe como lidar com os grandes sentimentos deles, simplesmente respirando fundo e dizendo algo em sua mente como:"*Meu filho está passando por um grande sentimento agora; os sentimentos fazem parte de ser uma pessoa*". Se ele gostar de toque, você pode colocar a mão no braço ou na perna dele para ajudar a acalmar o sistema nervoso (***Regulação***).

Você também pode colocar a mão no coração para se acalmar, e seu filho pode se autorregular com você. Algumas crianças vão para o quarto para se autorregular e nunca querem falar sobre o que aconteceu. Entenda a mensagem de que elas não estão interessadas em dar nomes ou falar sobre as coisas no calor do momento. Quando elas se autorregularem novamente, haverá uma oportunidade de usar livros ou, se você estiver no parque observando outras crianças experimentando diferentes tipos de sentimentos, rotule esses sentimentos, fale sobre os personagens do livro ou sobre bichos de pelúcia durante uma brincadeira de faz de conta (***Relacionamento***, ***Reparação***). Dessa forma, você pode ajudar seu filho, que tem sentimentos intensos, a desenvolver mais fluência sobre a linguagem socioemocional e sobre sentimentos, mas de uma forma muito menos ameaçadora. Dito isso, seu filho pode não se tornar uma pessoa que fala muito sobre sentimentos, e essa é uma maneira perfeitamente saudável de ser um bom ser humano.

Amar a família que você tem

Nos próximos capítulos, falaremos mais sobre a mentalidade de crescimento, mas, por enquanto, lembre-se: ainda há espaço para florescer. Todo dia é uma nova oportunidade de amar a família que você tem. Coloque a mão no coração e diga: "Na maioria das vezes, eu sou o pai/a mãe que quero ser".

O desenvolvimento de nossos filhos é moldado por suas características únicas em interação conosco, como pais, e com os ambientes dos quais eles fazem parte. Se você conseguir vê-los como as pessoas únicas que são, tratando tanto eles como a si mesmo com empatia e se comportar de forma a expandir a tolerância à decepção, tanto a deles quanto a sua própria, você estabelecerá as bases para a harmonia.

EXERCÍCIO DE REFLEXÃO

"Assim como eu"

Este exercício foi adaptado dos ensinamentos do líder espiritual americano Ram Dass.

Sente-se em um lugar confortável e permita-se relaxar. Defina sua intenção de se concentrar em sua própria compaixão por seu filho. Traga à mente um de seus filhos (ou seu parceiro, ou um dos professores de seus filhos, ou amigos para os quais você poderia adaptar isso) — alguém por quem está difícil sentir compaixão ou alguém com quem você está completamente decepcionado. Imagine seu filho em sua mente. Agora, diga silenciosamente para si mesmo:

Meu filho tem um corpo e uma mente, assim como eu.
Meu filho tem sentimentos, emoções e pensamentos, assim como eu.
Meu filho já experimentou dor e sofrimento, assim como eu.
Meu filho já se sentiu indigno ou inadequado, assim como eu.
Meu filho às vezes se preocupa, assim como eu.
Meu filho anseia por conexão, assim como eu.
Meu filho está aprendendo sobre a vida, assim como eu.
Meu filho quer ser atencioso e gentil com os outros, assim como eu.
Meu filho quer se contentar com o que lhe foi dado, assim como eu.
Meu filho quer estar seguro e saudável, assim como eu.
Meu filho quer ser feliz, assim como eu.
Meu filho quer ser amado, assim como eu.

Permita que os sentimentos de bem-querer pelo seu filho surjam em seu corpo.

E, então, diga:

Desejo que meu filho tenha força, recursos e apoio para passar por este momento difícil com facilidade.
Espero ajudar com essa força e esse apoio.
Desejo que meu filho seja libertado de sua tristeza atual.
Desejo que meu filho se sinta em paz e feliz.
Desejo que meu filho se sinta amado, porque ele é um ser humano que eu amo, assim como eu.

Você pode adaptar esse exercício para um parceiro, um corresponsável ou até mesmo para um dos amigos ou professores de seu filho — alguém que você tem tido vontade de fazer picadinho.

CAPÍTULO 7

A parentalidade perfeita é inimiga da boa parentalidade

Os benefícios da imperfeição e da autocompaixão

Perfeccionismo não é o mesmo que se esforçar para ser o melhor ou a excelência. Perfeccionismo é a crença de que, se vivermos de forma perfeita, parecermos perfeitos e agirmos de maneira perfeita, poderemos minimizar ou evitar a dor da culpa, do julgamento e da vergonha.

BRENÉ BROWN, PhD

Ariana estava em meu grupo de pais há cerca de um ano quando percebi o quanto ela estava tendo dificuldades. *Investment banker* com aparência de supermodelo, ela parecia estar no topo de tudo em sua vida. Quando algumas mães do grupo estavam procurando soluções para fazer com que seus filhos dormissem sozinhos, dei a todas elas a tarefa de criar quadros de rotina visual para guiar as crianças no processo da hora de dormir. A maioria das mães apresentou de quatro a seis etapas ilustradas de forma simples: guardar os brinquedos, escovar os dentes, vestir o pijama e, depois, contar uma história, por exemplo, mas Ariana impressionou a todos com um quadro de vinte e uma etapas maravilhosamente projetado. Os outros pais reagiram com "oooh" e "aaah", meio que envergonhados por seus pequenos esforços, mas então Ariana começou a chorar. O lindo quadro não estava ajudando seus filhos a se prepararem para dormir. Era muito complicado.

Outro cliente me procurou para falar sobre a queda na motivação e a piora no humor de seu filho, Aiden. Ele tinha um desempenho excelente no ensino fundamental, com notas consistentemente altas em testes, beirando a superdotação. Agora, no ensino médio, Aiden procrastinava e, às vezes, até perdia prazos para tarefas importantes que seu pai sabia que ele poderia fazer.

O pai estava convencido de que ele estava usando drogas, mas, quando Aiden concordou em fazer um exame de urina, o resultado foi negativo.

Uma terceira cliente, Natasha, descrevia-se como "uma imigrante que veio do nada". Florista e mãe amorosa, ela se via como alguém que sabia, por experiência própria, como pode ser difícil progredir neste mundo. Ela queria garantir que seus filhos aproveitassem todas as vantagens que ela havia trabalhado tanto para conseguir. Ela conhecia as estatísticas sobre as admissões na Ivy League e me procurou para pedir conselhos sobre como convencer a filha a desistir de um clube de jogos de tabuleiro que ela adorava, porque isso estava interferindo nas esperanças de Natasha de que a filha obtivesse um GPA acima de 4,0.[1]

Ariana, Aiden e Natasha estavam todos sofrendo de níveis doentios de perfeccionismo. Todas estavam agindo a partir de um lugar de medo. As pesquisas confirmam o que muitos de nós sentimos: cada vez mais os pais esperam perfeição — deles mesmos e de seus filhos. A presença constante das redes sociais desde o final dos anos 2000 acelerou essa tendência, a ponto de se tornar perigosa. O Dr. Thomas Curran, psicólogo que estuda o perfeccionismo e como ele afeta a saúde mental, observa que "imagens de outras pessoas em momentos cuidadosamente selecionados de suas vidas distorceram nossas percepções de seus estilos de vida e carreiras". Em outras palavras, se estivermos nos comparando com o conteúdo de outras pessoas nas redes sociais, estaremos nos preparando para o fracasso. Curran diz: "Estamos cercados por essas imagens e mensagens o tempo todo e internalizamos ideais e valores irrealistas. Essa é uma das razões pelas quais temos visto um rápido aumento do perfeccionismo socialmente prescrito e muitos problemas de saúde mental associados, como imagem corporal negativa e anorexia, bem como formas malignas de saúde mental". O perfeccionismo é apenas um aspecto das mudanças culturais que vimos nas últimas duas décadas, mas é um aspecto que podemos conhecer e trabalhar para aliviar.

A pressão para estar à altura pode ser intensa, mas aqui está a boa notícia: podemos diminuir o perfeccionismo e as expectativas sobre nós mesmos *e* criar filhos incríveis.

---

[1]GPA é a sigla para Grade Point Average, uma média das notas dos estudantes nos Estados Unidos. É um dos principais critérios utilizados pelas universidades no processo de admissão.

A natureza do perfeccionismo

Quero deixar claro que, quando falo sobre perfeccionismo, não estou me referindo ao orgulho que temos de fazer as coisas bem-feitas. Sou totalmente a favor de que cada um de nós busque a autorrealização e se orgulhe de fazer o melhor trabalho possível. Mas o monstro do perfeccionismo é a parte do nosso esforço que não consegue não se importar com um 9,5, que nos agride se não fizermos as coisas direito na primeira tentativa e que pode nos deixar tão preocupados com a possibilidade de errar que nem sequer tentamos. Quando estamos mergulhados no perfeccionismo, não podemos desfrutar de todas as coisas que realmente fazemos bem; aquele erro de digitação nos encara como um juiz implacável, e sentimos que não conseguimos realmente melhorar. O perfeccionismo prejudica o próprio crescimento do desempenho que estamos buscando. Quando criamos nossos filhos, também queremos criar bons pais — nós mesmos. E o perfeccionismo mantém a mentalidade que é inimiga desse crescimento.

Em 1990, pesquisadores criaram a Escala Multidimensional de Perfeccionismo de Frost. Eles definiram o perfeccionismo como a existência de expectativas irrealisticamente altas, aliadas a autoavaliações excessivamente críticas. A Escala Frost inclui seis dimensões de perfeccionismo:

1. Preocupação extrema em não cometer erros.
2. Padrões pessoais superelevados.
3. A sensação de que seus próprios pais esperam muito de você (seja isso objetivamente verdadeiro ou não).
4. A sensação de que seus pais são altamente críticos (novamente, não importa se eles concordariam).
5. Muitas dúvidas sobre se você fez as coisas "direito".
6. Uma preferência excessiva por ordem e organização.

Observe que dois desses seis itens abordam diretamente os relacionamentos entre pais e filhos.

Manter-se em padrões elevados e lutar por metas alcançáveis que nos inspirem pode contribuir para a sensação de bem-estar e autoestima. Isso é o que os psicólogos chamam de *perfeccionismo adaptativo*. Ele nos ajuda.

Mas o perfeccionismo se torna tóxico — desadaptativo — quando começamos a levar as coisas mais longe. Os perfeccionistas desadaptativos geralmente estabelecem metas irreais colocam uma enorme pressão sobre si mesmos para alcançá-las. Um teste interessante para você ou para seus filhos é observar se você é capaz de desfrutar de suas conquistas ou se continua aumentando o nível de exigência. O perfeccionismo de Ariana, por exemplo, expressou-se quando ela pegou o que eu esperava que fosse uma tarefa rápida e útil e a transformou em algo mais parecido com uma apresentação que ela poderia fazer em seu trabalho altamente exigente, onde ela se acostumou a ter um desempenho acima do esperado.

A Dra. Carol Dweck, psicóloga de Stanford que desenvolveu o conceito de "mentalidade de crescimento", também é uma das principais pesquisadoras do perfeccionismo e questionou se deveríamos considerar o perfeccionismo adaptativo como perfeccionismo de fato; é apenas conscienciosidade. Portanto, de agora em diante, quando eu usar a palavra *perfeccionista* ou *perfeccionismo*, saiba que estou falando do tipo desadaptativo. E vamos encarar os fatos: neste mundo repleto de redes sociais, poucos de nós podem escapar de seus efeitos tóxicos.

A relação entre perfeccionismo e estresse está bem estabelecida na ciência. Crianças perfeccionistas podem apresentar muitos sintomas diferentes, como dificuldade para concluir tarefas, sensibilidade a críticas, baixa autoestima, indecisão e críticas excessivas aos outros. O perfeccionismo sem controle tem sido associado a ansiedade, depressão, distúrbios alimentares, transtornos obsessivos-compulsivos, insônia, enxaquecas, transtornos de pânico e até mesmo suicídio. O que parece ser uma criança sem motivação pode, de fato, ser uma criança com tendências perfeccionistas. O perfeccionismo de Aiden, por exemplo, se expressava como procrastinação. Ele não era preguiçoso; estava apenas com medo de não ser tão bom aluno como havia sido no ensino fundamental. Quando você não faz nada, você tem a garantia de que não será um fracasso.

A força da autocompaixão

Não quero que isso se torne mais um motivo para que os perfeccionistas se martirizem, mas é algo para se ter consciência e trabalhar. Todo dia é uma oportunidade de melhorar a *autocompaixão*. Estudos demonstram que as pessoas autocompassivas têm a mesma probabilidade de ter padrões elevados para si mesmas do que aquelas com baixos níveis de autocompaixão — portanto, não há necessidade de eliminar todas as suas expectativas. Mas foi comprovado que a autocompaixão aumenta a motivação para mudar para melhor, leva a um aprendizado mais dedicado e incentiva uma maior determinação para não repetir erros do passado. Em um estudo, pessoas treinadas para sentir compaixão pelas dificuldades de parar de fumar reduziram seu vício mais do que aquelas treinadas para simplesmente refletir e monitorar seu tabagismo. Em ambientes acadêmicos, estudos mostram que a autocompaixão elevada, em vez de resultar em notas baixas nos boletins, está ligada a padrões motivacionais mais adaptativos, menos procrastinação e maior confiança.

A autocompaixão pode ser definida como o direcionamento do cuidado e da compreensão para dentro de nós mesmos, especialmente quando nos sentimos inadequados ou fracassamos em alguma coisa. Os pesquisadores Kristin Neff e Christopher Germer identificam os três componentes da autocompaixão: *bondade* consigo mesmo, o que significa que nos tratamos com carinho e compreensão, e não com autocrítica; *humanidade comum*, o que significa que contextualizamos nossas experiências positivas e negativas como parte da experiência humana compartilhada, em vez de nos sentirmos isolados e sozinhos em nossos altos e baixos; e *atenção plena*, que, com a prática, amplia nossa capacidade de avaliar com realismo e sem julgamento tanto as nossas experiências quanto as de nossos filhos. A ciência mostra que, por meio da atenção plena, podemos nos tornar cada vez melhores em reconhecer nossos sentimentos e emoções como eles são, sem nos fixarmos neles ou nos identificarmos demais com eles.

Teste: Você é um pai ou uma mãe perfeccionista?

Para cada uma das perguntas a seguir, atribua a si mesmo uma pontuação de 0 a 5, sendo que 0 significa nunca e 5 significa constantemente.

1. Você sente que tudo o que faz como pai ou mãe não é bom o suficiente?

2. Você acha que detém as chaves para o futuro acadêmico e profissional de seus filhos?
3. Você acredita que testes, competições e pontuações são muito importantes?
4. Você acha que não consegue entender essa coisa de ser pai ou mãe?
5. Você espera que seu filho vá mais longe do que você em suas atividades favoritas?
6. Você teme estar causando danos irreparáveis ao seu filho com suas decisões diárias?
7. Você se critica ou compara você mesmo e seus filhos com outras famílias?
8. Você oferece ao seu filho mais sugestões para melhorar do que elogios por um trabalho bem-feito?
9. Você sente que é o culpado pelas dificuldades ou fracassos de seus filhos?
10. Você assume a liderança para garantir que as tarefas de seus filhos ou a lição de casa sejam realizados?
11. Você questiona suas próprias decisões como pai ou mãe?
12. Você associa sua autoestima ao desempenho de seus filhos?
13. Você se sente frequentemente decepcionado consigo mesmo?

Resultados

0-15: Pragmático. O perfeccionismo não é seu fardo. Você pode pular para o próximo capítulo.

15-35: Flexível. Você gosta de se manter responsável e, de vez em quando, se estressa demais tentando fazer tudo "certo". Isso acontece com todos nós.

35-50: Idealista. Você tem padrões elevados, mas talvez não esteja obtendo os resultados que procura.

50-65: Perfeccionista. Zona quente! Ficar se martirizando tanto não é legal nem sustentável. Coloque a mão no coração e lembre-se de que você é bom o suficiente.

O perfeccionismo pode vir de um lugar de amor, mas causa impacto de um lugar de medo. O amor-próprio, o perdão e a aceitação são os antídotos para o perfeccionismo. Lembre-se: a maior parte do trabalho como pais é ensinar nossos pequenos seres humanos a superar os altos e baixos da vida em toda a sua *imperfeição*. Pratique o 9,5 ou até mesmo o 9. Tente fazer 80% do que você imaginou que poderia fazer. Normalize os erros. Você pode começar normalizando erros muito pequenos, se isso lhe parecer mais viável.

Como você expressa seu perfeccionismo?

Uma mãe de um dos meus grupos valorizava tanto sua própria educação caseira que tricotou todos os sapatinhos, cobertores e suéteres do seu primeiro bebê. Ela até achou o processo de tricotar algo meditativo. Com esse primeiro filho. Com o segundo bebê, ela se comprometeu a garantir o mesmo aconchego feito à mão, mas admitiu que não era tão relaxante quando tinha muito mais o que fazer, como levar o filho mais velho à escola e colocar o trabalho em dia. No quarto bebê, ela chegou ao nosso grupo com o punho enfaixado. "Punho de tricoteira", suspirou ela. Ela estava tão empenhada em proporcionar a cada um de seus filhos exatamente a mesma experiência que havia literalmente se machucado.

Qual é a sua versão de punho de tricoteira? Os pesquisadores identificaram vários tipos diferentes de perfeccionistas. Você se identifica com algum deles? Qual parece fazer mais sentido *hoje*?

Pai/mãe olho de gato

Quando você faz comentários sobre as pessoas — sobre a aparência, o comportamento ou outros aspectos —, está ensinando seu filho a se comparar com os outros em vez de se motivar intrinsecamente. Os perfeccionistas "orientados para o outro" estabelecem padrões irreais para as pessoas como reflexo do medo de sua própria inadequação. Se você se pegar fazendo o "olho de gato", seu desafio é parar de gerenciar silenciosa e emocionalmente as outras pessoas.

Pense nas pessoas em sua vida que o fizeram se sentir muito desconfortável e o julgaram sem dizer uma palavra. Tenha consciência de como você passa isso adiante. Incentivar os filhos a estarem cientes do que é necessário para atingir suas metas é uma coisa, mas ter um pai ou uma mãe que está sempre julgando envia a mensagem de que, no mundo lá fora, alguém está sempre observando e julgando-os também. Levada ao extremo, essa pode se tornar uma mensagem perigosa.

Mãe orangotango

Nas copas das árvores, as mães orangotangos oferecem cuidado completo. Elas constroem um novo ninho para seus filhos todas as noites e, literalmente, nunca colocam o bebê no chão enquanto o fazem. A mãe orangotango humana diz: "Tenho que ser perfeita ou meus filhos cairão das copas das árvores" — e, assim, impõe padrões impossíveis a si mesma.

Os pesquisadores chamam isso de "perfeccionismo voltado para si mesmo". Tenho mães orangotangos em meus grupos que se preocupam com o fato de trabalharem demais, com o fato de serem muito jovens ou muito velhas quando tiveram seus primeiros filhos e que se fixam em supostas "carências", que têm tudo a ver com as normas culturais para as famílias e nada a ver com os resultados reais das crianças. Se você tiver dificuldade para citar uma coisa que fez bem como pai ou mãe esta semana, dê um passo para trás e pergunte se está se mantendo em um padrão razoável. Caso contrário, considere de onde pode estar vindo a culpa, reconheça-a e veja se consegue deixá-la de lado. Não há problema em relaxar com um pouco mais de autocompaixão e deixar o bebê de lado enquanto constrói o ninho.

Energia de avestruz

Não há nada de errado em ser uma criança de alto desempenho. Entretanto, quando pressionadas demais, as crianças podem começar a apresentar sinais de ansiedade. Esse é outro exemplo de perfeccionismo "orientado para si mesmo", quando as crianças se esforçam tanto para fazer tudo certo na primeira vez que ficam sobrecarregadas. Se você perceber que seus filhos parecem estar paralisadas ou, de repente, deixando de fazer as coisas — o equivalente a passar de "esforçado" para "cabeça enfiada na areia" —, você pode começar a prestar mais atenção às mensagens que está transmitindo em relação às conquistas e aos fracassos deles. Você está se concentrando na atenção e na conscienciosidade deles — na própria existência deles — ou está focando mais nas conquistas ou nos indicadores externos de sucesso? Podemos ajudar nossos filhos a ver que o mundo não começa e termina com cada decisão que eles tomam.

Treinador de cães de exposição

Os perfeccionistas "socialmente prescritos" sentem que altos padrões foram impostos a eles por fontes externas, como seus pais ou sua comunidade. Eles estão convencidos de que os juízes serão muito críticos se eles os decepcionarem. Eles podem estar certos. Estudos mostram que o perfeccionismo socialmente prescrito está aumentando com o uso das redes sociais. Neste mundo competitivo e, muitas vezes, filtrado da parentalidade pública, isso é muito natural — mas o que nossos filhos estão ouvindo? Uma cliente me procurou preocupada com o fato de seu filho ficar paralisado em sua nova e prestigiada escola, e eu observei que ela estava falando o nome da escola. As crianças precisam saber que, mesmo que os pais as apoiem em sua autorrealização, nosso amor por elas simplesmente não se baseia em suas conquistas, em quantas "curtidas" recebem nas redes sociais ou na escola que frequentam.

Estudos mostram que todos esses tipos de perfeccionismo estão negativamente associados à autorrealização. Isso significa que, com o tempo, eles simplesmente não funcionam.

Como se tornar um perfeccionista em recuperação

Os pais perfeccionistas tendem a querer se recuperar de seu perfeccionismo de uma maneira perfeita, é claro, e isso não funciona assim. Mas aqui vai uma ótima notícia: nossa relação com o perfeccionismo, assim como nossa inteligência, pode crescer e mudar.

A professora de psicologia de Stanford Carol Dweck incentiva a mudança para uma mentalidade de crescimento quando se trata de perfeccionismo. Dweck questiona se deveríamos mesmo chamar de "perfeccionistas" as pessoas de alto desempenho que se sentem confortáveis. Se você diz coisas como "tento dar o meu melhor em tudo" e isso não está lhe causando problemas, não se preocupe. Talvez você seja um esforçado saudável. No entanto, se estiver dizendo a si mesmo coisas como: "Preciso fazer tudo certo da primeira vez", você tem uma oportunidade de crescimento ao abrir espaço para erros.

Muitos de nós podem ter tendências perfeccionistas, mas os perfeccionistas não estão apenas almejando o sucesso; eles também costumam agir a partir de um lugar de medo e insegurança sobre suas próprias habilidades e autoestima. Eles podem até estar buscando validação externa mais do que trabalhando com motivação própria. Portanto, permita que seus filhos vejam você cometer erros e depois se recuperar. Melhor ainda: deixe que eles vejam você descobrir que um erro pode representar uma oportunidade.

Reconheça o perfeccionismo para neutralizá-lo

Um poderoso antídoto para o perfeccionismo é simplesmente lançar luz sobre ele. Você pode dizer para si mesmo ou para seus filhos: "Nossa, somos inteligentes e mesmo assim não acertamos. Ainda bem que estamos aprendendo que pessoas inteligentes cometem erros — é assim que ficamos mais inteligentes".

Ajudando seus filhos com tendências perfeccionistas

Carol Dweck estudou os efeitos dos elogios e das críticas no desempenho e descobriu que as crianças que eram elogiadas por serem inteligentes tinham maior probabilidade de temer serem vistas como qualquer outra coisa. Em contraste, as crianças que eram notadas pela dedicação e orientadas a melhorar seus esforços desenvolviam uma paixão pelo crescimento. No entanto, mesmo que tenhamos adquirido hábitos paternais perfeccionistas, é possível fazer ***Reparações***. Estudos mostram que os pais podem reduzir o perfeccionismo de seus filhos reconhecendo esses comportamentos e discutindo abertamente os problemas do pensamento perfeccionista.

É isso mesmo — apenas conversar sobre isso pode ajudar. O simples fato de refletir sobre a tendência pode começar a mudar o padrão. Não é à toa que a ***Reflexão*** é um dos Cinco *Rs*.

Certifique-se de que seu filho saiba que suas grandes expectativas em relação a ele estão separadas de seu amor e apoio. Como disse uma de minhas mentoras, Suniya Luthar, que já não está entre nós: "Nosso trabalho como pais é ajudar nossos filhos a se sentirem incondicionalmente amados para que a autoestima deles não se baseie no esplendor de suas realizações". Se nossos filhos tiverem a impressão de que nosso amor está ligado ao seu desempenho, eles podem se esforçar para continuar alcançando resultados na esperança de manter nosso amor — e essa não é uma motivação voltada para o crescimento.

Procure conversar sobre metas de longo prazo, usando uma linguagem realista que mostre que atingir metas exige tempo, paciência e esforço. Quando você falar sobre outras pessoas, certifique-se de também enfatizar esses valores. Além disso, converse com seu filho sobre o seus interesses, o que ele deseja buscar e o que espera alcançar. Ajude-o a entender o que ele pode controlar e o que ele não pode e o auxilie a estabelecer metas atingíveis e realistas nas quais possa trabalhar.

Perceba quando as coisas dão certo

Quando reservamos um tempo para perceber as coisas que dão certo, isso significa que estamos recebendo muitas pequenas recompensas ao longo do dia.

MARTIN SELIGMAN

Lembre-se de cinco coisas que deram certo hoje. Talvez algumas coisas importantes tenham dado certo ou talvez elas tenham sido bem básicas. De qualquer forma, conte cinco coisas em seus dedos. Na próxima vez que vir seu filho ou parceiro, pergunte o que eles acham que está indo bem. Diga ao seu filho ou parceiro algo que você percebe estar indo bem.

Com frequência, recorremos a livros sobre criação de filhos porque estamos preocupados que algo esteja "errado", e pode mesmo estar, mas certamente algumas coisas também estão indo incrivelmente bem — ou, pelo menos, um pouco bem. A ciência de uma "mentalidade otimista" demonstrou que o foco no que dá certo reduz o estresse e aumenta a motivação, bem como a felicidade geral. Como pais, temos oportunidades diárias de definir o tom de como nossos filhos enxergarão o mundo a partir de seus temperamentos específicos.

Pergunte ao seu filho ou parceiro: "O que eu faço que faz você se sentir bem consigo mesmo?".

Você pode levar a conversa adiante, mas não é necessário. Peça ao seu filho ou parceiro que lhe diga o que você poderia fazer mais. Peça-lhes que digam o que você poderia fazer menos. Se essas pequenas conversas forem bem-sucedidas, tome nota. Aquilo em que nos concentramos se expande. Ao focarmos no que dá certo, não apenas oferecemos pequenas recompensas mentais a nós mesmos ao longo do dia, mas também preparamos o terreno para experiências mais positivas.

Dê espaço para que os outros também cometam erros

Você pode dizer o tempo todo a seus filhos que acredita que os erros são oportunidades de crescimento, mas se você repreender outras pessoas pelos erros que cometem — falando na cara ou pelas costas — na frente de seus filhos ou quando eles estiverem ouvindo, todo o trabalho que você está fazendo para ensinar a tolerância consigo mesmo e com os outros vai por água abaixo. Esse é um ótimo exemplo de como a educação nos torna pessoas melhores. Ela nos convida a prestar atenção em como tratamos os outros seres humanos e se queremos passar isso adiante.

Em vez de dizer: "Nossa, esse atleta acabou de envergonhar o país inteiro com esse desempenho", diga algo como: "Bem, esse é um ótimo exemplo de que até as pessoas que são incríveis em seus esportes podem ter dias difíceis às vezes".

Deixe que os outros adultos façam as coisas do jeito deles

Quando seu cônjuge colocar seu filho na cama e fizer isso de forma um pouco diferente da que você costuma fazer, evite intervir — mesmo que você possa ouvir seu filho reclamar. A menos que haja um perigo real, é mais importante para seu filho ver que você confia nele para se adaptar a diferentes estilos de cuidados e para seu cônjuge receber a mensagem de que você aprecia a ajuda do que fazer com que ele sinta que você o considera incompetente.

O mesmo vale para a família estendida, embora essa dinâmica seja um pouco diferente. Se você for visitar aquela sua tia excêntrica, deixe que seus filhos tenham seus próprios relacionamentos com ela. Obviamente, você precisa protegê-los se os membros da sua família forem perigosos ou violentos, e talvez seja necessário intervir se eles tiverem abordagens diferentes em relação ao consentimento para abraçar, mas, quando se trata apenas de aprender a conviver com tipos diferentes de pessoas, que colocam quantidades diferentes de páprica na salada de batata, pergunte a si mesmo: *Vale a pena?*. Nossos filhos não são tão frágeis. Permita que eles aprendam por meio de experiências seguras que as pessoas são diferentes e que algumas delas são mais difíceis de lidar do que outras.

Se alguém lida com seu filho de um jeito diferente do seu, veja se consegue adotar uma postura de curiosidade: *Por que será que essa pessoa é tão diferente de mim?* Há algo na maneira como ela demonstra amor e estabelece limites que você possa aprender? Talvez não. Mas, ao se permitir observar e se perguntar, você deixará de lutar pelo controle. Você pode acenar para seu filho do outro lado da sala e dizer: "Sim, eu sei que ela é diferente, mas aposto que você consegue lidar com isso".

Elimine o medo de fracassar

Quanto mais nossos filhos nos virem cometendo erros e aprendendo com eles, mais eles entenderão que a vida não se resume a acertar na primeira vez. A decepção é natural, mas tirar o medo do fracasso significa lembrar que *as pessoas imperfeitas são dignas de amor.* Pessoas imperfeitas são bem-sucedidas. Pessoas imperfeitas são, bem, todos nós. A imperfeição nos torna humanos. É por isso que é melhor não deixar a criação dos filhos a cargo de robôs.

Quando vir que seu filho está sofrendo por causa de uma decepção, tente não apagar esse sentimento com falsos consolos. Às vezes, não há um lado positivo. Perder pode ser difícil, mas não é o fim do mundo — e, quanto mais cedo as crianças realmente acreditarem nisso, melhor. Se seus filhos estiverem chateados porque não deram o melhor de si ou porque deram o melhor de si e mesmo assim não ganharam, você pode reconhecer: "Isso é chato" ou "Que pena". Pratique ficar no desconforto dessa situação de decepção por alguns momentos antes de tentar animá-los.

Sessão de perguntas e respostas

Pergunta: Não sei o que fazer com meu filho de cinco anos, que, de repente, não suporta perder jogos. Ele não se importava com isso dos dois aos cinco anos de idade, mas, agora, desiste assim que fica para trás, imediatamente começa a choramingar e abandona o jogo. Ajudem!

Resposta: Aprender a ganhar e a perder nem sempre é algo natural. Para evitar o drama, algumas famílias cancelam todas as competições, enquanto outras decidem que é mais fácil deixar seus filhos ganharem. Em ambas as opções perdem-se oportunidades de permanecer no jogo quando se está em desvantagem, de considerar a perspectiva de outra pessoa, de administrar a decepção e de persistir apesar dos contratempos.

Aqui vão algumas dicas para lidar com a competição:

Seja um modelo de espírito esportivo. Faça com que seu filho veja que você valoriza o espírito esportivo, que pode se recuperar de desafios, que usa o diálogo interno estratégico e que parabeniza os vencedores.

Explique a diferença entre sorte e habilidade. Muitos jogos não são baseados em habilidade, o que pode ser confuso para crianças pequenas. Lembre-as de que tanto a vitória quanto a derrota são temporárias e que certas habilidades aumentam com o tempo e o esforço. Outros jogos são baseados apenas na sorte.

Modifique as equipes. Jogue jogos de tabuleiro no estilo cooperativo, coloque irmãos como parceiros contra os adultos com a mesma frequência com que os coloca como parceiros dos adultos.

Jogue para ganhar. Resista à tentação de deixar seu filho ganhar para evitar que se decepcione. Ele precisa perder para se tornar um bom perdedor.

Jogue de acordo com as regras. Em jogos de azar, não ofereça segundas rodadas ou concessões especiais.

Estabeleça metas individuais. Escolha atividades nas quais seu filho possa competir contra si mesmo. Por exemplo, cronometre o tempo para que ele corra uma determinada distância e, em seguida, peça que o faça novamente para bater seu próprio recorde. Fale sobre as melhorias que ele fez ao longo do tempo, como conseguir marcar um gol nesta temporada, o que não conseguiu na temporada passada.

Elogie o esforço, não o resultado. Ajude seu filho a transformar derrotas em motivação para melhorar. Concentre seus elogios no aprimoramento (inclusive no bom espírito esportivo) e nas estratégias usadas, não nos resultados.

Ensine frases de "volta por cima". Fale frases que demonstrem compaixão e os ajudem a se recuperar, como:"A prática leva ao progresso".

Incentive a empatia. Fale sobre o fato de ser sensível quando as coisas não vão bem para outra pessoa. Lembre seu filho de que a vitória dele significa que outra pessoa perdeu.

Reconheça os sentimentos. Independentemente de parecer bobagem para você, diga ao seu filho que é normal ter sentimentos intensos. Tenha compaixão, mas não invalide os sentimentos tentando oferecer uma perspectiva no momento.

Use a palavra "ainda". Enfatize que, com esforço e prática, ele acabará conseguindo fazer coisas que não consegue "ainda".

EXERCÍCIO DE REGULAÇÃO

Fazendo as pazes com o presente imperfeito

Estudos mostram uma ligação direta entre a atenção plena e a autocompaixão — um conhecido antídoto para o perfeccionismo —, portanto, se você tem feito os exercícios de atenção plena deste livro até agora, provavelmente já está começando a ver algum progresso. Se não os tem feito, bem, talvez você não seja tão perfeccionista assim!

Ainda assim, nunca é tarde demais para começar. Como em todos os aspectos da parentalidade e do nosso próprio desenvolvimento para nos tornarmos os bons seres humanos que queremos ser, sabemos que, se estabilizarmos nosso próprio sistema nervoso, estaremos mais bem preparados para responder aos sistemas nervosos dos outros. Portanto, vamos aproveitar este momento e encontrar uma postura na qual você possa se sentir relaxado e alerta.

Você pode se sentar em uma cadeira ou no chão. Você pode se deitar ou ficar de pé. Se estiver dirigindo, não se esqueça de manter os olhos abertos. Se alguma parte do seu corpo parecer desconfortável, veja se é possível mudar de posição.

Permita-se olhar ao redor de onde você está, expandindo a consciência para seu corpo e todos os seus sentidos. Observe as cores no cômodo, no parque ou onde quer que você esteja. Observe a janela e as cortinas. Observe o céu e a grama. Observe conscientemente cinco coisas para as quais está olhando. E, ao olhar ao redor, respire fundo e deixe-se levar pelo ambiente.

Quando estiver pronto, volte sua atenção para si mesmo. Se for possível, você pode fechar os olhos e relaxar ainda mais. Você está seguro. Observe se está forçando ou segurando alguma parte do seu corpo e deixe isso de lado. Você está chegando com um senso de dignidade, alerta e presença. Você está bem aqui. Você tem certeza disso.

Você viu onde está e relaxou. E agora você percebe os sons ao seu redor, incluindo os sons que estão indo e vindo. É o zumbido do ar-condicionado? Há trânsito lá fora? Há crianças gritando? Não há nada a fazer com relação a isso. Todos estão seguros. Apenas observe esses sons.

Agora, você pode perceber se há algum cheiro — talvez alguma comida sendo preparada por perto ou até mesmo o simples ato de pensar na palavra *cheiro* pode evocar seu aroma favorito. Ou talvez evoque um cheiro que não seja seu favorito. Isso também não tem problema. Apenas observe as sensações do seu corpo e as áreas de facilidade ou tensão, vibrações ou quietude. Apenas observe a sensação desse corpo recebida com atenção gentil, sem julgamentos, apenas observando.

Observe o estado de seu coração. Há interesse? Há gratidão? Há julgamento, tristeza, entusiasmo, curiosidade? Seja o que for, seu coração está aberto ou fechado? Sem julgamento, apenas observe.

Agora, observe seu estado de espírito. O que está acontecendo com você? Está planejando o que tem que fazer hoje? Está se perguntando se este exercício vai chegar a algum lugar? Você está animado? Está se sentindo relaxado? Está obcecado com algo? Apenas perceba. Você está aqui. Você viu, ouviu, cheirou, fez a conexão com seu coração e sua mente.

Agora, sinta seu corpo com presença e dignidade e perceba que é possível observar o fluxo de suas experiências com uma atenção aberta e gentil. Você está totalmente presente.

Abra os olhos, se estiverem fechados, inspire pelo nariz, expire pela boca e diga a si mesmo:

Posso tolerar minhas próprias falhas e inadequações.
Posso tolerar as falhas e inadequações de meus filhos.
Nossos fracassos, assim como nossos sucessos, fazem parte da experiência humana.
Quando algo me perturba, consigo manter minhas emoções em equilíbrio.
Posso tolerar as falhas e inadequações de meus filhos.
Posso tolerar minhas próprias falhas e inadequações.

Expire.

CAPÍTULO 8

O laboratório da alegria

A ciência do deslumbramento e da brincadeira

Quando uma criança entra na sala, seja ela seu filho ou o de outra pessoa, seus olhos se iluminam? É isso que elas estão procurando.

TONI MORRISON

Minha avó materna colecionava todos os tipos de sapos — estatuetas, bichos de pelúcia, colares etc. — porque, segundo ela, "os sapos só pulam para a frente".

Quando minha irmã e eu estávamos crescendo, minha mãe nos cercava de móveis artesanais pintados à mão e árvores da vida feitas em tear. Como professora dos primeiros anos do ensino fundamental, minha mãe me ensinou a gostar de aprender. Ela sempre trabalhou com crianças que estavam passando por dificuldades, portanto, sua paciência e seu humor eram campeões. Embora lecionasse em tempo integral, ela aproveitava todas as oportunidades para tornar qualquer ocasião especial. Adorava transformar a mesa do café da manhã no nosso cantinho feliz. Nos aniversários, ela me fazia usar um broche que dizia: "Abrace-me, é meu aniversário!". Ela sempre me aplaudia, de modo que, quando comecei a frequentar a pré-escola, ela percebeu que eu procurava alguém para bater palmas para mim depois de qualquer coisa que eu fizesse. Ela aproveitou a deixa para diminuir suas expressões de entusiasmo, mas nossa casa continuou sendo um laboratório de alegria.

À medida que eu crescia, independentemente das outras coisas difíceis ou desafiadoras com as quais eu tinha de lidar na minha família ou no mundo exterior, eu tinha essa base de cuidado para retornar. Até hoje, quando é o primeiro dia de aula dos meus filhos, a vovó envia a eles um saquinho de celofane com balinhas em formato de peixe, para representar "a doçura de um cardume". Ela aproveita qualquer oportunidade para tornar o dia um pouco mais agradável.

Muitas vezes, procuramos nossos pais para pedir conselhos quando algo parece "errado", e isso é compreensível. Mas não podemos nos esquecer do que a experiência e a ciência já comprovaram: na infância e na criação dos filhos, a alegria é o caminho certo. As crianças naturalmente se voltam para as brincadeiras quando estão entediadas, tristes, magoadas, felizes e curiosas — e isso acontece porque é assim que elas aprendem e integram suas experiências.

Nos primeiros sete capítulos deste livro, explorei as desconexões comuns que enfrentamos como pais e cuidadores — o trabalho árduo de estabelecer limites, o perfeccionismo, os ajustes às vezes complicados entre o temperamento de nossos filhos e nossos estilos parentais, e as formas como nossos relacionamentos de apego podem sofrer rupturas. Agora, vou compartilhar com você a estratégia mais rápida e clara para se reconectar e começar a ***Reparar*** quando as coisas derem errado: *alegria compartilhada.*

Planeje a hora da alegria

Você vê uma criança brincando, e isso é tão parecido com ver um artista pintando, pois, ao brincar, a criança diz coisas sem pronunciar uma palavra. Você pode ver como ela resolve seus problemas. Você também pode ver o que está errado. As crianças pequenas, especialmente, têm uma criatividade enorme, e o que quer que esteja dentro delas vem à tona nas brincadeiras livres.

ERIK ERIKSON

E se eu dissesse que há algo que você pode fazer por apenas cinco minutos por dia, com cada criança — mesmo que apenas quatro vezes por semana —, que reforçará seu relacionamento de apego, aumentará a capacidade de atenção, melhorará as habilidades sociais e o comportamento de seu filho e fará com que ele ouça mais durante todo o dia? O conceito, desenvolvido pela psicóloga Dra. Sheila Eyberg na década de 1970, é bastante simples.

Durante pelo menos cinco minutos por sessão, sente-se com seu filho e participe de uma brincadeira conduzida por ele — qualquer coisa que não tenha uma maneira certa ou errada de brincar.

Deixe seu filho assumir o controle. Não faça perguntas (é mais difícil do que parece!) e não dê ordens. O objetivo é comunicar verbalmente e não verbalmente que você está genuinamente interessado e feliz por estar passando um tempo com ele. Nomeie a sessão como "hora da alegria", ou qualquer outro nome que você invente, para que ela seja diferenciada do resto do dia como algo especial. Roger Harrison, psicólogo pediátrico da Nemours Children's Health, em Wilmington, Delaware, chama de "tempo especial". Outros pesquisadores chamam de "terapia de interação entre pais e filhos", mas, de qualquer modo, é apenas um tempo de diversão conduzido pela criança, reservado para brincadeiras sem estresse.

Sabemos que os relacionamentos são um componente essencial da resiliência; vários estudos já comprovaram a eficácia desse tempo de encantamento para fortalecer o relacionamento entre pais e filhos e curar tendências de comportamento disruptivo. Nesses estudos, os pais são ensinados a usar o acrônimo *PRIDE* — que, em português, significa orgulho:

***P**raise* **(elogio):** trata-se de um elogio *específico*, como "Adorei a maneira como você montou esse Lego" ou "Obrigado por me deixar brincar também!".

***R**eflexion* **(reflexão):** significa apenas refletir o que nossos filhos nos dizem. Se ele disser: "Estou lendo agora", simplesmente repita isso de volta para ele, dizendo: "Você está lendo agora".

***I**mitation* **(imitação):** imite seu filho ao se envolver nessa brincadeira paralela. Se ele estiver empilhando blocos, você empilha blocos. Se ele estiver andando com bichos de pelúcia pelo parapeito da janela, você anda com bichos de pelúcia pelo parapeito da janela.

***D**escription* **(descrição):** Harrison recomenda narrar o jogo do seu filho como se você fosse um locutor esportivo. Seu papel não é ser o treinador, mas apenas fornecer descrições verbais, como: "Você está preparando uma festa do chá para seus bonecos. Você está dando a xícara verde para o boneco verde". Essa é uma maneira bastante simples de demonstrar seu interesse naquilo que seu filho está fazendo.

***E**nthusiasm* **(entusiasmo):** para reforçar o comportamento adequado e positivo, expresse entusiasmo em relação a tudo o que estiver dando certo.

Quando esses estudos mostram os melhores resultados, os pais também são instruídos a evitar comportamentos de liderança ou intrusivos, como ordens, críticas, sarcasmo e qualquer comportamento físico negativo.

Harrison também recomenda que tornemos tudo isso mais fácil para nós mesmos escolhendo brinquedos que estimulem a imaginação ou a criatividade, como blocos de montar, peças magnéticas, caminhões, conjuntos de trens, cozinha e comidinhas de brinquedo, além de materiais simples para arte e artesanato. Para a hora da alegria, evite direcionar seu filho para brinquedos ou atividades que tenham muitas regras, como jogos de tabuleiro, ou que incentivem brincadeiras brutas, bagunçadas ou perigosas, como brincar de luta com espadas. Você não quer ter que ficar dizendo ao seu filho para "tomar cuidado" o tempo todo. Você só quer se juntar a ele em seu mundo da imaginação e deixar que ele mostre o que acha divertido.

Experimente novos jogos imaginativos

Jogos que você se lembra de ter gostado na sua infância ou atividades imaginativas que você e seus filhos inventam hoje são maravilhosos. Praticamente todas as brincadeiras infantis imaginativas contribuem para a ***Regulação***, um dos meus Cinco *Rs* que levam à resiliência. Brincar juntos melhora o ***Relacionamento*** com seu filho, outro dos Cinco *Rs*. E a alegria compartilhada promove a ***Reparação***, mais um dos Cinco *Rs*. Você não precisa brincar com nenhum jogo especial aprovado pela ciência, mas pode. A ciência da brincadeira é rica. Você pode se divertir e, ao mesmo tempo, desenvolver a resiliência, a confiança e a felicidade da família pegando emprestadas ideias testadas e comprovadas por psicólogos do desenvolvimento e educadores de teatro. Jocelyn Greene, minha amiga que fundou a Child's Play NY, sugere os excelentes jogos citados a seguir.

Que animal eu sou? Esse jogo é ótimo para trabalhar habilidades motoras e autorregulação. Peça às crianças que escolham seus animais favoritos e inventem poses, movimentos e formas de respirar como eles. As crianças podem jogar "Que animal eu sou?" com amigos, irmãos, pais ou até mesmo sozinhas. À medida que todos fazem as poses, você pode escrever o nome dos animais ou criaturas. As crianças podem até mesmo ilustrar seu próprio baralho de humanos em poses de animais.

Leitura ativa. Isso ajuda a desenvolver e reforçar a coragem. Escolha os momentos emocionantes dos livros de histórias favoritos de seu filho e encene-os. Use adereços simples que você já tenha em casa: um cobertor pode se tornar o oceano. Uma cadeira pode ser uma montanha.

Telefone do corpo. Essa brincadeira é ótima para aprender a rotular as emoções e estabilizá-las. Use um telefone invisível para que as crianças liguem para diferentes partes do cérebro. Os pais também podem telefonar para os sentimentos de seus filhos e pedir para falar com uma de suas emoções. Por exemplo: "Alô? Estou ligando para falar com o sentimento de raiva da Rosie". Ou: "Coloque o Sr. Decepção na linha". Você pode até mesmo incluir desconfortos físicos, como dores de barriga ou torções, para que as crianças usem a brincadeira para expressar o que está acontecendo com elas.

Queixos malucos. Esse jogo é ótimo para brincar com irmãos e amigos. Cada jogador desenha dois olhos na parte inferior do queixo — ou pede aos pais que o façam. Em seguida, as crianças cobrem o nariz e os olhos e viram de cabeça para baixo. Revezem-se para entrevistar as novas criaturas. As crianças podem dar um nome, uma personalidade, esperanças e sonhos ao rosto em seu queixo.

Elevador mágico. Essa brincadeira é ótima para aumentar a confiança. Use fita adesiva no chão ou coloque almofadas para criar um quadrado que você chama de "elevador mágico". Agora, imagine que esse elevador tem portas que se fecham e botões para você escolher. Um botão pode levá-lo a uma floresta especial, outro botão pode levá-lo de volta no tempo. Aperte os botões e diga ao elevador para onde você quer que ele vá — e imagine que, quando as portas se abrirem, você estará lá. Você pode até escolher uma trilha sonora para a sua aventura. Quando terminar de explorar um mundo, você pode voltar para o elevador e ir a outro lugar. Use cenários, personagens e andares que se relacionem com os interesses exclusivos de seu filho.

Restaurante mágico, ensopado mágico. Esse jogo é ótimo para a autorregulação. Cada jogador escolhe ou inventa um personagem e se senta à mesa para comer no modo mágico do "faz de conta". Vocês também podem inventar um cenário. Talvez vocês sejam todos membros de uma família real extremamente formal jantando em um castelo. Os personagens e o cenário podem inspirar bons hábitos ou conversas engraçadas. Crie uma mistura mágica de ingredientes invisíveis. O que cada um dos personagens acrescentaria ao ensopado?

Procure os momentos "uau"

Abrace a ciência da curiosidade e da admiração. Em seu livro *Wonder: Childhood and a Lifelong Love of Science* (*Encantamento: a infância e o amor pela ciência ao longo da vida*, em tradução livre), Frank Keil observa que praticamente todas as crianças pequenas se interessam por ciência, mas, na idade adulta, a maioria de nós não se interessa mais. Para onde vai nossa curiosidade? Por que paramos de perguntar "por quê"?

Estar com crianças é uma ótima maneira de começar a nos fazer essas perguntas abertas e reacender nossa própria curiosidade — que está associada ao bem-estar geral. Quando você seguir o caminho da curiosidade, procure os momentos "uau".

O deslumbramento, que pode ser descrito como um sentimento de respeito reverencial misturado com medo e admiração — ou um senso de magia cotidiana que nos faz sentir autotranscendentes —, tem demonstrado melhorar os relacionamentos, motivando-nos à colaboração e à generosidade. Os seres humanos geralmente encontram a experiência de deslumbramento no mundo natural, no engajamento espiritual, na música, no movimento coletivo e no tempo desacelerado, que permite que o misterioso se revele diante de nossos olhos.

O psicólogo Dr. Dasher Keltner, diretor-fundador do Greater Good Science Center, da Universidade da Califórnia em Berkeley, passou anos estudando os efeitos do deslumbramento e descobriu que "ele nos torna humildes, compartilhadores e altruístas. Ele acalma o ego, de modo que não pensamos tanto em nós mesmos". Com o deslumbramento, somos preenchidos com uma sensação de vastidão, o que faz com que nosso cérebro se torne mais expansivo, permitindo um realinhamento cognitivo que abre espaço para qualquer nova experiência que estejamos abertos a receber.

A experiência de deslumbramento envolve vários processos internos, inclusive mudanças na neurofisiologia, envolvimento do sistema nervoso parassimpático, diminuição do foco em si mesmo, liberação de ocitocina, maior integração social e aumento do senso de significado — e tudo isso colabora com o bem-estar. Foi demonstrado que o deslumbramento reduz até mesmo estados de inflamação.

Você pode usar essa ciência para melhorar seu relacionamento com seu parceiro ao passar um tempo na natureza, em um concerto ou ao se maravilhar com o incrível processo de crescimento de seus filhos. Os pesquisadores documentaram o padrão de movimentos faciais associados ao deslumbramento, portanto, se não tiver certeza se você ou outra pessoa está sentindo isso, procure por sobrancelhas levantadas, olhos arregalados, mandíbula aberta e ligeiramente caída e vocalizações de "uau" ou "nossa". Observe quantas vezes você diz ou testemunha autenticamente "uau" ou "nossa" quando está brincando com seus filhos. Isso é deslumbramento.

Qualquer experiência incrível — desde passear entre sequoias antigas até descobrir pela primeira vez que a água sai de uma torneira — pode evocar essa sensação de mistério e admiração. Mas você não precisa levar seus filhos ao Grand Canyon ou às sequoias da Califórnia para sentir deslumbramento. Vocês podem simplesmente desacelerar juntos para perceber a magia comum de uma lagarta percorrendo um caminho, uma estrela cadente há muito esperada cruzando o céu noturno ou os sons que surgem dos instrumentos musicais. À medida que as crianças crescem, você pode manter vivo esse sentimento de admiração e curiosidade, diminuindo o ritmo para se perguntar sobre as grandes questões da vida, indo a concertos e participando de eventos comunitários que os lembrem de que fazem parte de algo maior do que vocês mesmos.

Brinque de "O que faz você feliz?"

A ciência nos mostra que aquilo em que prestamos atenção é enfatizado novamente em nosso cérebro. É bom que nossos filhos saibam quando percebemos sua infelicidade ou ansiedade, mas não se esqueça de também perceber e explorar as emoções mais positivas que a vida traz. Quando estiver no carro com seus filhos ou sentado à mesa da cozinha em família, vocês podem jogar um jogo de atenção plena chamado "O que faz você feliz?".

Faça a pergunta. Quando eles responderem, repita a pergunta e peça que respondam com outra opção. Faça isso por até quatro minutos (estipule um tempo mais curto para crianças menores). Em seguida, peça que façam a mesma pergunta a você (aviso: as viradas de olho podem começar por volta dos dez anos de idade. Vá em frente e tire sarro de si mesmo, mas continue fazendo isso. No mínimo, vocês darão muita risada).

O ato de nomear várias coisas que você aprecia o força a ter um momento presente de gratidão, mesmo que tudo o que você consiga dizer no momento seja: "Este café me faz feliz".

Sessão de perguntas e respostas

Pergunta: Eu me sinto muito culpada por isso, mas minha filha de quatro anos sempre quer que eu brinque de boneca com ela, e eu simplesmente não gosto de bonecas. Eu não era esse tipo de menina e não sou esse tipo de mãe.

Resposta: Se estiver buscando permissão, não precisa fingir que não tem suas próprias preferências. Em vez de ficar pensando no que não gosta de fazer, você pode fazer duas coisas: (1) encontrar alguém que não seja você para brincar de boneca com sua filha (um corresponsável, uma amiguinha durante um encontro para brincar ou uma babá); ou (2) encontrar outra atividade que você goste de fazer com sua filha (***Relacionamento***).

Se brincar de bonecas significa muito para sua filha e pode ser uma maneira de se conectar com ela, tente mudar para essa perspectiva e veja se consegue encontrar algum interesse nisso. No entanto, se houver outras fontes para criar conexões (e provavelmente há), abandone as bonecas e faça algo de que ambas gostem.

Compartilhe as atividades que lhe dão alegria

Grande parte da criação dos filhos consiste em ajudá-los a descobrir seus interesses, mas é uma dádiva poder compartilhar com eles aquilo que nos faz feliz, mesmo que ainda não seja algo que os encante. Você adora um museu de arte? Leve seus filhos a um e compartilhe seu prazer ao ver suas obras favoritas da Frida Kahlo. Você encontra paz quando faz caminhadas? Leve seus filhos para aventuras na natureza, mesmo que caminhar ainda não seja a ideia deles de diversão.

Brinque de faz de conta: o Papai Noel existe?

Brincar de "faz de conta" é uma parte importante do desenvolvimento infantil, mas muitos pais se preocupam que o faz de conta cultural — como o Papai Noel, o Coelhinho da Páscoa, a Fada do Dente e outros — entre em conflito com a razão e possa gerar decepções desnecessárias. Aqui está o que a ciência nos diz.

Visões mágicas e racionais da realidade coexistem durante todo o desenvolvimento, mas, até cerca de oito anos de idade, as crianças que têm motivos para acreditar no Papai Noel tendem a acreditar. As crianças pequenas adoram brincar de faz de conta e acreditam nessa deliciosa sensação de que todas as coisas são possíveis. Depois dos oito anos de idade, você pode começar a ouvir algumas perguntas racionais. As crianças começam a mostrar uma mudança no pensamento e podem julgar corretamente a fantasia versus a realidade.

Quando as crianças quiserem saber se o Papai Noel, os dragões ou as fadas são reais, faça mais perguntas para ver se você consegue entender por que elas estão perguntando. Se seu filho quiser acreditar, ele pode estar perguntando menos como uma verificação da realidade e mais porque quer que você lhe dê "permissão" para continuar acreditando. No entanto, se ele estiver te desafiando e usando a investigação científica, ele pode estar pedindo que você seja sincero com ele. Se o seu filho estiver decepcionado, reconheça o sentimento e o ajude a manter a magia e o significado dela, criando maneiras de compartilhar tradições e fantasias com irmãos mais novos e membros da família.

Para as crianças que não acreditam ou que não comemoram, pode ser útil lembrá-las de que cada família tem maneiras diferentes de comemorar e acreditar; e que, ao lidar com pessoas que comemoram e acreditam em coisas diferentes, é importante respeitar suas crenças e cultura, sem dizer a elas que não são verdadeiras. Em seguida, você pode assegurar-lhes que está disponível para discutir e questionar, para que eles tenham um lugar para processar tudo isso sem ofender os outros.

Continue voltando para brincar

A maioria de nós teve filhos porque esperava, em algum nível, que eles tornassem nossa vida mais feliz e divertida. Imaginamos os momentos de alegria. E, no entanto, pode ser muito fácil esquecer de focar nas coisas que nos fazem felizes quando estamos no meio da realidade agitada da vida familiar, tentando colocar a comida na mesa e levar cada criança para a escola na hora certa. Isso é compreensível. É totalmente perdoável. E pode ser reparado. Cada dia traz uma nova oportunidade de encontrar pelo menos cinco minutos para a hora da alegria. A ***Reparação*** começará quase instantaneamente.

EXERCÍCIO DE REFLEXÃO

Ative sua mentalidade otimista

Sabemos que, se praticarmos um idioma estrangeiro ou aprendermos a tocar um novo instrumento, faremos progresso. A ciência nos lembra de que também precisamos praticar a sensação de bem-estar se quisermos progredir em direção a uma vida mais prazerosa.

Sente-se ou deite-se em uma posição confortável. Escaneie seu corpo de cima para baixo e relaxe. Comece permitindo que sua testa e seus olhos se suavizem. Permita que sua mandíbula amoleça. Permita que seu pescoço e seus ombros se suavizem. Vá descendo, dando atenção a cada parte do corpo à medida que permite que relaxe — relaxe os braços, o peito e o tronco. Depois, a barriga, a pélvis e os quadris. Observe se está segurando alguma coisa com força. Relaxe esse aperto. Permita que as coxas e os joelhos amoleçam. Se estiver se segurando, solte-se. Permita que as panturrilhas e os tornozelos amoleçam. Permita que os pés e os dedos dos pés amoleçam. Visualize todo o seu corpo para se sentir à vontade.

Permita que um meio sorriso se forme em seu rosto. Você pode dar um sorriso completo se precisar, mas observe o que acontece quando você dá um meio sorriso. Respire fundo algumas vezes e permita que a respiração encontre um ritmo natural. Você não precisa controlar a respiração — apenas deixe-a acontecer.

Traga à mente uma experiência de alegria. A imagem pode ser uma lembrança de dançar com um ente querido, abraçar seu animal de estimação ou olhar para o rosto de seu filho. Permita que uma sensação de contentamento e bem-estar percorra seu corpo. Não faça nada acontecer; apenas relaxe e desfrute dessa lembrança. Enquanto estiver sentado ou deitado, desfrutando dessa lembrança, observe a sensação em seu corpo. Permita que sua consciência descanse nessa sensação de bem-estar. Respire fundo.

Agora, lembre-se de alguma bênção em sua vida — algo ou alguém por quem você é grato —, deixe que essa pessoa, ser ou circunstância o inunde e sussurre a palavra ou diga silenciosamente: "Obrigado". Respire fundo e deixe que esse sentimento de gratidão percorra seu corpo.

Agora, lembre-se de outra bênção ou de alguém em sua vida por quem você é grato e, novamente, diga um "obrigado" silencioso de seu coração e sinta a sensação em seu corpo.

Você pode continuar fazendo isso algumas vezes, inundando-se na sensação relaxada de estar vivo, de sentir as pessoas, os animais e outras circunstâncias que lhe dão alegria e parecem ser bênçãos. Sinta o milagre dessa alegria radical pulsar por todo o seu corpo. Você está vivo. Você é capaz de sentir essa alegria serena. Você está presente em seu corpo.

Respire fundo uma última vez, abra os olhos, olhe ao redor e observe a primeira coisa que pode lhe trazer encantamento.

PARTE DOIS

DA PÁGINA AO PALCO

Colocando a ciência e seus valores na prática cotidiana

Agora que já abordamos o panorama e consideramos o que a psicologia do desenvolvimento nos diz sobre como criar bons seres humanos, vamos explorar algumas maneiras de aplicar essa ciência em nosso dia a dia. Embora a ciência se aplique a crianças de todas as idades, incluindo filhos adultos, vou orientá-lo nos anos para os quais tenho mais treinamento teórico *e* vivência prática: do nascimento aos treze anos. Minhas filhas estavam com quatorze e dezessete anos quando este livro foi lançado, portanto, também não quero sobrecarregá-las com nada que elas possam estar vivenciando ou que estejam prestes a vivenciar — não que elas pretendam ler o livro da mamãe.

Além de minha formação como psicóloga do desenvolvimento, trabalhei com milhares de pais ao longo dos anos e apresento aqui as perguntas mais comuns que eles me fizeram. Dito isso, cada um de nós tem uma capacidade diferente para ouvir conselhos sobre parentalidade. Alguns de nós são bem-sucedidos com toneladas de informações, enquanto outros se fecham. Ofereço tudo isso com o espírito de servi-lo, não de estressá-lo! Por exemplo, se a sua maneira de garantir que todos durmam o quanto precisam está funcionando para a sua família, não estou aqui para pedir que mude isso. Se os seus limites ou a falta deles em relação ao tempo de tela não estão causando estresse, não estou aqui para acrescentar mais estresse à equação. Mas sei que, às vezes, todos nós precisamos de apoio para transformar a ciência em ação e, portanto, o que se segue é o que muitos pais consideraram útil.

CAPÍTULO 9

Comer, fazer cocô, amar

Autonomia sem vergonha

Todas as lutas são essencialmente lutas pelo poder,
e a maioria não são mais intelectuais do
que dois carneiros batendo cabeça.

OCTAVIA BUTLER

As crianças são bem-sucedidas quando têm espaço para serem elas mesmas. À medida que as crianças começam a expressar a necessidade de ter controle sobre si e sobre o mundo ao redor, nosso trabalho, como pais, é oferecer opções saudáveis e depois nos *afastar*. Embora muitos pais, compreensivelmente, fiquem obcecados com o que entra e sai do corpo dos seus filhos, o importante processo de desenvolvimento que está acontecendo com a alimentação e o uso do banheiro representa, na verdade, o caminho para a autonomia. Ou seja, à medida que as crianças desenvolvem sua independência, elas também desenvolvem confiança em sua capacidade de cuidar de si mesmas. Mas a autonomia não se trata *apenas* de independência. O cuidado sensível que promove a autonomia ajuda as crianças a se sentirem confortáveis sendo exatamente quem elas são em seus próprios corpos. A partir desse senso básico de autodeterminação em relação ao que entra e ao que sai, de seus corpos, a autonomia pode florescer em todas as diferentes direções de suas vidas.

A professora Stephanie Carlson, da Universidade de Minnesota, estudou extensivamente a "parentalidade de apoio à autonomia" — a parentalidade que ajuda as crianças a resolverem seus próprios problemas, com a devida orientação. Os pais que tendem a ficar excessivamente em cima dos filhos são, às vezes, chamados de "pais helicópteros", enquanto aqueles que têm a tendência de remover todos os obstáculos que os filhos enfrentam são, por vezes, chamados de "pais superprotetores". Em vez de nos concentrarmos em criticar esses estilos mais extremos, vamos pensar em como podemos ajudar as crianças a adquirir o hábito de tentar enfrentar situações desafiadoras e resolver os problemas que surgem. A ciência mostra que esse tipo de apoio à autonomia também é um precursor das habilidades de função executiva. A autonomia permite que as crianças desenvolvam habilidades de pensamento crítico, aprendam com seus próprios erros, processem emoções e comecem a tomar decisões de maneira independente.

Tornando as coisas maravilhosamente coesas, os cinco princípios da parentalidade também são o caminho para a autonomia:

Os **Relacionamentos** que promovem a autonomia são o oposto de controladores, mas ainda assim estão firmemente conectados. Em vez de nos rendermos ao comportamento de pais helicópteros, pais superprotetores ou à resignação, a parentalidade sensível nos lembra de que nossos relacionamentos com nossos filhos são dinâmicos e que o objetivo é o crescimento lento e constante deles até se tornarem adultos que podem viver sem nós.

A **Reflexão** nos ajuda a respirar na pausa entre um problema e nossa resposta a ele, de modo que possamos encontrar o caminho do meio entre microgerenciar as experiências de nossos filhos e entregá-los à própria sorte. Em vez de entrar desnecessariamente no modo de luta ou fuga, reserve um momento para refletir sobre as habilidades crescentes de seu filho e as necessidades contínuas de apoio.

A **Regulação** é uma faceta fundamental da autonomia, pois as crianças passam de bebês que podem precisar de corregulação constante para jovens adultos que podem se autorregular *na maioria das vezes.*

As **Regras** ajudam as crianças a se sentirem seguras. A estrutura as ajuda a entender o que é aceitável tanto em casa quanto no mundo, onde terão de tomar decisões diárias com cada vez mais independência.

A **Reparação** é o espaço no qual os seres humanos crescem e aprendem, portanto, é fundamental para a autonomia. Quando as crianças aprendem a ir ao banheiro sozinhas, acontecem alguns acidentes. À medida que fazem suas próprias escolhas alimentares, elas vão exagerar nas porcarias algumas vezes. Como pais, podemos adotar uma mentalidade de crescimento para que elas passem a ver esses momentos de desalinhamento como etapas necessárias no caminho para um sucesso maior.

Os fundamentos de ser humano

Sempre que um pai ou uma mãe aparece no meu Zoom, ou sempre que tenho uma dúvida sobre a criação dos filhos, primeiro verifico duas coisas:

1. Todos estão bem alimentados?
2. Todos estão descansados o suficiente?

Pode parecer básico, mas, nove em cada dez vezes, os problemas humanos podem ser resolvidos com um punhado de castanhas, um pouco de brócolis e uma boa noite de sono. Afinal de contas, somos um corpo. Se nossos corpos não estiverem felizes, nossas mentes e corações não ficarão muito atrás.

Comece em seu lugar de EQUILÍBRIO

Se você perceber que está entrando em disputas de poder com seus filhos em torno de questões sobre alimentação e banheiro, aproveite a oportunidade para entrar em EQUILÍBRIO. Na verdade, à medida que pegamos toda a ciência do desenvolvimento que foi apresentada na Parte Um deste livro e analisamos como podemos aplicá-la à vida real nesta parte, você vai notar que eu começo cada capítulo seguinte com um exercício de EQUILÍBRIO. Parece repetitivo? Essa é a intenção! É a repetição dessas práticas que constrói os músculos de nossa parentalidade ao longo do tempo, ajudando-nos a nos tornar os pais que queremos ser na maior parte do tempo.

Respire: inspire profundamente pelo nariz. Expire pela boca (não, você ainda não pode pular essa etapa). Está percebendo que está melhorando nessa resposta? Respire.

Reconheça sua própria bagagem: pergunte a si mesmo: "O que este momento está trazendo à tona para mim?". Muitos de nós temos muita bagagem em relação a questões de alimentação, higiene e corpo, que datam de muito antes de nos tornarmos pais. Depois, quando nos tornamos pais, tivemos que lidar com todos os aspectos da alimentação e das necessidades fisiológicas dos filhos. A bagagem é natural.

Deixe para lá: você pode desfazer qualquer bagagem mais tarde, no seu tempo. Quando você se desprende do passado e do futuro que esse momento está trazendo à tona, você pode se ater ao presente. Neste presente, seus filhos estão se tornando mais autônomos.

Avalie: faça um balanço deste momento. Avalie seu próprio estado de espírito e o de seu filho. Ele está com fome? Está afirmando sua autonomia? Tem alguma necessidade física que precisa ser atendida?

Observe: observe o que está acontecendo em seu próprio corpo e o que está acontecendo no corpo de seu filho. O que esses corpos estão tentando lhe dizer?

Conecte-se: faça com que seu filho saiba, verbalmente ou por seus gestos, que você o enxerga e se importa com os sentimentos dele.

Envolver-se: agora que você está em equilíbrio, pode decidir qual será sua resposta. O que você pode fazer para mostrar ao seu filho que os sentimentos dele são bem-vindos? Você também precisa compartilhar com ele que um determinado comportamento não é bem-vindo? Ou essa é uma oportunidade de permitir que ele experimente sua autonomia? Como você pode se afastar da luta pelo poder? Que resposta ocuparia o espaço entre o microgerenciamento e a negligência? Quando você adquirir o hábito de responder a partir desse local regulado e equilibrado, a clareza virá em seguida.

Nutrição diversificada sem drama

Alguma dessas vozes vive na sua cabeça?

Aquela mãe não alimenta seus filhos o suficiente.
Isso é muito carboidrato.
Coma um pouco mais! Mas não muito! Você não quer ficar muito grande!

Muitos de nós temos tanta bagagem geracional em relação à alimentação, à escassez e à imagem corporal que é totalmente compreensível que, às vezes, levemos muito estresse para a mesa.

Em meu grupo de pais, Jasmine quer garantir que seus filhos façam refeições completas, por isso acaba preparando quatro cardápios diferentes para cada refeição e serve as refeições aos filhos enquanto todos assistem à TV em sua cama. No final da noite, ela se sente exausta — e, uma vez, encontrou o sanduíche de queijo do filho comido pela metade debaixo do travesseiro.

Bridgette, por outro lado, segue à risca as diretrizes que recebeu do pediatra e se vê contando quantas porções de cereal cada um de seus três filhos come. Ela se sente muito frustrada quando os números estão errados, embora o médico nunca tenha dito que há algo com que se preocupar quando se trata de gráficos de crescimento.

Tanto para Jasmine quanto para Bridgette, há um caminho de volta para o meio-termo. Mas, na ausência de uma questão médica, nunca precisamos contar quantas porções de comida outra pessoa come. Se você se perceber prestando atenção a essas minúcias, é hora de fazer uma pequena pausa.

Aqui está no que você deve focar quando se trata de alimentar seus filhos: ofereça a eles opções de alimentos nutritivos e diversificados, priorizando as frutas e os vegetais disponíveis e deixando de lado o açúcar e os alimentos processados. Valorize o seu esforço em casa estabelecendo limites e não se preocupe com o que as outras pessoas comem. Do ponto de vista da psicologia do desenvolvimento, o que importa é que nos concentremos em experiências positivas na hora das refeições. Não sou nutricionista nem médica, portanto, não entrarei em detalhes sobre o que comer, mas muitos de nossos problemas com alimentação e nutrição podem ser resolvidos com foco na experiência de comer.

Uma relação saudável com os alimentos significa que os vemos como uma fonte de combustível e prazer, não como uma recompensa ou punição, uma fonte de culpa ou até mesmo uma expressão de amor. Como pais e cuidadores, é nossa função oferecer opções de alimentos saudáveis para nossos filhos e também servir de exemplo, cultivando uma relação tão saudável com os alimentos quanto formos capazes. Não é nossa função forçar as crianças a comer, incentivá-las a ignorar suas próprias sensações de saciedade ou associar o fato de estarem com fome a outras questões — como a fome mundial ou se vão poder brincar mais tarde. Se você fizer uma torta de maçã especial para seus filhos e eles não gostarem, tente lidar com seus sentimentos de mágoa, que são compreensíveis. Mas não os force a comer.

Se a comida se tornar uma disputa de poder, eles podem se sentir compelidos a revidar quando, na verdade, só precisam da comida. Considere deixar lanchinhos saudáveis no balcão ou na mesa da cozinha. É provável que eles sejam consumidos. As crianças comem quando estão com fome. Se elas estiverem usando a comida para exercer seu poder, que assim seja. Reconheça seus sentimentos, mas a melhor maneira de superar rapidamente uma disputa de poder é *não se envolver* nela. Ao lidar com uma criança seletiva para comer, deixe-a ser seletiva: tente ficar calmo e relaxado quando estiver oferecendo novos alimentos, ofereça apenas uma nova opção por refeição e ofereça novos alimentos quando souber que seu filho está com fome. Durante tudo isso, lembre-se de que seu trabalho é dar o tom com opções de alimentos saudáveis e, em seguida, apoiar o crescente senso de autonomia de seu filho à medida que ele aprende a perceber e confiar em seus próprios sinais internos de fome.

Se estiver tendo dificuldade em fazer com que seu filho se interesse por vegetais, tente adicioná-los a alimentos dos quais ele já gosta. Coloque algumas ervilhas no macarrão com queijo, por exemplo, para ver se a combinação de um novo alimento com um alimento familiar ajuda.

Muitos pais em meus grupos também acreditam que precisam dar um passo atrás para moderar seu próprio “medo de gordura”, como disse Julia Child. Não limite a ingestão de gordura do seu bebê e tente não dar muita importância à gordura à medida que seu filho cresce. As gorduras são essenciais para o desenvolvimento saudável do cérebro e do sistema imunológico das crianças. O abacate e a gema de ovo são ótimas fontes de gordura. A menos que seu pediatra esteja preocupado, os laticínios integrais também são bons. Se estiver preocupado, consulte um nutricionista, mas a grande maioria dos seres humanos se dá melhor quando come uma variedade de alimentos de cores diferentes que não sejam ultraprocessados. Nove em cada dez vezes, qualquer preocupação além disso é nossa própria bagagem.

Bagagem da imagem corporal

Willow me procurou com uma aparência calma e confiante, nem gorda nem magra, mas ela tinha um segredo. Ela estava de dieta desde os quatorze anos de idade e percebeu que estava tendo dificuldade em ver seus gêmeos de onze anos, em suas palavras, "engordarem".

Como em praticamente todos os dilemas dos pais, lembrei a Willow de respirar fundo e perguntar a si mesma o que estava provocando suas preocupações com o corpo dos filhos. Eu queria entender se ela estava preocupada com a saúde deles — e, nesse caso, eu recomendaria que ela passasse a se concentrar na questão nutricional e nas atividades físicas. Será que os filhos dela estavam expressando preocupações com o próprio corpo ou isso era uma questão unicamente da Willow?

A "imagem corporal" tem três componentes: percepção, ideais e senso de identidade. *A percepção* abrange o modo como nos enxergamos, se nos vemos como os outros nos veem e o quanto nos concentramos em uma característica da nossa aparência em vez do todo. *Os ideais* referem-se a nossas noções de beleza, nossas ideias sobre o quanto a realidade deve se aproximar da fantasia e se gostamos de nossa aparência. Nosso *senso de identidade* se baseia tanto em nossa percepção quanto em nossos ideais e no que valorizamos em nós mesmos além da aparência física.

Como pais, isso começa conosco (***Reflexão***). Seja sincero consigo mesmo sobre como se sente em relação ao seu próprio corpo. Observe, sem julgamento, como você se move no mundo. Você se sente constrangido ou envergonhado? Você olha para o corpo de outras pessoas e sente inveja, nojo ou qualquer sentimento que objetifique os corpos em vez de vê-los como instrumentos? É compreensível ter sentimentos negativos em relação ao nosso corpo, pois fomos criados em uma cultura que reforça o perfeccionismo e o julgamento. Como pais, é nosso dever criar um refúgio desse mundo doentio para nossos filhos, e não acumular negatividade.

Se você já teve dificuldades com relação à imagem corporal, comece a trabalhar para fazer as pazes com suas próprias experiências, para que possa estar presente para seu filho. Tente quebrar o ciclo de comportamento punitivo ou de mensagens negativas que podem nos acompanhar até a idade adulta.

O alimento como um ponto de conexão e caminho para a autonomia

Em vez de se preocupar com os alimentos exatos que seus filhos estão comendo, oferecer a eles opções saudáveis e deixá-los exercer sua crescente autonomia é a melhor maneira de apoiar seu desenvolvimento.

Há muitas práticas diferentes e maravilhosas para alimentar seus filhos, especialmente quando eles são muito pequenos. Introduza uma variedade de alimentos desde cedo. Escolha alimentos de várias cores que não sejam tão processados a ponto de nunca estragarem. Uma abordagem moderada é introduzir um novo alimento a cada três dias e monitorar o bebê quanto a sinais de alergias a cada novo alimento. Algumas famílias optam por dar comida de adulto aos bebês imediatamente (deixando de lado os purês e tomando cuidado para não se engasgarem). Mesmo que isso signifique introduzir muitos alimentos de uma vez, essa técnica pode facilitar bastante as coisas. Uma prática popular chamada "desmame conduzido pelo bebê" coloca o bebê no controle do que, quando e quanto ele come. Os bebês são incentivados a explorar diferentes texturas e sabores com muito pouca pressão para realmente ingerir o alimento. O termo é um pouco confuso — "desmame", nesse caso, refere-se ao processo gradual de substituir as calorias do leite materno e da fórmula láctea por calorias de alimentos sólidos; não significa que o bebê desmame completamente do leite materno ou da fórmula, que deve continuar sendo sua principal fonte de nutrição no primeiro ano de vida.

O pediatra de seu filho pode ter uma visão mais específica sobre isso, e novas pesquisas surgem o tempo todo. No entanto, a maioria das coisas é bastante flexível, então, tente não se prender a minúcias.

À medida que seu bebê cresce e se torna uma criança pequena, lembre-se de comer com ele. Muitas vezes, quando os pais me ligam para falar sobre os hábitos alimentares de seus filhos pequenos, descubro que ninguém está comendo junto com eles — estão apenas observando. A primeira coisa que digo é que, toda vez que seu filho pequeno se senta para comer, você também come alguma coisa. Quem gostaria de ficar sentado e comendo enquanto outra pessoa fica observando? A hora da refeição é uma ótima oportunidade para a hora da alegria (consulte a página 137). Como bônus, quando você come com seus filhos, eles podem querer experimentar algo que você esteja comendo e que, até então, não tenha despertado o interesse deles.

As crianças em idade escolar precisam de refeições e lanches saudáveis. Essas crianças estão crescendo, na maioria das vezes de forma lenta e constante, e geralmente comem quatro ou cinco vezes por dia, incluindo lanchinhos entre as refeições. A alimentação torna-se social na escola, e a família, os amigos e a mídia podem influenciar as escolhas e os hábitos alimentares. Não pule um café da manhã saudável, mesmo que precise ser consumido no caminho. Praticamente qualquer alimento pode constituir um café da manhã "saudável"; quanto mais pobre em açúcar e menos processado, melhor, é claro. Ofereça lanches saudáveis depois da escola. E deixe seus filhos ajudarem a preparar as refeições sempre que possível.

Quando os horários permitirem, faça refeições em família. Considere estabelecer que as refeições sejam um momento livre de dispositivos, ou seja, sem telefones, tablets ou TV à mesa. Se estiver seguindo uma tendência específica de dieta, tenha cuidado ao falar sobre os alimentos que você "pode e não pode comer". As refeições em família não devem trazer julgamentos de valor sobre os alimentos; quanto mais você puder falar sobre outras coisas, maior será a probabilidade de todos formarem associações positivas nesse momento.

Permita que as crianças ajudem a preparar a comida. Crianças de todas as idades se beneficiam do envolvimento na preparação de suas refeições. Quando puder, inclua as crianças tanto em idade pré-escolar quanto as mais velhas no planejamento e na preparação das refeições. Se for prático, você pode tentar deixar que cada criança crie o cardápio uma vez por semana e participe de sua preparação.

Lembre-se de que os pré-adolescentes tendem a comer mais. As meninas normalmente passam por um pico de crescimento por volta dos 12 anos, e os meninos, por volta dos 14. Algumas crianças ganham volume antes de crescer em altura. Outras crianças crescem em altura antes de ganhar volume. Os corpos mudam e os pré-adolescentes podem ser incrivelmente vulneráveis. Independentemente de seu filho se sentir muito magro ou muito gordo, é importante tirar o foco da imagem corporal e redirecioná-lo para o prazer de uma alimentação saudável.

Os pré-adolescentes também tendem a fazer muitas refeições fora de casa, e o fato de serem microgerenciados não os ajuda a se sentirem capazes. Se você se pegar pensando demasiadamente no que seu filho comeu no almoço da escola, sem uma recomendação do pediatra, é provável que esteja dando importância demais à alimentação.

Seis maneiras de facilitar as refeições em família

Comer em família está associado a menores incidências de depressão e ansiedade, melhor nutrição geral, melhor desempenho acadêmico e maior autoestima. Como o tempo que passamos juntos melhora nossos relacionamentos (o primeiro dos Cinco *Rs*), isso também aumenta a resiliência. Se as ideias a seguir facilitarem sua vida, incorpore-as (caso contrário, certamente não estou aqui para acrescentar mais trabalho à sua semana).

1. **Escolha qualquer refeição** (não precisa ser o jantar). Pesquisas mostram que os benefícios de comer juntos são observados com cinco refeições por semana. Isso pode incluir o café da manhã durante a semana, três refeições por dia nos fins de semana ou algumas refeições especiais distribuídas ao longo da semana.

2. **Não se preocupe com o local.** Até mesmo uma refeição compartilhada no carro após o treino ou um lanche no jogo de beisebol conta. Temos que trabalhar com o que é possível.

3. **Não se estresse com o cardápio.** Fazer escolhas saudáveis *é* importante, mas você não precisa preparar uma refeição sofisticada, com produtos direto da fazenda para a mesa, ou aceitar pedidos individuais. Mantenha a simplicidade; faça algo que seu filho esteja disposto a comer (pelo menos uma das ofertas) e não acrescente pressões desnecessárias, como preparar novas receitas ou servir cinco pratos — a menos que isso seja totalmente sua praia. Comer juntos é muito mais poderoso do que os pormenores do cardápio.

4. **Elabore novos rituais.** Por exemplo, fale sobre os pontos altos e baixos do seu dia ou brinque de "rosa, botão, espinho e pena" (consulte a página 33), um jogo que promove a gratidão. Compartilhe histórias e revezem para falar. Se as coisas estiverem *muito* calmas, experimente um conjunto de cartões de conversa em família (disponível on-line). Fazer perguntas bobas pode quebrar a tensão e fazer com que todos riam. Em seu site, o *Family Dinner Project (Projeto Jantar em Família*, em tradução livre) oferece ótimas ideias para iniciar conversas (por exemplo: "Se você tivesse um superpoder, qual seria e como você o usaria para ajudar as pessoas?", "Se você acordasse amanhã e pudesse fazer uma coisa que ainda não pode fazer agora, o que seria?", ou "Como você sabe que pode confiar em outra pessoa?").

5. **Use as refeições em família para compartilhar histórias sobre você.** Ajudar seus filhos a conhecê-lo por meio da narração de histórias pode ser uma maneira importante de aprofundar seu ***Relacionamento*** à medida que eles crescem. Compartilhe histórias do seu dia, do seu passado, da sua trajetória e da sua cultura. Incentive seus filhos a lhe fazerem perguntas se tiverem dúvidas.

6. **Discuta eventos atuais.** Se seus filhos têm *grandes* ideias sobre o mundo, as refeições em família podem ser um lugar seguro para discuti-las. Incentive as crianças mais velhas a virem para a refeição com um tópico a ser discutido e deixe-as praticar a condução da conversa. Faça da mesa do jantar — ou do almoço, ou do café da manhã —

um espaço seguro para debates, discussões animadas e fluxo aberto de ideias. Faça perguntas que levem seus filhos a falar, para que você possa descobrir mais sobre o que eles têm curiosidade, onde obtêm informações e como processam o mundo ao redor deles.

Sessão de perguntas e respostas

Pergunta: Meu filho quer preparar seus próprios pãezinhos no forno elétrico, mas tenho medo de que ele se queime. Como posso decidir quando ele está pronto?

Resposta: A parentalidade que apoia a autonomia nos lembra de que devemos deixar as crianças fazerem por si mesmas o que já são capazes fazer e ensinar e modelar as coisas que elas ainda não conseguem. Portanto, seja para usar um forno elétrico agora, seja para utilizar o transporte público mais tarde, dê um passo para trás quando seus filhos já tiverem as habilidades e ensine e sirva de exemplo no caso de atividades que eles ainda não dominam. Mostre ao seu filho como ligar o forno com segurança e como torrar o pãozinho. Em seguida, deixe-o mostrar a você como ele faz isso. Ofereça lembretes de segurança para que ele não se queime e, em seguida, deixe-o preparar o pão sozinho.

Pergunta: Meus filhos, que estão no terceiro e no quinto ano, não estão ajudando na limpeza nem cooperando com a casa. Quando eu grito com eles por isso, eles podem até fazer algo de má vontade uma vez, mas é só. Não tenho energia para continuar insistindo com eles. Quero que eles tenham algum senso de autonomia e que façam escolhas por si mesmos, mas como devo agir para que façam alguma coisa? Eu simplesmente os deixo sozinhos?

Resposta: Você não precisa ficar cobrando para ter expectativas claras. Essas crianças têm oito e dez anos de idade, e você pode planejar com antecedência. Sente-se com eles e diga: "Temos um problema. Vocês não têm sido legais em relação a ajudar na casa. Precisamos encontrar uma solução que funcione para todos nós. Mas a solução não é deixar suas coisas espalhadas por toda parte. Então, vamos resolver isso juntos" (***Relacionamento, Regras***).

Tarefas por idade

As tarefas podem ser uma ótima maneira de as crianças sentirem que estão contribuindo com a casa, mas também as treinam para a vida no mundo exterior — seja oferecendo-se para lavar a louça na casa de um amigo, seja desenvolvendo as habilidades para uma vida independente. Das tarefas que seu filho é capaz de fazer, peça que ele escolha uma ou duas das quais ficará encarregado. As crianças podem ter tarefas fixas ou vocês podem criar uma pilha de cartões com tarefas para a família sortear a cada semana — ou até usar uma roleta de tarefas.

Tarefas para crianças pequenas: a maioria dos bebês adora ajudar seus pais e cuidadores, mas eles precisam de supervisão e orientação. Algumas tarefas excelentes para crianças pequenas incluem guardar os brinquedos, ajudar a colocar as roupas no cesto de roupa suja ou varrer uma pequena área e usar uma pá de lixo.

Tarefas para crianças em idade pré-escolar: as crianças em idade pré-escolar geralmente podem fazer as mesmas tarefas que faziam quando eram pequenas, mas precisam de menos supervisão. Nessa idade, elas podem começar a fazer suas próprias camas, regar as plantas e arrancar ervas daninhas, separar a roupa suja ou tirar o pó dos móveis.

Tarefas para crianças em idade escolar: quando as crianças estão na idade escolar, elas podem assumir muito mais responsabilidades, mas também podem começar a reclamar disso. Isso é apenas o início de um senso de independência, e não há problema em manter suas expectativas estáveis durante a rebeldia. Crianças de seis a dez anos podem passar aspirador de pó, varrer as folhas, varrer o chão, limpar o quarto, preparar lanches para si mesmas e guardar as compras.

Tarefas para pré-adolescentes: os pré-adolescentes e adolescentes devem ser capazes de fazer várias coisas na casa, desde lavar roupa e louça até levar o lixo para fora ou tomar conta dos irmãos mais novos quando você estiver em casa.

As crianças geralmente são capazes de muito mais do que os pais imaginam. Quando suas solicitações forem atendidas com resistência, aposte na oferta de escolhas e em expectativas claras: você quer lavar a louça ou separar a roupa?

Deixe seu filho criar uma "lista de liberdades"

Quando uma das minhas filhas e eu nos vemos presas na tensão entre a liberdade que elas desejam e o meu controle parental, peço um momento para nos reagruparmos. Sugiro que resolvamos o problema com uma "lista de liberdades".

Para nós, essa lista é uma maneira de falar sobre as liberdades desejadas, o comportamento consistente e a crescente autonomia delas. Esse não é um processo que ocorre de um dia para o outro, mas, usando o passo a passo a seguir, você pode guiar seu filho pelas responsabilidades que vêm com a independência.

1. Diga ao seu filho que você percebeu que ele tem mais desejos do que é permitido e sugira uma conversa individual para encontrar soluções.
2. Faça uma lista de todas as liberdades que ele deseja. As crianças pequenas podem precisar de ajuda com sugestões, mas é provável que as mais velhas já as tenham em mente. Exemplos são: dormir mais tarde, ir a uma determinada festa ou evento, ir sozinho para a escola ou para a casa de um amigo, poder fazer o próprio café da manhã e assim por diante.
3. Organize a lista na ordem do que é possível agora, seguido do que precisa ser deixado para depois.
4. Expresse seu entusiasmo por seus filhos terem mais liberdade e assumirem mais independência. Junte-se a eles para imaginar como essa independência será divertida e como eles se sentirão. Isso o torna um colaborador, não um opositor.
5. Relacione as liberdades à prontidão. Fale sobre as habilidades que seu filho pode desenvolver, as escolhas que ele pode fazer para ter mais liberdades e o que ele precisa fazer para mostrar que está pronto.

Transmita otimismo quanto à capacidade dele de alcançar todas as liberdades desejadas e enfrente os desafios com confiança e positividade. Vocês estão no mesmo time.

6. Lembre-se: não se trata de uma luta por poder ou controle. Trata-se de ajudá-los a aprender as habilidades necessárias para assumir cada vez mais responsabilidades.

A prática gera progresso

Sei que é mais fácil falar do que fazer, mas a prática leva ao progresso. Escolha apenas consequências que você possa aplicar. Faça com que as consequências sejam justas e adequadas. Faça uma ***Reparação*** (um dos Cinco *Rs*) após um conflito. Evite se retirar ou partir para o tratamento de silêncio. E lembre-se: as ***Reparações*** aprofundam o ***Relacionamento*** que você tem com seu filho.

Se você interveio quando seu filho estava em perigo, se fez uma pausa para responder com equilíbrio e intenção, se deu permissão a si mesmo para ser pai/mãe, se foi claro quanto às suas expectativas e ao mesmo tempo honrou os sentimentos, se fez algum esforço para evitar a escalada para um desentendimento quando possível, se tentou entender o desenvolvimento moral de seu filho conforme a idade, se ofereceu empatia e conexão, se evitou punições físicas em favor de consequências conectadas e disciplina indutiva, então você está dominando essa coisa de parentalidade! Se você conseguiu ser o pai ou a mãe que gostaria de ser *na maioria das vezes*, você é um craque. Esse trabalho não é fácil.

EXERCÍCIO DE RELACIONAMENTO

Veja a pipa voar para longe

É claro que todos nós temos algum grau de envolvimento na alimentação de nossos filhos e em quanto tempo de nossas vidas vamos passar literalmente limpando suas bundas. Nós os amamos e queremos que eles prosperem. Nós os amamos e não gostamos do cheiro de urina nos carpetes.

Nossas preocupações também estão ligadas ao nosso DNA, às nossas próprias histórias e às nossas preocupações naturais sobre o que as pessoas na mesa ao lado vão pensar. Esse exercício de atenção plena é mais um experimento mental que nos permite praticar como seria se não tivéssemos nenhum envolvimento. Ele nos ajuda a amenizar o grau de envolvimento que temos. Aprendi esse exercício com um cliente que cresceu na The Farm, uma comuna em Summertown, Tennessee, e que tem origem no autor e cofundador da Farm, Stephen Gaskin.

Comece sentando-se ou deitando-se em algum lugar onde não possa ser perturbado e fique confortável pelo tempo que decidir dedicar a essa meditação. Defina o cronômetro ou o aplicativo de atenção plena para esses dois, cinco ou vinte minutos. Inspire e expire. Ajuste sua postura para obter conforto e uma sensação de estabilidade.

Agora, imagine os problemas alimentares ou de sono de seu filho e sua própria culpa — ou outras emoções relacionadas ao problema — como se fossem uma pipa. De que cor é a pipa? Qual é o formato dela? Ao imaginar isso, inspire e expire. Agora, imagine essa pipa no céu. Você está segurando a linha. Inspire e expire. Visualize-se cortando a linha. Inspire e expire. Observe a pipa flutuando e afastando-se.

CAPÍTULO 10

A ciência do sono

Obtendo o suficiente do melhor remédio

Sono que acalma todas as nossas preocupações. Sono que encerra o dia. Sono que alivia o trabalhador cansado e cura as mentes feridas.

WILLIAM SHAKESPEARE, *MACBETH*

As crianças passam até metade de seus primeiros anos dormindo. Tanta magia do desenvolvimento acontece quando dormimos! Com o aumento da atenção das políticas públicas voltadas para a educação infantil nos dias de hoje, pesquisadores estão examinando essa necessidade de desenvolvimento. As crianças devem passar mais tempo aprendendo na sala de aula ou dormindo? A resposta, muitas vezes, pode ser dormindo, pois os pesquisadores estão descobrindo que os cochilos significam melhor desenvolvimento da rede de memória e armazenamento mais eficiente da memória (mas esses benefícios são observados somente depois que as crianças dormem o suficiente durante a noite!).

Os hábitos saudáveis de sono que nossos filhos aprendem antes dos dezoito anos podem ser úteis para o resto de suas vidas. E se eles tiverem adotado algum padrão não saudável, nunca é tarde demais para fazer o trabalho de corrigi-lo, de modo que todos possam ter o descanso de que precisam.

A coisa mais importante que posso dizer sobre o sono é que é importante *que* as crianças tenham um sono consolidado, mas não importa realmente *onde* elas tenham esse sono. Embora haja alguns perigos ligeiramente maiores associados ao compartilhamento de cama, não há realmente nenhuma diferença entre dormir junto, dormir sozinho em um quarto ou ter uma cama no canto da sala de estar, desde que as luzes possam ser diminuídas e as crianças possam ter o silêncio de que precisam para adormecer.

Há muita controvérsia sobre como fazer com que nossos filhos mais novos durmam a noite toda — treinar para dormir ou não treinar para dormir? —, portanto, vamos eliminar esse ruído também: em termos de psicologia do desenvolvimento, isso não importa. Você precisa fazer o que funciona para a sua família. Muitos dos meus clientes deixam seus bebês maiores "chorarem até dormir" por algumas noites, e é assim que essas crianças passam a dormir a noite inteira na maioria das noites. É verdade que isso é estressante tanto para os pais quanto para o bebê, mas é um estresse temporário no contexto de uma família acolhedora, amorosa e receptiva.

Às vezes, essa abordagem é erroneamente comparada a outras experiências, em que bebês são negligenciados em situações mais crônicas e prejudiciais. Essas comparações simplesmente não são apropriadas e representam apenas mais fardos desnecessários impostos aos pais, principalmente às mães, que provavelmente estarão mais presentes, mais sintonizadas e mais funcionais quando o bebê estiver dormindo a noite toda.

Se essa situação ainda parecer desconfortável, você pode evitá-la e ainda assim ajudar o bebê a aprender a dormir. Para deixar claro, não estamos falando de horas de choro por várias noites seguidas; se o choro durar tanto tempo assim, é sinal de que seu bebê não está pronto para isso ou não está necessariamente preparado para esse tipo de aprendizado do sono. Mas pais bem descansados merecem prioridade. Você precisa fazer o que funciona melhor para a sua família e não deixar que nenhuma opinião externa o pressione a fazer outra coisa.

Sono por idade

Sabemos que dormir o suficiente é fundamental para o desenvolvimento do cérebro, a saúde física e mental, a memória, o humor e o comportamento — mas quanto sono é suficiente?

A National Sleep Foundation oferece as seguintes diretrizes para o número total de horas que os seres humanos normalmente devem dormir em cada período de 24 horas. Observe que são faixas, e não números exatos:

Recém-nascido (zero a três meses de idade): quatorze a dezessete horas

Bebê (quatro a onze meses de idade): doze a quinze horas

Criança pequena (um a dois anos de idade): onze a quatorze horas

Criança em idade pré-escolar (três a cinco anos de idade): dez a treze horas

Criança em idade escolar (seis a treze anos de idade): nove a onze horas

Adolescente (quatorze a dezessete anos de idade): oito a dez horas

Adulto (dezoito anos ou mais): sete a nove horas

Os recém-nascidos dormem muito

O cérebro dos recém-nascidos está crescendo tão rápido que é literalmente exaustivo — mais de um milhão de novas conexões neurais por segundo! Isso pode parecer um *jet lag* cósmico para o cuidador, portanto, seja gentil consigo mesmo. A maioria dos bebês precisa dormir a cada duas horas nos primeiros meses, e é fácil confundir os sinais de sono com fome ou tédio. Se o seu bebê parece estar desligado, com um olhar distante, puxando as orelhas, esfregando os olhos ou chorando de repente, ele está cansado. É hora de desacelerar e iniciar a rotina do sono, independentemente do fato de ele ter acordado há pouco tempo.

Depois que o bebê adormece, é normal que ele consiga dormir com ruídos muito altos, como aspirador de pó e até sirenes, e é normal que ele se contorça e sorria enquanto sonha com tudo o que os recém-nascidos sonham.

Durante esses primeiros meses, os bebês dormem ao longo do dia, por minutos ou horas seguidas, com seus ciclos de sono-vigília relacionados com a necessidade de serem alimentados, trocados e cuidados — sem relação alguma com o fato de ser dia ou noite na cidade em que a cegonha os deixou nem com o fato de você estar no limite do cansaço. Os ritmos circadianos humanos, ou o ciclo sono-vigília, são regulados pela luz e pela escuridão e levam tempo para se desenvolver, portanto, os horários irregulares de sono do seu bebê são normais e passarão. Com seis semanas, os bebês devem começar a distinguir entre o dia e a noite.

Você pode começar a ajudar seu recém-nascido a distinguir o dia da noite ao permitir que ele durma em um quarto com as cortinas abertas e com sons típicos do dia e, depois, certificando-se de que o ambiente à noite seja mais silencioso e escuro, com menos atividade. Você também pode fazer com que a interação noturna durante a alimentação e a troca de fraldas seja bastante limitada e desinteressante, para que seu bebê comece a perceber que você não vai dar uma festa com música dançante *todas* as noites.

Nesses primeiros meses, ofereça ao seu bebê todo o conforto que ele precisar para conseguir dormir. Os bebês dessa idade não ficarão "mimados" e são muito jovens para o treinamento do sono. A irritabilidade e o sono fora de sincronia tendem a atingir o pico por volta de seis semanas de idade, e é especialmente importante durante esse período ser gentil consigo mesmo, como pai ou mãe, para poder ser gentil com seu bebê. Por volta de dez a doze semanas de idade, os ritmos circadianos começam a se desenvolver, e muitos pais podem começar a enxergar uma luz no fim do túnel da privação de sono.

Bebês de quatro a seis meses de idade ainda dormem muito

Os bebês dessa idade continuarão a ficar sonolentos depois de acordados por um período que pode parecer relativamente curto. Eles tiram cerca de três cochilos por dia. É completamente normal que os bebês dessa idade acordem durante a noite, por causa das mamadas noturnas, da ansiedade de separação, que geralmente começa por volta dos seis meses de idade, ou de marcos do desenvolvimento, como a capacidade de rolar.

Quando o bebê começar a rolar e conseguir ficar de barriga para baixo, por volta dos quatro ou cinco meses de idade, você ainda deverá colocá-lo de costas antes de dormir, mas não precisará virá-lo continuamente durante a noite. Nesse ponto, você pode começar a fazer o "treinamento do sono", se quiser ou precisar que o bebê comece a dormir a noite toda sem você.

Uma programação típica para bebês de quatro a seis meses de idade pode ser parecida com a seguinte (mas, se não for assim, não entre em pânico; há uma grande variação entre os bebês):

7 horas	Acordar
9 horas	Cochilo
12 horas	Cochilo
16 horas	Cochilo
18-20 horas	Hora de dormir

Se você tiver apenas um filho e for flexível, o horário também pode ser flexível, mudando de acordo com os sinais de sono do seu bebê; no entanto, se tiver gêmeos ou precisar administrar uma rotina mais rígida em relação ao tempo, não há problema em cronometrar a hora da soneca a partir desse ponto.

Dormir a noite toda aos sete meses

Entre sete meses e um ano, a maioria dos bebês pode começar a dormir a noite toda sem alimentação noturna — mesmo os bebês amamentados no peito. Uma programação típica para bebês de sete a doze meses de idade pode ser mais ou menos assim:

7 horas	Acordar
10 horas	Cochilo
14 horas	Cochilo
18-20 horas	Hora de dormir

Nessa idade, os cochilos diurnos podem ser curtos, de até quarenta e cinco minutos, mas, se não for necessário acordar o bebê, não há problema em deixá-lo dormir por até três horas seguidas durante o dia. A neurociência nos diz que o sono durante os cochilos é uma parte essencial do desenvolvimento do cérebro, e muitos estudos demonstraram que os cochilos diurnos dos bebês são benéficos para o aprendizado de idiomas e a memória.

Evite manter seu bebê acordado na esperança de que ele durma a noite toda. Quando os bebês não têm a oportunidade de dormir durante o dia, eles ficam cansados demais, às vezes expressando isso em uma espécie de vibração hiperativa ou maníaca do tipo "*Não estou cansado!*", o que, na verdade, dificulta que eles consigam adormecer na hora de dormir e que durmam a noite toda. Como diz o Dr. Marc Weissbluth, sono gera sono.

Transições de cochilos para crianças pequenas

Em algum momento entre quinze e dezoito meses, a maioria dos bebês passa de dois cochilos por dia para apenas um. As crianças devem continuar a tirar pelo menos um cochilo por dia até os três anos de idade, e algumas continuarão a tirar cochilos até por volta dos cinco anos.

Observe os sinais do seu filho para saber quando é hora de passar de dois cochilos para um. Algumas crianças deixam de adormecer facilmente na soneca da manhã, e acabamos empurrando esse horário para cada vez mais tarde, até que realmente não há tempo para a soneca da tarde. Algumas crianças cochilam facilmente pela manhã, mas ficam menos cansadas à tarde. Outras continuam cansadas e cochilam duas vezes por dia, mas não parecem cansadas à noite, o que resulta em uma hora de dormir posterior às 20h. Todos esses são sinais de que é hora de mudar para apenas um cochilo durante o dia — geralmente por volta do meio-dia, por uma hora e meia a três horas.

Embora muitas crianças de três a cinco anos ainda possam estar cochilando com sucesso, problemas com o atraso na hora de dormir — depois das 20h — podem significar que é hora de eliminar completamente o cochilo diurno, permitindo um sono mais consolidado à noite. Dito isso, as pesquisas mostram que os bebês geralmente deixam de tirar cochilos quando o hipocampo está mais desenvolvido, e isso pode ocorrer em idades diferentes para cada criança. Se para sua família dá certo deixar que seu filho conduza seus próprios horários de cochilo, por mim tudo bem.

Três anos de idade e a transição para uma cama de "criança grande"

A mudança do berço para uma cama de "criança grande"— ou como você preferir chamá-la em sua família — é mais adequada por volta dos três anos de idade. A razão para isso é que as crianças com menos de três anos normalmente não têm controle de impulso suficiente para seguir as regras de ficar em suas próprias camas e não possuem necessariamente as habilidades linguísticas para entender as instruções de aguardar na cama até que um adulto venha buscá-las (em vez de entrar no quarto do adulto a qualquer momento).

Fazer essa transição muito cedo pode resultar em uma série de problemas na hora de dormir e preocupações com a segurança. Portanto, mantenha os bebês no berço, se possível. Para a maioria das soluções e estratégias relacionadas ao sono, você pode se apoiar em abordagens que respondam ao comportamento noturno e à conexão durante o dia.

Crianças em idade escolar se dão melhor com a rotina

À medida que as crianças crescem, continue se apoiando em uma rotina para a hora de dormir, mesmo que essa rotina mude. Talvez você passe da leitura para seu filho para a leitura de seus próprios livros ao lado dele. Talvez, após o banho, você passe algum tempo com seu filho antes de apagar as luzes, conversando sobre assuntos leves, que não o perturbem nem o excitem. Talvez você ouça música.

Não há problema em usar uma luz noturna, mas certifique-se de que as luzes sejam fracas à noite e que os quartos não estejam muito quentes ou muito frios. Programe um despertador para acordar de manhã.

Os pré-adolescentes dormem mais

Ao atingirem a puberdade, os padrões de sono podem mudar. Quando as crianças passam por um novo estágio de desenvolvimento da maturação cognitiva, elas podem até dormir mais do que dormiam durante os anos da escola primária.

Seu filho pré-adolescente também pode querer dormir mais durante as manhãs e ficar acordado até mais tarde à noite, mesmo que o horário em que ele precisa acordar para ir à escola não tenha mudado. É importante estabelecer limites claros, como o horário em que os dispositivos eletrônicos e as luzes devem ser ligados e desligados.

Mantenha seu filho ativo durante o dia, mas evite exercícios extenuantes antes de dormir. Tente não programar muitas atividades, especialmente à noite. Certifique-se de que seu filho evita bebidas com cafeína, como refrigerantes, energéticos, café e chá — especialmente à tarde e à noite. Evite refeições pesadas antes de dormir. Seu filho adolescente não deve ir para a cama com fome, mas um lanche leve é uma opção melhor para o final do dia.

Certifique-se de remover as telas do quarto. Sabemos que a luz das telas entre 23h e 4h reduz a dopamina, atrapalha a concentração e, de modo geral, prejudica nossa capacidade de ter uma boa noite de sono. O ideal é que todos em casa deixem de lado os telefones e as telas à noite para dormir melhor. Sabemos que as telas nos chamam; então por que não remover o culpado mais óbvio?

Defina um despertador para o horário de acordar de manhã. Se seus filhos gostam de dormir até mais tarde nos dias em que não têm escola ou outras atividades matinais, não se preocupe com isso. Mas se você perceber que eles têm dificuldade para se adaptar ao horário de acordar para a escola durante a semana, você pode limitar o tempo de sono extra a duas horas. Se as crianças precisam acordar às 6h30 para ir à escola nos dias de semana, por exemplo, faça com que elas acordem às 8h30 aos finais de semana. Por outro lado, se elas parecem estar se desenvolvendo bem e estão bem descansadas, não há problema em deixá-las dormir até a hora que quiserem. As soluções mais estruturadas são para as crianças que não estão dormindo adequadamente — e você sabe quem são elas.

Sessão de perguntas e respostas

Pergunta: Meu bebê adormece rapidamente quando estou com o aparelho de ruído branco ligado. Isso prejudicará a audição dele ou causará outros problemas a longo prazo?

Resposta: Seu bebê é como a maioria nesse caso. Em um estudo randomizado, 80% dos bebês expostos ao ruído branco adormeceram em cinco minutos, enquanto apenas 25% adormeceram tão rapidamente sem ele. Em outro estudo, o ruído branco superou significativamente o ato de embalar no colo como forma de acalmar bebês com cólicas. Dito isso, usando um aplicativo de ruído branco ou um aparelho, é melhor manter os níveis na faixa de setenta a setenta e cinco decibéis. Para conseguir isso, talvez seja melhor manter o aparelho de ruído branco do outro lado da sala, em vez de bem ao lado do berço. Você também pode fazer o *download* de um aplicativo que monitora o nível de som para medir os decibéis. É muito divertido!

As crianças precisam de previsibilidade, não de rigidez

Sofia queria que seus filhos fossem flexíveis, então ela os deixava ficar acordados quando recebiam visitas, mas não quando estavam só em família. Isso funcionou com o filho mais velho, mas seu segundo filho não conseguia entender que as ***Regras*** mudavam a cada noite. Ele ficava agitado quando se mantinha acordado depois do horário normal de dormir e não entendia por que não podia ficar acordado até um pouco mais tarde quando sentia vontade. Isso remete à sólida ciência por trás da parentalidade autoritativa. A paternidade permissiva — que pode parecer uma flexibilidade forçada — não tende a funcionar tão bem. A rigidez, por outro lado, está associada à paternidade autoritária. Estamos procurando aquele ponto ideal da Cachinhos Dourados, o meio-termo. Em caso de dúvida, mantenha uma hora de dormir consistente. Mesmo que nem sempre os horários possam ser consistentes, deixe-os previsíveis. Deixe que seus filhos aprendam a confiar em sua firmeza. Para as crianças mais sensíveis do ponto de vista biológico, ajude-as a progredir oferecendo apoio.

O excesso de acomodação só aumenta a ansiedade

Abby me procurou porque sua filha de sete anos estava tendo dificuldade para dormir se ela dormisse primeiro. A filha havia criado várias barreiras diferentes para adormecer — por exemplo, ela precisava de certas portas abertas, depois insistia que precisava da mãe no quarto com ela e, agora, precisava que a Abby estivesse no quarto com os olhos abertos. Abby queria ajudar, então se esforçava para garantir que seus olhos ficassem abertos, mas a filha começava a chorar se ela acidentalmente adormecesse primeiro.

Embora a intenção de Abby ao atender às solicitações da filha viesse de um lugar de amor, permitir que o processo atrapalhasse sua própria necessidade de sono acabou transformando a hora de dormir naquilo que os psicólogos chamam de "acomodação" — e a acomodação pode, na verdade, aumentar a ansiedade. O programa SPACE (Supportive Parenting for Anxious Childhood Emotions), do Yale Child Study Center, enfatiza que os pais podem responder de forma mais solidária aos filhos com menos acomodações. O outro extremo seria a rejeição, que também aumenta a ansiedade; portanto, como sempre, o que estamos procurando é um meio-termo entre esses dois extremos.

Perguntei à Abby o que acontece com ela quando a filha fica triste, e ela disse: "Sinto medo por ela estar sentindo emoções tão intensas". Eu a desafiei a pensar se não seria útil para a filha descobrir que a mãe não tem medo da tristeza dela porque sabe que um sentimento triste é algo temporário e controlável. Depois de um pouco de ***Reflexão***, Abby compartilhou que ela mesma tinha medo de praticamente todos os sentimentos intensos e que faria quase qualquer coisa para garantir que eles fossem embora, mas concordou em parar de fazer as adaptações que não estavam funcionando — e que, na verdade, estavam apenas levando à necessidade de outras adaptações.

Em vez disso, ela ajudaria a filha oferecendo-lhe uma "caixa de conforto", repleta de fotos que a faziam sorrir, um diário e uma camiseta macia que pertencia a Abby. Ela concordou que poderia conversar com a filha sobre o fato de que não há problema se ela precisar chorar um pouco para colocar para fora os sentimentos tristes, mas que todos precisam dormir mais.

Dicas para dormir: solução de problemas

Use estas dicas de sono se elas facilitarem sua vida. Se o que está fazendo já funciona para você, continue assim e pule esta parte.

Em caso de dúvida, adiante a hora de dormir

Muitos bebês e crianças pequenas ficam muito agitados, frustrados e até inconsoláveis no final do dia — a temida "hora da bruxa". Quando um bebê está muito cansado, seu corpo, assim como o nosso, produz uma variedade de hormônios para se manter acordado. Quando ele apresenta níveis elevados desses hormônios, é mais difícil acalmá-lo para dormir, e é mais provável que ele tenha episódios de choro intenso. Quando isso acontece, significa que já perdemos a janela do sono e esse débito de sono acumulado pode ter um impacto sobre os horários e o comportamento do bebê. Se isso estiver acontecendo em sua família, adiante o horário de dormir, de acordo com o início da "hora da bruxa".

Procure sinais precoces de sono

Colocar uma criança para dormir mais tarde à noite não fará com que ela durma até mais tarde pela manhã. Vale a pena repetir: quando os bebês estão cansados demais, seus corpos, assim como o nosso, produzem uma variedade de hormônios para se manterem acordados. Essa resposta natural torna mais difícil para o bebê pegar no sono.

Evite cansar demais o bebê na esperança de aumentar a duração ou melhorar a qualidade do sono. Isso vai contra o instinto de muitos pais de que as crianças devem ser "cansadas" ou obrigadas a dormir mais tarde à noite, em uma tentativa de dormir até mais tarde pela manhã. Em vez disso, procure sinais precoces de sono e evite exaurir seu bebê intencionalmente.

Mantenha as noites calmas e tranquilas

Sempre que possível, mantenha o quarto onde os bebês e as crianças dormem escuro, calmo e silencioso durante a noite. Isso pode ajudar a evitar estímulos excessivos ou que as crianças fiquem muito alertas ao mamarem ou na troca da fralda durante a noite. Os benefícios de todos terem um espaço escuro e silencioso para dormir — inclusive adultos e irmãos mais velhos — são reais. Nosso sono fica mais profundo e consolidado.

Considere repensar o uso da TV durante a noite, bem como luzes noturnas brilhantes, ruídos que distraem ou dispositivos. Você pode até experimentar usar um aplicativo gratuito de ruído branco no seu telefone, embora o ideal seja adquirir um aparelho de ruído branco para evitar ter um telefone no quarto, mesmo quando você controla seu uso.

Tenha uma rotina para a hora de dormir

As crianças adoram rotinas, mesmo que elas pareçam entediantes para os adultos. Pesquisas já demonstraram que ter uma rotina consistente na hora de dormir está relacionado a um sono melhor e a um comportamento melhor. Desenvolva uma rotina que inclua três ou quatro etapas relaxantes, como tomar banho, vestir o pijama, alimentar-se e ler um livro — e faça essas etapas na mesma ordem todas as noites.

O conteúdo da rotina não é importante, mas a consistência ajuda as crianças a aprenderem a prever o que acontecerá em seguida. Isso envia um sinal ao cérebro delas de que é hora de dormir e as ajuda a se sentirem seguras e no controle de seu mundo. E isso vale não apenas para bebês e crianças pequenas, mas também para os filhos mais velhos. Encontrar uma rotina relaxante para a hora de dormir é ótimo para todos. Essa rotina pode evoluir com a idade e, no caso dos pré-adolescentes, pode incluir alguns rituais de higiene e outros hábitos que eles associem à noite, mesmo que você não esteja envolvido.

Faça as crianças irem para a cama sonolentas, mas acordadas

Quando colocamos bebês e crianças pequenas para dormir sonolentos, mas acordados, damos a eles a chance de aprender a se acalmar e adormecer de modo independente. Se elas não dependerem de nós para adormecer, é menos provável que precisem de ajuda no meio da noite, quando inevitavelmente acordarem.

Esta dica tem o objetivo de ser útil, mas, se você preferir embalar seu bebê para dormir, abraçá-lo e adormecer junto com ele, não há absolutamente nada de errado nisso também. No entanto, será mais difícil fazer com que ele adormeça sozinho caso você se canse desse processo; esteja preparado para lidar com esse desafio quando ele for um pouco mais velho e todos se sentirem mais confortáveis.

Evite a dependência de movimentos

Dormir em movimento, como em um carrinho de bebê ou no carro, pode tornar a criança dependente desse movimento para dormir. É claro que a vida acontece e um cochilo ocasional em movimento não é nada de mais; no entanto, se a maioria dos cochilos do bebê ocorrer em movimento, isso poderá prejudicar sua capacidade de aprender a se acalmar sozinho mais tarde.

Uma observação sobre dormir junto e compartilhar o quarto

Sabemos que o sono consolidado é importante para crianças de todas as idades. Após a fase de bebê, não importa realmente onde esse sono acontece, mas compartilhar a cama com um recém-nascido pode ser um pouco mais perigoso do que deixá-lo dormir em seu próprio berço ou moisés. A American Academy of Pediatrics (Academia Americana de Pediatria) recomenda compartilhar o quarto, mas não a cama, durante o primeiro ano; reconhece, porém, que culturas diferentes e preferências dos pais podem significar compartilhar a cama. Em determinadas circunstâncias, o compartilhamento da cama é mais perigoso, por exemplo, se alguém na cama tiver usado drogas ou álcool.

Onde quer que seu bebê durma, coloque-o de costas e certifique-se de que a área em sua volta esteja livre de cobertores, bichos de pelúcia, travesseiros e pessoas embriagadas.

Não importa se seu filho dorme em um berço acoplado à cama dos pais, em outro cômodo, em seu próprio berço, ou se divide o quarto com um irmão; o sono consolidado é muito mais importante do que o local onde ele dorme — e, exceto por questões de segurança, qualquer pessoa que lhe diga que o local onde seu filho dorme afetará seu desenvolvimento ou a relação de apego não está lhe dando uma opinião científica. Continuo repetindo isso porque há muita desinformação por aí e quero que fique claro: essas escolhas de procedimento não estão associadas ao relacionamento de apego.

Acordar durante a noite é normal

É comum que pessoas de todas as idades acordem várias vezes em uma noite. A maioria dos adultos aprendeu a voltar a dormir por conta própria.

Para os bebês, o problema não é o fato de acordarem, o que é natural e esperado, mas sim a incapacidade de voltar a dormir sem ajuda. No meio da noite, eles procuram o mesmo ambiente em que adormeceram no início da noite. Se foram embalados para dormir, vão querer ser embalados novamente. Se foram alimentados, vão querer se alimentar novamente. Se fizeram um longo passeio de carro, vão querer voltar para o carro.

Se eles conseguiram adormecer sem ajuda, poderão fazê-lo novamente no meio da noite — e é isso que estamos procurando. Talvez mais para sua sanidade do que para qualquer outra coisa…

Sessão de perguntas e respostas

Pergunta: Meu filho, que está no segundo ano do ensino fundamental, tem tido pesadelos, então quero começar a dormir no quarto com ele novamente. Isso ajudará ou apenas provocará uma regressão?

Resposta: É natural que você queira confortar seu filho, e fazer com que ele saiba que você se importa com os sentimentos dele é um ótimo ponto de partida, mas você não precisa mudar o local onde ele dorme (***Relacionamento, Regras***).

Todas as crianças têm sonhos e, às vezes, esses sonhos são assustadores. Os pesadelos, em particular, tendem a atingir o pico nos anos pré-escolares, quando o medo do escuro se torna comum, mas podem reaparecer durante toda a infância em períodos de mudança, quando a criança está processando um trauma, como um desastre natural, depois de assistir a um filme ou ler um livro assustador ou, às vezes, aparentemente sem motivo algum. Quando ocorrem pesadelos, é um bom momento para manter as rotinas e os rituais previsíveis e não tentar mudar as coisas (***Regras***).

Esses sonhos assustadores, como a maioria dos sonhos, acontecem durante o estágio REM do sono, quando a mente está muito ativa. Em vez de voltar a dormir junto com seu filho, a menos que você realmente queira voltar a esse estágio a longo prazo, você pode ir até ele quando acordar e tranquilizá-lo de que está ao seu lado (***Relacionamento***). Você pode colocar sua mão nas costas dele e ajudá-lo com sua calma corregulada (***Regulação***).

Nomeie o que aconteceu; você pode lembrar a seu filho que a parte assustadora do sonho não aconteceu na vida real. Você também pode lembrá-lo de que todo mundo sonha e que é natural ficar chateado quando os sonhos são assustadores. Você pode manter um "spray de monstro" ao lado da cama, para qualquer criança pequena o suficiente para acreditar na fada do dente, e mostrar ao seu filho como usá-lo para afastar os sonhos assustadores.

Por fim, você pode tentar usar uma luz noturna para mudar o clima e ajudar seu filho a voltar a dormir, para que você também possa voltar a dormir em seu próprio quarto. Você também pode criar a "caixa de coragem", uma caixa que, durante o dia, os pais e a criança podem encher com coisas que a criança considera reconfortantes — talvez uma foto do cachorro de estimação, animais fofos, a camiseta da mãe, algumas bonecas especiais, um bilhete com um mantra como "Estou seguro em casa. Meus sonhos são histórias na minha cabeça. A mamãe está em casa, meu irmão está em casa, a vovó está em casa [ou quem quer que esteja em casa — preencha a lacuna]". Converse com seu médico se os pesadelos estiverem impedindo seu filho de dormir o suficiente, mas fique tranquilo, pois, para a maioria das crianças, os pesadelos só acontecem de vez em quando.

Três dicas para estimular bons sonhos

1. **Mantenha essas rotinas.** Sei que estou sempre dizendo isso, mas a repetição é o ponto principal! Tenha um horário regular para dormir e mantenha-o sempre que possível. Tenha também rotinas regulares de sono, para que as crianças possam se acalmar antes de adormecerem. Essas rotinas na hora de dormir podem incluir um banho, um carinho, uma leitura relaxante ou uma conversa tranquila sobre os eventos agradáveis do dia.
2. **Evite filmes, programas de TV e livros assustadores logo antes de dormir.** Algumas crianças — especialmente as que têm uma imaginação maravilhosamente vívida — são mais suscetíveis a mídias assustadoras do que outras.
3. **Certifique-se de que a cama do seu filho seja tranquila e aconchegante.** Um bicho de pelúcia favorito, uma luz noturna ou um filtro dos sonhos podem ajudar.

EXERCÍCIO DE REGULAÇÃO

Relaxamento muscular progressivo

Para preparar o corpo para o sono, aumentar a atividade do sistema nervoso parassimpático — a parte do sistema nervoso responsável pela digestão e pelo descanso — pode ajudar. Para fazer isso conscientemente, pratique um exercício de relaxamento muscular progressivo.

Deite-se na cama ou em outro lugar onde possa dormir. Concentrando-se em uma parte do corpo de cada vez — em qualquer ordem que lhe pareça intuitiva, por exemplo, começando pelos dedos dos pés e subindo pelas pernas e pelo tronco, depois pelos ombros e descendo pelos braços até os punhos —, aperte e solte cada um dos músculos da parte do corpo em que está se concentrando. Você pode fazer isso sozinho ou com seus filhos, movendo-se pelo corpo com esse movimento de apertar e soltar.

Além de ajudar a relaxar no momento, estudos mostram que esse tipo de meditação de varredura corporal, quando feita todos os dias por apenas algumas semanas, melhora a qualidade do sono e diminui a irritabilidade.

CAPÍTULO 11

Uma abordagem disciplinada da disciplina

Todos os sentimentos são bem-vindos,
mas não todos os comportamentos.

Se há algo que desejamos mudar na criança,
devemos primeiro examinar e ver se não é algo
que seria melhor mudar em nós mesmos.

CARL JUNG

O significado da palavra *disciplina* é "ensinar", mas o sentimento da palavra é "punir". A ciência nos diz que a punição, em última análise, não leva à obediência, mas *ensinar* o levará a um relacionamento com seu filho que o ajudará a aprender a lidar com o mundo com mais facilidade, mais ponderação e uma melhor capacidade de se autorregular, para que ele possa parar de fazer as coisas que enlouquecem você e as que podem levá-lo a ser expulso da escola.

Quando não estabelecemos consequências, sentimos que estamos sendo permissivos, deixando que nossos filhos "passem por cima de nós" ou "escapem das coisas". No entanto, quando corrigimos demais, com consequências severas ou irracionais, corremos o risco de prejudicar nosso relacionamento com nossos filhos. Isso nos remete às evidências consistentes da ciência sobre os estilos de parentalidade: permissiva, autoritária e — aqui entra a Cachinhos Dourados — *autoritativa*, e a última é a que tem se mostrado mais eficaz em cada estudo.

Abordar a disciplina com a intenção de ensinar estabelecerá um tom mais eficaz do que abordá-la com a sensação de estar impondo uma punição. Às vezes, partir para a punição nos faz sentir temporariamente no comando, mas isso não é bom nem para nós nem para nossos filhos.

Felizmente, para todos nós, há um grande espaço entre a indulgência e a punição, e esse espaço inclui compreensão, curiosidade, barreiras, espaço para autocompaixão e ***Reparação***. Este capítulo trata de como você pode criar esse espaço.

Pausa para responder com EQUILÍBRIO

Você vai com seu filho a uma padaria do bairro para encontrar uma ou duas amigas, também com seus filhos a tiracolo. Você está ansiosa para tomar um café e conversar sobre a última leitura do clube do livro ou debater se os jeans skinny vão sair de moda para sempre. Você acha que as crianças vão se entreter sozinhas. Escolheu um local com uma pequena área de recreação nos fundos, com um conjunto de trens de madeira e algumas Barbies sem cabeça. Você pede seu cappuccino e sua torta, encontra uma mesa e abre espaço para as outras.

É aí que acontece: seu filho decide se jogar no chão sujo e ter uma crise. Não houve nenhum aviso prévio, mas, de qualquer forma, você se sente meio constrangida e meio irritada. E, naquele momento, você não tem ideia do que fazer.

Não importa se seu filho tem dois anos e meio e está tendo um ataque de birra em público ou se é um adolescente desinteressado que está vidrado no celular durante o jantar em família; a característica consistente aqui é mais do que apenas crianças que se comportam "mal". A questão é o desafio implacável que os pais enfrentam, tentando responder à pergunta: qual é a minha função aqui?

Quando você sentir seu sistema nervoso entrar em ação, empurrando-o para uma resposta de luta ou fuga ou de congelamento, respire fundo. Quando *houver* perigo imediato, como correr para a rua, não só é perdoável levantar a voz como também é provavelmente necessário. Mas se não houver derramamento de sangue ou perigo imediato, você pode seguir os sete passos que formam a palavra BALANCE (EQUILÍBRIO, em português).

***Breathe* (respire):** lembre-se, que há uma rica neurociência por trás do poder da respiração — e, não, você não pode pular essa etapa. Respire fundo. Ensinar seu filho a se comportar a partir de um lugar calmo também significa dar o exemplo, utilizando esse método rápido para alcançar esse estado.

***A**cknowledge your own baggage* **(reconheça sua própria bagagem emocional):** pergunte a si mesmo: "O que este momento significa para mim?". Por exemplo, sua culpa, raiva, frustração ou vergonha é o filtro pelo qual você está vendo o comportamento do seu filho? Você consegue separar seus sentimentos sobre o comportamento da criança de seus sentimentos sobre como esse comportamento se reflete em você? Talvez você esteja sentindo uma enxurrada de lembranças de como foi tratado quando criança, e o instinto natural é compensar isso de forma exagerada. Sem julgamentos aqui. Você pode apenas refletir — e deixar isso de lado por enquanto.

***L**et it go* **(deixe para lá):** deixe as lições mais abrangentes para depois. Nem você nem seu filho vão conseguir absorver as lições de grande importância nesse momento.

***A**ssess the present moment* **(avalie o momento presente):** avalie o estado de espírito de seu filho — calmo, curioso, frenético, perturbado?

***N**otice* **(observe):** observe o que está acontecendo com o corpo do seu filho. Pergunte a si mesmo o que ele está tentando lhe dizer — o comportamento é um dado.

***C**onnect* **(conecte-se):** mostre ao seu filho que você o está enxergando e que deseja ter um momento de conexão com ele. Se ele não quiser nada com você, você pode se conectar por meio da sua respiração e da forma como o seu sistema nervoso compassivo e curioso permeia o espaço.

***E**ngage* **(envolver-se):** agora que você está em equilíbrio, pode decidir em qual resposta quer se empenhar. Quer pegar o bebê no colo e acalmá-lo? Ótimo. Agora você pode corregular com ele a partir de seu estado regulado. Quer distraí-lo? Também é bom. Você sabe como ele reage melhor nesses momentos. Quer lembrá-lo de que a mesa de jantar é uma zona livre de telefones e que a consequência pode ser a perda do acesso ao telefone pelo menos durante aquela refeição? Ótimo. Prefere deixar para lá e se preocupar com toda essa questão de parentalidade no dia seguinte? Também está bom.

Quando você adquire o hábito de reagir a partir desse lugar regulado e equilibrado, a clareza virá em seguida. O que quer que você decida fazer — quer acabe "funcionando", quer não —, você o fará a partir de um ponto de intenção, e isso fortalecerá o relacionamento com seu filho. Sabemos que essas sete etapas, apoiadas pela ciência, atuam nos mecanismos do cérebro e do corpo para que possamos gerenciar melhor os cenários de tensão.

Dê a si mesmo permissão para exercer a parentalidade

Lin me procurou, resignada com o caos em sua casa. Ela havia dado celulares aos seus filhos, que estavam no quarto e no quinto ano, e, na verdade, não sabia com quem eles estavam falando naquele momento. As professoras das crianças haviam começado a atribuir tarefas de casa no ano anterior, mas a família não havia estabelecido um horário ou um local para que eles fizessem as tarefas. Lin queria conversar sobre alguns limites para o futuro, mas, quando perguntei sobre o que já não estava funcionando, ela deu de ombros: "Acho que esse navio já zarpou".

Lembrei-a gentilmente de que ela podia mudar de ideia, virar o barco e estabelecer novas expectativas. Às vezes, achamos que todos estão prontos para algo novo e, no fim das contas, não estão; as crianças não estavam prontas para administrar o tempo de uso do celular e da lição de casa, e Lin não estava pronta para monitorar isso. Não há problema em parar e reavaliar.

Lin suspirou. "Não tenho certeza se meus filhos vão me deixar fazer isso."

Na verdade, ouço essa frase com muita frequência, e espero que os pais parem de repeti-la. Se você se pegar dizendo que seu filho não *o deixa* ser pai ou mãe, pergunte a si mesmo o que quer dizer com isso. Você quer dizer fisicamente? Seus filhos estão imobilizando você? Ou você quer dizer que seu filho não se aproxima de você com um sorriso no rosto? O que você quer dizer com isso?

Nunca é tarde demais para implementar ***Regras*** — ou seja, fronteiras e limites apropriados —, mas também pode ser hora de se sentir confortável em ser o vilão. Enquanto seus filhos estiverem morando com você ou passando um tempo significativo com você, esse navio certamente não zarpou. Pode até ser o momento de se perguntar se dizer que é tarde demais realmente significa "Não me sinto confortável em lidar com as reações e os sentimentos extremos que virão de meus filhos, portanto, para me manter confortável, vou simplesmente aceitar a derrota".

Pratique dizer "não" na frente do espelho. Qual é a sensação desse não em seu corpo? Pratique manter sua posição — vai ficar mais fácil!

Seja claro com relação às expectativas

Estabelecer limites apropriados significa deixar claras suas expectativas em relação ao comportamento de seu filho. Um exemplo de expectativa é um pai dizer ao filho para não encostar nos outros, não usar o celular à mesa de jantar ou que faltam cinco minutos para a hora de dormir. Isso dá às crianças uma sensação de segurança e previsibilidade e, com a prática e o reforço, elas podem aprender a atender às expectativas estabelecidas para elas. Orientar as crianças sobre as ***Regras*** da sociedade — tanto em casa como em um contexto mais amplo — as ajuda a entender o que se espera delas.

Quando você precisa que seu filho faça o que você diz, as instruções precisam ser claras. Aproxime-se do seu filho, faça contato visual e, com uma voz carinhosa ou neutra, diga a ele — e não pergunte — o que fazer, um passo de cada vez. Você pode dizer "por favor", porque dizer "por favor" é apenas um bom hábito a seguir.

Para que as estratégias de disciplina sejam mais eficazes, é necessário que haja uma relação sólida na qual as crianças se sintam amadas e seguras. A disciplina que se concentra em ensinar em vez de punir pode fortalecer o relacionamento entre pais e filhos e desenvolver as habilidades necessárias para que as crianças se desenvolvam de forma eficaz em sua família, na escola e em seus outros relacionamentos.

Aqui estão duas perguntas que você deve fazer a si mesmo quando responder a seus filhos:

1. Eu respeitei os sentimentos do meu filho?
2. Deixei minhas expectativas claras?

Quando estiver se perguntando se deu a resposta certa ao comportamento de seu filho, pergunte a si mesmo: "Eu respeitei os sentimentos dele?" e "Fui claro sobre o comportamento que espero?". Lembre-se do último conflito que teve com seu filho e pense em como responderia a essas perguntas. Fazer essas perguntas não significa que você viverá em um mundo sem brigas e sem sentimentos desafiadores; essa é apenas uma maneira de saber como você pode se controlar e examinar a maneira como desempenha seu papel.

A maneira como seu filho reage não é sua responsabilidade. Pode se tornar seu *problema*, mas não é sua responsabilidade. Quanto mais você permitir que essas perguntas orientem seu comportamento como pai ou mãe, mais facilmente você será capaz de colocar a mão no coração e lembrar-se: *ser pai/mãe é um jogo longo*.

Crie regras da casa

Minhas próprias ***Regras*** de casa são bem básicas:

- Não causar danos físicos a pessoas ou animais; não quebrar ossos, não ferir a pele.
- Não desrespeitar a propriedade.
- Sem linguagem desumanizadora.
- Cada pessoa tem direito a objetos pessoais que não compartilha, que vão para uma gaveta ou um balde particular, dependendo da idade da criança.
- Os aparelhos eletrônicos são entregues nos horários combinados e não são usados durante as refeições.

Você pode fazer uma reunião de família na qual serão discutidas as ***Regras*** da casa e vocês poderão decidir juntos quais consequências consideram adequadas.

Sessão de perguntas e respostas

Pergunta: Em casa, estou ficando boa em respirar fundo até chegar ao equilíbrio antes de reagir ao comportamento da minha filha, mas ontem, quando estávamos em público e ela empurrou outra criança, eu me irritei e a expulsei do playground. Sinto que esqueço tudo o que estou praticando quando estou em público!

Resposta: Todos nós podemos ficar constrangidos quando as coisas não vão bem na frente de outras pessoas e, então, podemos perder nosso centro de controle. Quando seu filho está se comportando mal em público, você pode ter a tendência de ficar com vergonha e entrar em pânico. Em vez disso, reserve um momento para refletir; lembre-se de que está reagindo com base no que os outros adultos ao seu redor podem pensar e na sua preocupação de que eles possam estar julgando você. Lembre-se de que você está criando a sua filha, não essas pessoas; provavelmente, nem as verá novamente.

Ou, se forem pessoas que fazem parte da sua vida e da vida de sua filha e que se preocupam com o crescimento e desenvolvimento dela e com você como pessoa, elas entenderão que você está priorizando sua filha e o que ela precisa, naquele momento e a longo prazo. Pode ser útil lembrar a si mesmo que parte do motivo pelo qual as pessoas julgam sua criação é que, se você estiver fazendo escolhas diferentes das que elas estão fazendo ou já fizeram (pense em seus sogros), elas terão de julgar a sua criação ou questionar as escolhas que antes consideravam corretas.

Exceto em ocasiões especiais com a vovó ou com alguém para quem você sente que precisa abrir uma exceção, tente deixar de lado a sensação de que precisa da aprovação de qualquer outra pessoa, em detrimento de ser verdadeiro consigo mesmo e com seus filhos.

Comande com compaixão e presuma que os outros também o fazem; e se não o fizerem, não é realmente da sua conta. O que as pessoas pensam de você é problema delas. Você pode até guardar essa frase no bolso de trás da calça para consulta rápida: "Estou criando meu filho; não estou criando as pessoas ao meu redor. O que é mais importante para mim?".

Aceite as consequências conectadas

Não podemos proteger nossos filhos das consequências de suas ações e esperar que eles aprendam. *Consequências conectadas* tornam as coisas corretas. Uma punição desativa o sistema de seu filho, o que significa que não há oportunidade de aprendizado. Uma consequência, por outro lado, pode não ser algo que entusiasme seu filho, mas cria um ciclo de causa e efeito no qual ele pode aprender por meio da experiência. Quando as consequências se ajustam ao comportamento, não há vergonha.

As consequências conectadas podem ser divididas em *naturais* e *lógicas*, se for útil pensar nelas dessa forma. Ambas estão relacionadas ao comportamento da criança e são eficazes. As consequências naturais são aquelas com as quais você tem muito pouco a ver como pai ou mãe. Se o seu filho estava batendo um brinquedo contra a parede e ele quebrou, agora ele não tem mais o brinquedo. Se o seu filho decidiu não estudar para uma prova e foi reprovado, as consequências naturais permitem que ele sinta a responsabilidade de fazer uma escolha errada; não se trata de punição de sua parte. Tudo o que é exigido de você, como pai ou mãe, é que não entre no modo "consertar". Não substitua o brinquedo. Não ligue para o professor e ameace processá-lo. Deixe seu filho viver com os resultados de suas decisões.

As consequências lógicas, por outro lado, exigem uma resposta um pouco mais proativa de nossa parte. Podemos definir uma consequência que esteja diretamente relacionada à ação. Talvez o seu filho tenha usado a varinha de brinquedo para bater no irmão mais novo e você tire a varinha por alguns dias até que ele esteja pronto para aprender a usá-la corretamente. Talvez seu filho leve o telefone ou o tablet para o quarto às escondidas para usá-lo mais à noite e perca os privilégios de usar eletrônicos até que você sinta que pode confiar nele novamente. Ou seja, as consequências lógicas reforçam o que você está ensinando ao seu filho sobre o que espera dele em uma determinada situação e permitem que ele entenda a conexão entre sua própria tomada de decisão e a perda de um privilégio.

Quando seu filho quebra uma regra ou ultrapassa um limite, você vincula uma consequência lógica a esse mau comportamento. Por exemplo, se o seu filho sai correndo quando está andando na rua, você pode dizer: "Se quiser continuar andando, precisa segurar minha mão para se manter seguro. Correr é perigoso. Ou podemos usar o carrinho de bebê".

À medida que as crianças crescem, pode ser útil começar a mapear as "consequências colaborativas" com antecedência. Por exemplo, você pode colaborar com as expectativas e consequências em uma reunião de família ou simplesmente em uma conversa, perguntando: "Quais você acha que devem ser as consequências se você não seguir o combinado?". Dessa forma, as crianças começam a sentir que têm algum controle sobre sua experiência. Em outro exemplo, se estiver estabelecendo expectativas para o comportamento on-line, você pode dizer: "Se você intimidar alguém on-line, quais você acha que devem ser as consequências?". E eles podem dizer: "Você deveria tirar meu acesso às redes sociais e meu telefone por três semanas". Assim, se eles optarem por intimidar alguém on-line, saberão o que está por vir.

Prepare o cenário para o sucesso

Repare quando seu filho se comporta bem

Muitos de nós ignoramos o bom comportamento e nos concentramos no negativo, de modo que a maioria dos comentários que nossos filhos recebem de nós são coisas como "Não faça isso" ou "Largue isso". O reforço positivo, por outro lado, muda o foco para o que *de fato* queremos ver.

Por exemplo, quando seu filho compartilha um brinquedo com a irmã ou passa algum tempo em silêncio com seus próprios livros, você pode notar e comentar: "Foi muito legal da sua parte revezar o brinquedo com a sua irmã". Ou: "Vejo que você está olhando seus livros enquanto espera a hora de ir para a escola". Esse tipo de elogio específico e positivo aumenta a probabilidade de as crianças repetirem o comportamento positivo no futuro e as ajuda a entender o que se espera delas ao compartilharem o mundo com outras pessoas.

No entanto, elogios gerais como "Muito bem" não parecem ter muito impacto. Estudos mostram que o elogio é mais eficaz quando é específico e vem imediatamente após o comportamento.

Introduza a interocepção

Todos nós conhecemos os cinco sentidos — visão, audição, olfato, tato e paladar —, mas um sentido menos conhecido do qual devemos estar cientes é a *interocepção*, um sentido que nos ajuda a entender e sentir o que está acontecendo dentro de nossos corpos. As crianças que têm dificuldades com o sentido interoceptivo podem não saber dizer quando se sentem cheias, com frio, calor, fome ou sede. Ter problemas com esse sentido pode tornar a autorregulação ainda mais desafiadora.

Você pode ajudar seus filhos a começarem a desenvolver a compreensão das conexões corpo-mente rotulando-as em si mesmo, por exemplo, dizendo coisas como: "Sinto-me tão nervoso; é como se tivesse com frio na minha barriga". Você também pode tentar refletir suas observações sobre as conexões corpo-mente de seu filho dizendo coisas como: "Ah, você estava tão estressado com a prova que ficou com dor de cabeça". Ou: "Sua barriga roncou porque você está com fome".

Apenas uma observação: para muitas crianças, a diferença entre a fome e a raiva ou outras respostas emocionais pode ser bem pequena, por isso é importante ensiná-las a ter sempre um lanche à mão e a reconhecer uma mudança de humor como possível sinal de fome.

Enfrente os sentimentos intensos com uma conexão calma

Sentimentos intensos têm a capacidade de desligar o pensamento racional, não importa a idade. Conectar-se calmamente com seu filho ajuda o cérebro dele a passar de um "cérebro de sobrevivência", que é reativo e movido pelas emoções, para um "cérebro sábio", mais receptivo. Quando os pais estão em sintonia com o estado emocional de seus filhos — fazendo com que se sintam vistos, seguros e apoiados —, eles são mais capazes de dissipar esses sentimentos intensos.

Conectar-se não significa que devemos tolerar a decisão do nosso filho de engolir seu brilho labial com gosto de chiclete; significa apenas que entendemos que ele é um bom ser humano e que estava curioso, mas que, ainda assim, podemos apoiá-lo enquanto ele aprende a mudar do modo de sobrevivência para o modo de desenvolvimento de sabedoria. Ninguém pode aprender, resolver problemas ou assumir responsabilidades quando as emoções estão à flor da pele e sem a ajuda do seu parceiro sábio.

As emoções são uma fonte de dados maravilhosa. Quando nos equilibramos e nos sentimos mais calmos, podemos interpretar esses dados maravilhosos e determinar as próximas etapas. Portanto, deixe o ensino para depois e conecte-se calmamente ao momento.

Siga rotinas previsíveis

Quando as crianças sabem o que esperar, elas ficam menos preocupadas, sentem-se mais seguras e têm maior probabilidade de adotar comportamentos mais socialmente orientados. Quando os pais planejam e executam rotinas consistentes, como na hora de dormir, eles desenvolvem habilidades de função executiva ao dar às crianças oportunidades de prever o que virá a seguir, para que possam planejar e agir adequadamente. Nas famílias em que os responsáveis têm vários empregos, isso pode ser difícil, mas concentre-se no que for previsível.

Prepare-se para as transições

Estar ciente do que está por vir, especialmente quando foge do habitual, diminui a intensidade das emoções que se intensificam quando as crianças são surpreendidas com uma mudança. Oferecer lembretes frequentes e manter uma rotina pode ajudar as crianças a lidar com as transições de maneira mais flexível. Por exemplo, um aviso com cinco minutos de antecedência quando estiver quase na hora de sair de casa, como "Lembre-se de que temos que sair para jantar em cinco minutos", pode ajudar a evitar parte da tensão que as transições geralmente causam. Mesmo que seus filhos mais novos não consigam entender o que são cinco minutos, eles aprenderão a entender o que esperar.

Antecipar e prevenir quando possível

Embora nem mesmo o pai mais calmo e autoritativo possa evitar todas as birras, podemos aprender a antecipar o que desencadeia a birra de nossos filhos e, em seguida, configurar o ambiente e a programação de acordo com isso. Por exemplo, se as birras ocorrem com frequência no final da tarde, evite atividades superestimulantes nesse período do dia. Se ver biscoitos desperta muita tentação, mantenha o pacote em um armário fechado.

Validar o sentimento de uma criança no início da reação pode, muitas vezes, evitar o agravamento. Você pode dizer algo como: "Sei que você gosta muito de biscoitos e estamos prestes a ir comprar alguns para a tia Molly, mas não vamos comprar para nós. Que tal escolher seu biscoito favorito e tirar uma foto para que nos lembremos de comprá-lo na próxima vez que formos à padaria e comprarmos um presente para nós mesmos?".

Planeje com antecedência no caso de crianças com reações intensas

Se o seu filho for uma criança que "reage intensamente" e suas tentativas de conexão forem recebidas com birras cada vez mais intensas, violência ou cusparadas, então a conexão pode não ser a praia dele. Passe algum tempo com seu filho reativo quando ele *não* estiver chateado e converse sobre o que o ajudaria a se acalmar quando ele estiver tendo essas reações fortes. Você pode considerar a possibilidade de criar um espaço seguro para ele, com itens de conforto que possam ajudá-lo a se controlar quando a sua presença agravar a situação ou quando você tiver outras duas crianças para cuidar e precisar protegê-las fisicamente.

Ofereça opções

Dar opções às crianças (quando isso for viável) permite que elas exerçam algum controle sobre o mundo ao seu redor e incentiva a cooperação, diminuindo as disputas de poder. Por exemplo, oferecer a uma criança a opção de entrar no carrinho de bebê por conta própria ou que um dos pais a coloque no carrinho pode ajudar a evitar a birra quando um dos pais faz a escolha por ela. Você pode dizer algo como: "Você quer o copo azul ou o copo vermelho?" para uma criança mais nova, ou "Você quer usar o tempo de tela antes ou depois do jantar?" para uma criança mais velha.

Introduza contratos

As crianças mais velhas e os pré-adolescentes podem começar a entender expectativas específicas, obrigações e consequências previamente acordadas. Ao formalizá-las em um contrato por escrito, você torna as expectativas muito mais claras e ajuda as crianças a começarem a praticar o que significa, na sociedade em geral, assumir compromissos que podem até ser juridicamente vinculativos.

Você é, em última instância, o responsável, mas esse processo precisa ser feito de forma colaborativa até certo ponto, e é bom para as crianças poderem pedir o que acham razoável. Quando convidadas a colaborar, elas também estarão mais propensas a se sentirem respeitadas e a respeitarem o acordo.

Entenda o desenvolvimento moral delas

Quando nossos filhos se comportam mal, pode ser útil entender em que fase eles estão em termos de desenvolvimento. Afinal de contas, as crianças não conhecem os contratos sociais quando chegam ao mundo. Elas dependem de nós para orientá-las à medida que aprendem a agir adequadamente em vários contextos.

O psicólogo americano Dr. Lawrence Kohlberg tem uma teoria de desenvolvimento moral que nos dá uma visão do processo de tomada de decisão quando os seres humanos são apresentados a escolhas morais. Isso pode nos ajudar a gerenciar nossas expectativas, considerando não o *nosso* entendimento moral (por exemplo, somente um pirralho egoísta roubaria aquele brinquedo da irmã), mas sim o entendimento da fase de desenvolvimento de uma determinada criança, cognitiva e eticamente.

Kohlberg entrevistou pessoas de diferentes idades e analisou como elas justificavam seu comportamento quando confrontadas com decisões morais, chegando a identificar seis estágios pelos quais os seres humanos normalmente passam à medida que amadurecem. Ele chamou os dois primeiros estágios de moralidade *pré-convencional*, os dois estágios seguintes de moralidade *convencional* e os dois últimos estágios de moralidade *pós-convencional*. Antes de nossos filhos se tornarem adolescentes, eles passam pelos quatro primeiros estágios. Quando adultos, eles podem amadurecer para a moralidade pós-convencional.

Moralidade pré-convencional

A moral pré-convencional é típica em crianças até os nove anos de idade, mas também em adolescentes e adultos quando estão sob pressão. Os estágios pré-convencionais são os seguintes:

Estágio 1: Obediência e punição. Nessa orientação, os seres humanos acham que, se forem punidos por algo, isso deve ser ruim; se forem recompensados, isso deve ser bom. Um exemplo de inclinação para a moralidade pré-convencional é quando um professor da educação infantil diz aos alunos que eles não podem sair da sala de aula durante o período de aula ou terão seu nome registrado na lousa. Como a regra tem uma punição associada, a maioria das crianças a obedecerá sem pensar nos porquês e nas nuances da regra.

Estágio 2: Interesse próprio, individualismo e troca. Nesse segundo nível, os seres humanos são movidos por medo, recompensa e interesse próprio. Pense em relação a você mesmo: *o que o faria ignorar o medo da punição quando estivesse tomando uma decisão que poderia colocá-lo em apuros?* Sua resposta pode ser mais nobre, porque você está muito mais avançado em seu desenvolvimento, mas, às vezes, a resposta será mais básica: vou ganhar algo com isso. Quanto às crianças, é completamente normal e apropriado que elas avaliem o medo da punição em relação ao interesse próprio.

Moralidade convencional

Os seres humanos tendem a se desenvolver no nível convencional de moralidade por volta dos nove anos de idade e permanecem nesse nível pelo menos até a adolescência.

Estágio 3: Concordância e conformidade interpessoal. Nesse estágio, é normal, do ponto de vista do desenvolvimento, que as crianças comecem a se preocupar com a opinião das outras pessoas. Elas também internalizam os padrões morais de seus modelos adultos. Muitas vezes, esse modelo é você, mas, se os pré-adolescentes parecerem inesperadamente convencionais, buscando aprovação ou, então, envergonhados com as coisas que tornam sua família única, saiba que isso faz parte do processo de desenvolvimento, à medida que eles aprendem maneiras mais sofisticadas de navegar pelas normas sociais.

Estágio 4: Manutenção da ordem social. Esse é um estágio superinteressante, quando as crianças realmente começam a entender as regras mais amplas da sociedade. Seus julgamentos levam em conta a preocupação em obedecer às ***Regras*** para manter a lei e a ordem e evitar a culpa. A autoridade é internalizada e não questionada, a menos que esse questionamento seja realmente parte de sua cultura ou subcultura.

Moralidade pós-convencional

A moralidade pós-convencional é rara entre os adolescentes e um pouco menos rara entre os adultos. Kohlberg estabeleceu que apenas 10 a 15% dos seres humanos chegam aos estágios 5 ou 6, mas pode ser algo pelo qual devemos nos esforçar. A moralidade pós-convencional significa que entendemos princípios éticos universais e abstratos com base em valores pessoais e diferenciados, como a preservação da vida ou a importância da dignidade humana. Uma pessoa com moralidade pós-convencional é aquela que não precisa de um pai, um policial ou mesmo uma lei para lhe dizer como se comportar.

Estágio 5: Contrato social e direitos individuais. Aqui, entendemos que uma regra ou lei pode existir para o bem do maior número de pessoas, mas há momentos em que faz sentido ético violá-la. Por exemplo: você roubaria para salvar uma vida?

Estágio 6: Princípios universais. Nesse estágio, os seres humanos literalmente não precisam de leis, porque sua própria bússola ética e suas diretrizes morais estão sempre corretas. Ponderando questões de direitos humanos, justiça e equidade, uma pessoa nesse estágio está preparada para agir na defesa desses princípios universais, mesmo que isso signifique ir contra o resto da sociedade e ter de arcar com as consequências. Por exemplo: você se recusaria a servir em uma guerra que considerasse antiética, mesmo que isso significasse a sua prisão?

Para os pais, é importante lembrar que o nível pré-convencional em que nossos filhos se encontram dura até os nove anos de idade, e isso é normal. O nível convencional em que nossos filhos entram quando adolescentes também é normal e um lugar perfeitamente aceitável para ficar. Ter filhos adultos que possam se engajar na moralidade pós-convencional pode ser uma de suas metas ou esperanças, mas é improvável que você veja isso neles até a idade adulta.

Uma maneira de ajudá-los a passar para o próximo nível é praticar a observação conjunta de como se sentem quando surge um dilema ético, quando alguém causa um pequeno dano ou quando eles mentem para encobrir a violação de uma regra. Em vez de dizer a uma criança como ela deve agir, você pode ajudá-la a prestar atenção ao que o corpo dela diz quando os valores internos não correspondem ao comportamento externo.

A disciplina eficaz ajuda a moldar o cérebro em crescimento

Como pai ou mãe, você preparou o cenário para o sucesso, deixou claras as suas expectativas e compreende o desenvolvimento moral da infância, mas seu filho continua a se comportar de maneira imprópria. É hora de assumir sua autoridade e praticar alguma *disciplina intencional.*

Estudos sobre neuroplasticidade — a capacidade de adaptação do cérebro — demonstraram que experiências repetidas *alteram* a estrutura física do cérebro. Com uma disciplina eficaz, a meta dos pais é fortalecer as conexões entre as partes posterior e anterior do cérebro — tanto para as crianças quanto para os responsáveis —, de modo que as respostas de todos possam ser menos reativas e mais ponderadas.

Pense em suas metas de disciplina

Como pais, todos nós precisamos encontrar padrões saudáveis para reagir aos nossos filhos quando eles não atendem às nossas expectativas. É claro que não responderemos de forma perfeita o tempo todo, mas estamos buscando uma resposta *na maioria das vezes*, e isso é algo que, com reflexão e prática, a maioria dos pais consegue administrar. Se você tiver um cônjuge, parceiro ou corresponsável, converse com ele sobre seus valores e sobre como você lidará com comportamentos inaceitáveis, bem como quais são suas metas ao disciplinar seu filho. Para isso, é necessário chegar a um acordo com sua própria infância e como você se sente em relação a ela e, em seguida, criar uma visão e um plano para sua própria parentalidade no futuro.

A resposta mais comum que recebo quando converso com os pais sobre limites é a seguinte: "Mas eu não quero constranger meu filho". Esse é um ótimo ponto de partida, pois sabemos que as crianças não aprendem bem quando se sentem constrangidas. Constranger alguém põe em dúvida seu valor como pessoa; implica que o erro está em quem ela é, e não em algo que ela fez. Mas não há nada de vergonhoso em estabelecer uma fronteira ou um limite em torno de um comportamento — e manter o foco no motivo pelo qual esse comportamento é inaceitável.

Conversar com seus filhos desde cedo — sobre valores familiares ou simplesmente discutir diferentes cenários sobre os quais você tem expectativas — é uma maneira incrivelmente útil de estabelecer um limite *antes que* ele seja testado. Se os seus filhos o decepcionarem ou fizerem algo perigoso, você poderá lembrá-los desses limites previamente estabelecidos e aplicar consequências, mas suas respostas não precisam ser baseadas no medo. Você não precisa enfrentá-los com uma atitude humilhante, pois isso pode fazer com que eles sintam que há algo errado com quem eles são. Em vez disso, você pode dizer: "Tenho expectativas de comportamento que você não está cumprindo no momento. Vamos reforçar um pouco mais as regras".

Sei que pode ser frustrante quando as crianças não estão obedecendo às regras e queremos uma solução rápida para fazê-las se comportar, mas criar uma criança que eventualmente será capaz de cumprir sua parte nos contratos sociais da vida é um processo longo. Aqui estão alguns exemplos de como você pode responder de forma autoritativa quando precisar que seu filho mude de comportamento:

Se houver perigo físico iminente. É exatamente nesse momento que você deve soar o alarme. Se o seu filho estiver correndo com uma tesoura, você pode dizer: "Não!". Você pode agarrar seu filho para impedi-lo de se machucar ou de machucar outras pessoas. Não é necessário ter uma resposta pacífica e ponderada. Quando há um perigo real, queremos que a adrenalina de todos responda.

Se não houver perigo físico iminente. Se o seu filho estiver ultrapassando os limites de uma forma que crie algo que não seja uma situação de crise, como arrancar a cabeça do amado bichinho de pelúcia do irmão, você tem tempo para seguir as etapas do EQUILÍBRIO (consulte as páginas 8-9):

Respire.

Reconheça sua própria bagagem. Talvez o bichinho de pelúcia tenha custado muito dinheiro ou tenha sido um presente da sua mãe. Talvez você nunca tenha ganhado bichos de pelúcia quando era criança. Talvez você saiba que essa era a única maneira de o irmão adormecer sem você. Talvez você esteja pensando no futuro e imaginando que esse comportamento fará com que seu filho se torne um assassino em série.

Deixe para lá.

Avalie a situação atual. Seu filho está arrancando a cabeça de um bicho de pelúcia e esse é um comportamento que você não quer tolerar (talvez "não destruir propriedade" esteja na lista de regras da sua casa). Observe o que está acontecendo com o seu filho. Ele está chateado? Está calmo?

Conecte-se. Você pode se aproximar fisicamente do seu filho ou dizer algo como: "Parece que você está chateado".

Envolva-se a partir desse ponto de equilíbrio. Ninguém está em perigo iminente — exceto talvez o Ursinho Pooh. Portanto, não há necessidade de aumentar a adrenalina nesse momento; mas você ainda pode dizer: "Não destruímos brinquedos nesta casa. Vamos descobrir o que está acontecendo aqui".

Sessão de perguntas e respostas

Pergunta: Minha filha de dezessete meses constantemente coloca coisas no vaso sanitário, embora eu tenha dito a ela um milhão de vezes para não fazer isso. Sei que ela só está fazendo isso para me irritar. Ela até me lança um olhar de satisfação quando faz isso! O que posso fazer para mostrar a ela quem manda?

Resposta: As crianças são cientistas. É provável que sua filha esteja fascinada pelo conceito de vaso sanitário — coloque algo no vaso, dê descarga e veja-o desaparecer! É bastante normal e esperado que os vasos sanitários se tornem um dos brinquedos favoritos das crianças. Como isso chama a sua atenção, ela também aprendeu que, por algum motivo, quando se aproxima do vaso sanitário, é uma garantia de que você a seguirá e se envolverá. Nessa idade, é pedir demais que ela não se divirta com um brinquedo de banheiro tão legal quando há tanta diversão e atenção envolvidas.

Quando interpretamos o comportamento das crianças pequenas como manipulador ou desafiador, é compreensível que nossa reação automática seja nos tornarmos mais rígidos e severos. Mas, ao tentar punir o comportamento desafiador, perdemos oportunidades de fortalecer as habilidades que faltam aos bebês, como a autorregulação e a tolerância à frustração. Além disso, é improvável que a punição nesse tipo de situação seja eficaz (***Relacionamento, Regulação, Regras, Reparação***).

Quando levamos em conta como o temperamento das crianças pode fazer com que a parentalidade seja mais desafiadora, fica um pouco mais fácil parar de levar seus comportamentos tão a sério e começar a ponderar se nossos "pedidos" não são complexos demais para eles atenderem (***Reflexão***).

Nesse caso, pode ser que — considerando sua idade e seu interesse em fazer algo destrutivo demais para continuar permitindo — seja hora de prepará-la para o sucesso, mantendo a porta do banheiro fechada e fora do alcance até que um adulto possa estar com ela. Quando estiverem no banheiro juntas, você pode praticar mostrando a ela o que *pode* ir para o vaso sanitário e como é importante acionar a descarga apenas uma vez, porque você também não quer desperdiçar água. Em seguida, mostre a ela algo em que ela possa colocar objetos (por exemplo, a lata de lixo) e a agradeça por seguir o plano estipulado (***Regras***).

Pergunta: Meu filho de 13 anos acabou de entrar em casa cheirando como uma chaminé! Meu pai morreu de câncer de pulmão, e estou enlouquecendo. Por favor, me ajude.

Resposta: Se descobrir que seu filho adolescente está fazendo algo que *é* fisicamente perigoso, como fumar, mas não representa um risco iminente (como se preparar para pular de um trampolim em uma piscina vazia), você tem tempo para se equilibrar e evitar perder a cabeça. Lembre-se, também, de que não há problema em ser BAD (ruim, em português): Breathe (Respiro), *Assess* (Avalio), *Deal* (Enfrento) (consulte a página 9). No entanto, como esse assunto está trazendo à tona outras questões sobre o seu próprio pai, você deve passar por todas as sete etapas do EQUILÍBRIO:

> ***R****espire.* Inspire pelo nariz e expire pela boca para dar a si mesmo o momento de reiniciar o sistema nervoso. Você sabe que todos os sentimentos são bem-vindos, mas nem todos os comportamentos o são. Isso está trazendo à tona sua mágoa e outros sentimentos sobre o fato de seu pai fumar, o que é natural.
>
> ***R****econheça essa bagagem.*
>
> ***D****eixe isso de lado por enquanto* (***Refletir, Regular***).
>
> ***A****valie a situação atual.* Seu filho obviamente está fumando e você tem certeza de que isso é algo que não pode permitir (***Regras***). Isso é tudo o que está acontecendo neste momento.
>
> ***O****bserve o que está acontecendo.* Verifique o corpo do seu filho. Ele parece estressado? Ele está se exibindo como se tivesse acabado de descobrir como ser legal?

C**onecte-se com seu filho.* Você pode estender a mão e tocar o ombro dele. Você pode dizer:"Eu amo você e preciso lhe dizer que você está cheirando como se tivesse fumado" (Relacionamento***).

E**nvolva-se.* Por fim, a partir de um lugar equilibrado e intencional, que deixa de lado suas associações mais profundas com o fumo, você pode lidar com a situação. Você pode dizer algo como:"Esse comportamento me diz que você está realmente forçando os limites, ou está realmente estressado, ou está sentindo a pressão dos colegas, ou está curioso. Como posso ajudá-lo a satisfazer essas necessidades emocionais, que são muito válidas, sem fazer algo que é tão prejudicial e que não posso mais permitir?" (Relacionamento, Regulação, Reparação, Regras***).

Como você dedicou tempo para entrar em EQUILÍBRIO, pode expor as consequências lógicas — ou pode dizer ao seu filho que precisa de mais tempo para considerar as consequências lógicas, porque reconhece que essa infração específica também é bastante assustadora e dolorosa para você e quer ter certeza de que está pensando com clareza. Você pode dizer: "Vou examinar o seu quarto e todos os seus espaços privados para ter certeza de que não há nada perigoso e vou acompanhar você para casa depois da escola até que encontremos um novo plano". Ou você poderia dizer: "Vou monitorá-lo um pouco mais até descobrirmos o que está acontecendo. Entendo que você cometerá erros. Só quero ter certeza de que estou aqui para evitar que esses erros cheguem longe demais" (***Relacionamento***, ***Regras***, ***Reparação***).

Apresentar uma frente unida com o corresponsável

Quando se trata de disciplina, a maioria dos pais não está exatamente em sintonia com o seu parceiro, mas apresentar uma frente unida significa ter os mesmos objetivos básicos de criação. A menos que seu parceiro esteja colocando seu filho em perigo físico iminente, evite minar sua autoridade na frente dele — isso diminui sua própria autoridade e envia a mensagem de que os adultos não sabem realmente o que estão fazendo e que as consequências estão sempre abertas para discussão.

Mesmo que você faça parte de uma parceria que está de acordo, é provável que, em algum momento, você não fique muito satisfeito com uma punição que seu parceiro tenha dado na hora da raiva ou com um limite que ele tenha estabelecido — ou que tenha ignorado. É provável que, às vezes, ele se sinta da mesma forma em relação a você. Afinal, somos todos humanos e temos nossas próprias histórias, temperamentos e gatilhos.

O problema não são as opiniões conflitantes, mas sim como você lida com elas na frente do seu filho. Quando algo começa com seu filho, mas se transforma em uma discussão entre você e seu parceiro, essa falta de união pode ser confusa e até mesmo provocar ansiedade na criança. A falta de uma frente unida também pode representar uma oportunidade para seu filho se safar jogando um contra o outro, desviando o foco do fato de que ele chamou a simpática vizinha de bruxa velha na cara dela. Portanto, mesmo que você discorde da forma como seu parceiro está lidando com a situação no momento, tente guardar seus pensamentos para mais tarde, quando estiver fora do alcance dos ouvidos de seu filho e ambos estiverem mais calmos.

Além disso, não é ruim para as crianças saberem que, às vezes, você não concorda com seu parceiro. No entanto, é prejudicial para elas verem que vocês sempre lidam mal com os desentendimentos, especialmente na frente delas. Se você acabar minando a autoridade do seu parceiro ou se arrependendo de ter discutido, aproveite a oportunidade para ***Reparar*** e mostrar ao seu filho como você resolve conflitos com respeito. Afinal de contas, somos apenas humanos e, felizmente, você terá muitas oportunidades todos os dias para mostrar a ***Reparação***.

Práticas de disciplina que não funcionam

Se pudermos compartilhar nossa história com alguém que responda com empatia e compreensão, a vergonha não sobreviverá.

BRENÉ BROWN, PhD

À medida que você continua a pensar sobre as maneiras como deseja usar a disciplina em sua família, é importante analisar a ciência e entender que muitas práticas tradicionais de disciplina foram desmascaradas como ineficazes e, às vezes, totalmente prejudiciais. Na verdade, entender por que algumas estratégias comuns de disciplina são *ineficazes* pode ajudá-lo a solucionar problemas de forma eficaz quando você se encontrar seguindo um padrão que não está funcionando.

Punições físicas e emocionais

Basicamente, estratégias disciplinares como punições físicas e emocionais, ameaças, gritos, constrangimento ou consequências ilógicas podem fazer com que os pais se sintam mais no controle no momento, mas décadas de pesquisa mostraram que os comportamentos indesejáveis geralmente reaparecem assim que essas punições são retiradas e, em seguida, a gravidade delas precisa aumentar para que os pais consigam manter o controle.

É importante ressaltar que a ciência não apoia nenhum tipo de punição física, inclusive palmadas ou tapas. As palmadas ainda são aplicadas em cerca de 35% dos lares dos Estados Unidos, mas não são eficazes — e qualquer tipo de punição física pode ser potencialmente prejudicial. Mesmo que a intenção seja a melhor possível, a punição física é assustadora, ineficaz, promove um comportamento mais agressivo e está associada a piores resultados cognitivos, sociais e emocionais piores.

Eis o motivo. Um cérebro que acha que está sendo atacado não consegue aprender. Se você levantar a mão para uma criança porque acredita que essa é a única maneira de ela aprender a importância de mudar de comportamento, o cérebro dela entra em um modo primitivo de "sobrevivência", no qual desliga todo o aprendizado e diz apenas para ela se proteger.

Pense nas palmadas como uma forma de dizer ao seu filho: "Bater não é um comportamento aceitável para você, mas é aceitável quando eu quiser fazer isso. É a minha solução quando estou frustrado com o comportamento de alguém". É assim que a palmada ensina as crianças a se tornarem mais agressivas. Em vez de ensinar uma abordagem calma, sensível e ponderada, as palmadas demonstram o uso da punição corporal como a ferramenta mais eficaz para controlar o comportamento.

Estudos mostram que, nas famílias em que a palmada faz parte da prática disciplinar, o apoio dos pais pode atenuar os impactos negativos dos castigos físicos. Pode ser útil saber disso se você tiver um parceiro que insiste em usar castigo físico ou se já usou castigo físico no passado. Como tudo na criação dos filhos, o significado de uma determinada prática depende do contexto mais amplo do relacionamento entre pais e filhos.

Ameaças, gritos e críticas também não funcionam. Em geral, essas são respostas reativas que os pais deixam escapar no calor do momento, em vez de virem de um lugar de intenção e equilíbrio que beneficiem o relacionamento com a criança.

Consequências desconectadas

Se as consequências que você estabelecer não estiverem claramente relacionadas às ações do seu filho, considere isso como um sinal de alerta: talvez você esteja apenas reagindo ao seu próprio desconforto com a situação. Por exemplo, se o seu filho não obedece na hora de dormir e, portanto, perde a chance de ir a uma festa de aniversário no dia seguinte, bem, não há conexão entre essas duas coisas, portanto, não haverá nenhuma lição aprendida. Em contrapartida, com consequências lógicas e conectadas, a linha entre a ação e o resultado é bastante clara:

> *Você fez bagunça e agora tem de limpá-la.*
>
> *Você roubou o brinquedo do seu amigo, portanto, precisa devolvê-lo.*
>
> *Você enviou uma mensagem de texto cruel em um bate-papo em grupo enquanto ainda era pequeno para isso, portanto, precisa verificar com seus pais antes de enviar algo para um grupo.*
>
> *Você pegou o carro e ficou na rua depois do horário combinado, então agora precisa devolver as chaves.*

Castigos e negociações ineficazes

Às vezes, quando estamos tentando nos afastar dos gritos e das punições físicas que podem ter sido enraizadas em nós quando éramos crianças, recorremos a punições que parecem mais silenciosas e menos violentas, como cantinho do pensamento, lógica e negociação. Essas estratégias podem ter seu lugar, mas são superestimadas.

O cantinho do pensamento é uma técnica de disciplina popular entre os pais e frequentemente recomendada pelos pediatras para prescrever uma punição não violenta e leve nos casos em que, de outra forma, o conflito entre pais e filhos poderia escalar para algo prejudicial. Para deixar claro, esse tipo de castigo não está associado a resultados negativos de longo prazo, e a ciência não encontrou nenhuma diferença significativa entre as crianças cujos pais relataram aplicar o cantinho do pensamento e aquelas que não o aplicam.

Essa pode ser uma boa opção se você, como pai ou mãe, precisar de um momento para se acalmar e não reagir com violência, mas o tempo de um minuto por ano de idade da criança, que costumava ser recomendado, não se mostrou eficaz; assim, se os intervalos não estiverem ajudando você ou se você não sentir que corre o risco de agravar ainda mais a sua própria autorregulação, pode simplesmente abandonar a prática.

Outra resposta ineficaz quando uma criança está com raiva ou em um estado reativo é apelar para a *lógica*. Por definição, a capacidade de a criança pensar racionalmente quando está em um estado de "cérebro de sobrevivência" é limitada. Posteriormente, quando ela tiver se acalmado o suficiente para que o cérebro volte ao estado receptivo de "cérebro sábio", usar a lógica para explicar seu raciocínio é importante para ajudá-la a entender sua intenção e para que ela tome decisões melhores no futuro. Por exemplo, você pode dizer: "Quando você fugiu, foi muito assustador, e eu gritei porque achei que você poderia se machucar. Quando estivermos na rua, precisamos dar as mãos para nos mantermos seguros".

Adote uma postura de conexão e empatia

A primeira coisa que você pode fazer quando seu filho está desmoronando é oferecer conexão e empatia.

TINA PAYNE BRYSON, PhD

A estratégia de disciplina mais eficaz vem da conexão e do reforço positivo, com estrutura e expectativas claras que criam uma base sólida para o crescimento emocional e comportamental. Essas estratégias também podem servir para evitar algumas — embora, sejamos francos, nem todas — explosões e birras. Limites claramente definidos e aplicados de forma consistente permitem que as crianças tenham oportunidades diárias de praticar o controle de suas emoções e de seus corpos quando não conseguem o que querem ou precisam lidar com mudanças ou desafios.

Em qualquer idade, os pais podem lidar com esses desafios comportamentais tendo empatia com a experiência da criança, reconhecendo e validando seus sentimentos, estabelecendo consequências justas e equitativas e, o mais importante, tolerando sua decepção. Os momentos de ***Reparação*** aprofundam o relacionamento entre pais e filhos e proporcionam um aprendizado que pode ser aplicado em outras circunstâncias.

Se os seus filhos tiverem vários cuidadores, pode ser útil compartilhar os limites e as consequências claramente definidos com todos os adultos envolvidos. Dessa forma, as estratégias de disciplina podem ser consistentes e eficazes. Dito isso, não podemos controlar como as outras pessoas reagem aos nossos filhos, e a ciência é clara: mesmo um cuidador — que pode ser você — que use estratégias de disciplina eficazes beneficiará os resultados do desenvolvimento da criança.

EXERCÍCIO DE REFLEXÃO

Agir com base na intenção

Lembra-se daquela pausa entre o estímulo e a resposta, sobre a qual falamos no Capítulo 1? Nessa pausa, podemos escolher a resposta que vamos dar. Portanto, esse momento — os breves segundos entre a ação do seu filho e a sua resposta — é o espaço em que você encontrará uma nova oportunidade todos os dias para fazer uma pausa e refletir.

Inspire pelo nariz e expire pela boca. O simples reconhecimento desse espaço pode lhe oferecer a pausa necessária para se EQUILIBRAR e responder ao seu filho de maneira ponderada, em vez de impulsiva. Ao perceber o momento, você também está se corregulando com seu filho desregulado e dando o exemplo de um autorregulação madura, que espera que ele acabe internalizando. A maioria dos pais com quem trabalho tem uma próxima pergunta previsível: "Tudo bem, mas e depois?". Agora que você se permitiu esse momento para refletir, agora que se colocou em EQUILÍBRIO, o que deve fazer? Essencialmente, tudo o que quiser. Se você se acalmou — mesmo que seja apenas com um momento de respiração e avaliação da situação —, pode agir com intenção, e isso é tudo. As dicas a seguir facilitam a vida da maioria dos pais.

Diga para superar

Daniel J. Siegel e Tina Payne Bryson cunharam a frase *Name it to tame it* ("nomear para domar", em tradução livre). Na mesma linha, como mencionei no início do capítulo, gosto de dizer: *Say it to slay it* ("Diga para superar"). Assim como é útil para nós, adultos, fazermos uma pausa e nos lembrarmos de que nossos sentimentos têm nomes — *estou com raiva* ou *estou triste* —, ajudar as crianças a rotularem suas emoções é o primeiro passo para ajudá-las a "superá-las", pois elas começam a entender esses sentimentos e a aceitar que são normais e controláveis. Eventualmente, a fluência emocional permitirá que nossos filhos escolham conscientemente as respostas aos seus gatilhos, mas, assim como a fluência linguística, ela começa com algumas palavras-chave do vocabulário.

Muitas vezes, as crianças não têm consciência da emoção que estão sentindo durante uma explosão, por isso, pode ser reconfortante que os pais as validem diretamente. Por exemplo, "Você está com raiva porque eu disse que não pode tomar o sorvete agora". Ou: "Será que você está triste porque não foi convidado para a festa? Isso faz sentido. É difícil sentir que seus amigos estão fazendo algo divertido e não pensaram em incluí-lo". Dar às crianças a chance de rotular seus sentimentos e compartilhar com você o que as deixou chateadas cria espaço para que todos respondam de forma ponderada, em vez de reagir sem pensar. Enquanto as crianças mais novas precisam de rótulos mais diretos, as mais velhas precisam de orientação para encontrar seus próprios rótulos. É nesse momento que a nomeação se torna uma questão de questionamento e orientação.

Outro aspecto da fluência emocional é ser capaz de conectar o que estamos sentindo com o local do corpo onde sentimos. Você pode servir de exemplo, observando e dizendo onde sente as coisas em seu corpo e incentivando seu filho a perceber a conexão entre seus próprios sentimentos e o corpo. Se você já tem uma linguagem clara em relação aos sentimentos, faça uma pausa e pratique perguntar ao seu filho em que parte do corpo ele pode estar sentindo um determinado sentimento. Que parte do corpo ele está sentindo no momento? Ele se sente nervoso na barriga? Ele sente injustiça na garganta?

Essa estratégia geralmente não é eficaz no calor do momento, mas, quando todos estiverem regulados, é uma maneira interessante de ensinar as crianças a prestar atenção em seus corpos quando eles enviam sinais. Você pode começar com algo simples, apenas apontando os sentimentos óbvios ligados ao nosso corpo, como a fome, e ir expandindo a partir daí.

Opostos — Diga a seu filho o que você prefere

Todo comportamento negativo do qual você quer se livrar tem o que os psicólogos chamam de oposto positivo. Em vez de gritar: "Não pule no sofá", tente: "Por favor, pule no chão". Em vez de dizer: "Não jogue sua comida no chão", tente: "Por favor, mantenha sua comida na mesa ou na boca".

Rotule e estabilize seu próprio humor

Assim como ensinamos nossos filhos a "dizer para superar" quando se trata de suas emoções, você também pode começar a conversar com eles sobre seu próprio estado afetivo — ou seu humor. Você pode dizer: "Estou estressada porque temos visitas, portanto, se você notou que tenho sido rude, saiba que isso não tem nada a ver com você! Na verdade, vou dar uma caminhada para me sentir um pouco mais calma".

Explicar seu estado afetivo elimina as suposições de seus filhos e os ajuda a se sentirem mais conscientes para dizer o que estão sentindo. Isso normaliza a busca por maneiras saudáveis de lidar com essas emoções e eliminá-las. Também deixa claro que eles não são responsáveis por seu humor, o que é uma dádiva que não pode ser subestimada.

Quando você enfatiza que tem estratégias para cuidar de seus próprios sentimentos, reconhecer o que está acontecendo pode fazer mais sentido do que fingir que está bem e depois descontar a raiva. Lembre-se de que, no caso de crianças mais novas, você provavelmente deve usar menos palavras, enquanto com as mais velhas você pode ser mais sofisticado.

Pratique a disciplina indutiva

Ao contrário do constrangimento, um pouco de *culpa* construtiva e apropriada pode, na verdade, ajudar a incentivar a empatia. Quando você pede ao seu filho que reflita sobre como o comportamento *intencional* dele pode ter ferido outra pessoa, você não o está constrangendo por ser quem ele é, mas sim invocando um sentimento adaptativo que incentivará o sentimento de remorso do seu filho. Isso, por sua vez, o ajudará a desenvolver padrões morais e éticos. A culpa baseada na empatia — quando fazemos intencionalmente algo que acaba causando danos — pode nos ajudar a aprender a ***Reparar*** nossos ***Relacionamentos***.

O psicólogo e professor Dr. Martin Hoffman definiu três abordagens comuns de disciplina na criação dos filhos: há a afirmação de poder, quando um pai ou uma mãe usa punições físicas, privação de privilégios ou ameaças. Há a retirada do amor, quando um pai ou uma mãe dá as costas ou aplica o tratamento de silêncio com seu filho. E há o que Hoffman chamou de "disciplina indutiva", associada aos melhores resultados, incluindo o desenvolvimento da empatia.

Veja como usar a disciplina indutiva:

1. Dê um passo para trás e pergunte a si mesmo: o que estou tentando alcançar? Que valores estou tentando incutir em meu filho? Se você já tem os valores de sua família bem-estabelecidos, tem a resposta na ponta da língua.
2. Reserve um momento para ser você mesmo um exemplo de empatia. Você pode dizer algo como: "Entendo que você quis bater no seu irmão porque ele parece estar recebendo toda a atenção no momento".
3. Diga por que o comportamento do seu filho foi inaceitável para você. Você pode dizer simplesmente: "Eu amo você, mas esse [nomeie o comportamento específico] foi indelicado". Em seguida, explique o motivo.
4. Especifique que o comportamento é a fonte de sua decepção — *não* seu filho. Você pode dizer algo como: "O comportamento foi indelicado porque você não levou em consideração os sentimentos do seu amigo. Sei que você é uma pessoa gentil e espero que pense em como a outra pessoa pode se sentir. Vamos pensar em como podemos fazer isso de outra forma". Em vez de fazer com que a criança sinta vergonha de quem ela é, essa abordagem estabelece limites dentro dos quais as crianças podem se sentir seguras para serem elas mesmas à medida que se tornam jovens mais atenciosos e autodisciplinados.

Deixe suas expectativas crescerem com seus filhos

Não existe uma abordagem única para todos, mas a estratégia ideal de disciplina decorre de um estilo parental que equilibra amor e conexão com expectativas claras, consistentes e adequadas à idade. Essa abordagem de disciplina ajuda as crianças a terem um senso de conexão e consistência, é gentil e firme, e ensina lições de vida valiosas e habilidades sociais que as crianças precisam para controlar seu próprio comportamento.

Muitas vezes, nossas concepções errôneas sobre o que nossos filhos conseguem "controlar" nos levam a um aumento da nossa frustração e a possíveis punições. Presumimos que nossos filhos pequenos "sabem muito bem" que não devem fazer bagunça com a comida ou morder um amigo, mas nos esquecemos de que eles estão apenas começando a aprender a controlar seus corpos. Mesmo que saibam que algo está errado, talvez não tenham a capacidade de se conter todas as vezes. Seus cérebros estão apenas começando a fazer as conexões entre o que sabem e o que fazem. Se você puder se conectar com seu filho e redirecionar o comportamento dele, isso talvez não signifique que ele será capaz de parar o mau comportamento da próxima vez, mas, por meio da repetição, ele acabará aprendendo.

Nesse sentido, considere como lidar com essa situação nas diferentes faixas etárias.

Bebês e crianças pequenas: com menos de dois anos de idade, eles não têm muitas das habilidades necessárias para controlar o comportamento e administrar as emoções. Quando os bebês estão chateados, geralmente podem se distrair facilmente. Muitas vezes, você pode simplesmente substituir o que o está perturbando ou o que você tirou dele por outro objeto. "Sei que você gosta de brincar com isso, mas não é seguro. Em vez disso, você pode ficar com isto aqui". Quando essa tática não for possível, reconheça os sentimentos da criança antes de mudar rapidamente o foco para outra coisa.

Crianças em idade pré-escolar: as crianças não conseguem ouvi-lo quando estão gritando ou chorando e, primeiro, precisam de um espaço físico para se acalmarem. Ofereça a elas uma resposta empática inicial. Você pode discutir os detalhes e as possíveis consequências do comportamento mais tarde, depois que elas estiverem reguladas. Deixe clara a sua intenção: "Estou aqui para ajudar a fazer melhor da próxima vez". Em vez de partir para o cantinho do pensamento, pense em um espaço para dar à criança e aos pais a oportunidade de se acalmarem. Esse espaço não deve ser usado como punição, mas sim como uma estratégia para ajudar você e seu filho a aprenderem a se autorregular por meio da pausa.

Crie um cantinho confortável para ajudar seu filho a acalmar o corpo com seu apoio. Peça que ele escolha móveis macios, como um pufe, alguns livros ou bichinhos de pelúcia, talvez até música. Deixe que ele construa o espaço! Ter um lugar seguro para onde ir quando se sentir fora de controle pode ajudar seu filho a praticar a habilidade de autorregulação. Esse lugar deve ser o oposto da sensação de que ele foi colocado de castigo; deve ser um lugar que lhe dê uma sensação de tranquilidade para que ele possa decidir convidá-lo a participar, se for útil, ou se ele quiser ficar sozinho com o seu bichinho de pelúcia e o pote de glitter. Não tem problema. Para as crianças que realmente se sentem mais desreguladas quando você tenta se aproximar, respeite a necessidade de espaço delas e não force uma conexão. Nesse caso, você está respeitando os limites do seu filho de querer manter alguma distância.

Mais tarde, quando você e seu filho estiverem calmos, conversem. Use sua voz para transmitir: "Eu o ajudarei com isso, mesmo que eu esteja chateado com o que aconteceu". Convide seu filho a dizer o que aconteceu e a esclarecer o raciocínio dele. Você também pode refletir sobre o que observou. Você pode dizer: "Sei que você sabia que aquilo poderia quebrar, mas era tão tentador e tão difícil de não tocar". Conversem sobre o que pode ser feito de forma diferente na próxima vez e encontrem novas soluções juntos.

Independentemente das abordagens que você adotar para ajudar a orientar o comportamento do seu filho, lembre-se de que elas não funcionarão na primeira vez. A disciplina exige consistência, repetição e paciência. Lembre-se também de que seu filho não está tentando ser difícil; é que ele ainda é muito novo e está em processo de aprendizagem.

Crianças em idade escolar: embora existam muitos tipos diferentes de desafios, um comum é quando uma criança quer tanto algo que o desejo se sobrepõe ao que ela entende como "certo" e "errado". Talvez ela saiba que não deve roubar a barra de chocolate de um amigo, mas ela realmente *quer*! Crianças dessa idade podem contar uma mentira, trapacear em um jogo ou pegar algo que realmente desejam. Entenda o ponto em que seu filho está em termos de desenvolvimento. Diga algo como: "Percebo o quanto você queria isso e como foi difícil abrir mão". Dê ou permita uma consequência natural diretamente relacionada ao comportamento que você não quer ver. Peça ao seu filho que devolva qualquer coisa que tenha roubado e peça desculpas. Fale sobre como as pessoas se sentem quando são roubadas. Não há nenhum problema em relacionar o comportamento desafiador com o futuro, dizendo algo como: "Quando você rouba o brinquedo de alguém e não o devolve, fica difícil para essa pessoa se sentir à vontade para brincar com você quando você estiver com vontade de brincar".

Adolescentes: embora possa ter funcionado apenas dizer a eles o que fazer quando eram mais jovens, agora é mais eficaz envolvê-los em uma conversa sobre por que o comportamento deles não é aceitável e o que eles acham que você pode fazer a respeito disso como família. Com tanta coisa acontecendo — intensa autoconsciência, percepção de si mesmo, desenvolvimento do corpo, expectativas externas e desejo sexual adequado à idade —, é importante ter compaixão pelo adolescente em sua vida.

Dito isso, quando as crianças entram na adolescência (a adolescência emergente começa por volta dos dez anos de idade), elas são muito mais capazes de se envolver na solução cooperativa de problemas. Esse também é um momento em que os contratos de comportamento se tornam especialmente apropriados e eficazes. Se você, como pai ou mãe, perder a calma, não há problema em pedir desculpas. Tente algo como: "Pensei no que aconteceu e no que eu disse ou fiz e me sinto mal por isso. Acho que poderia ter feito diferente e é isso que vou tentar fazer de agora em diante". Concentre-se em dar o exemplo da importância da humildade e da autorreflexão — tenha certeza de que isso não prejudicará sua autoridade. Mostre que você se importa prestando atenção ao humor e ao comportamento de seu filho e conheça os pais dos amigos dele.

Sessão de perguntas e respostas

Pergunta: Não quero constranger minha filha repreendendo-a em público, mas não quero mudar as regras estabelecidas só porque há outras pessoas por perto. Alguma sugestão?

Resposta: Você pode combinar um sinal quando estiver estabelecendo e falando sobre as ***Regras*** — algo tão simples como puxar a orelha para lembrar seu filho do limite ou da regra. É importante não escolher um gesto que possa parecer uma ameaça, mas sim um ponto de conexão e um sinal secreto que diga:"Ei, não precisamos discutir verbalmente agora, e sei que você realmente quer ficar aqui, mas lembre-se de que dissemos que seria difícil ir embora quando chegasse a hora, mas temos de chegar em casa a tempo para o jantar" (***Relacionamento***, ***Regras***).

EXERCÍCIO DE REPARAÇÃO

Imagine uma luz azul de compaixão em meio ao conflito

Sente-se ou deite-se em um local onde possa ficar confortável. Observe onde seu corpo está em contato com o chão, a cama ou a cadeira. Respire intencionalmente e expire. Reserve alguns momentos para se concentrar apenas no fluxo de sua respiração.

Agora, lembre-se de uma situação em que você não lidou com um conflito de uma forma que o deixa orgulhoso. Pode ser algo bem pequeno. Permita que o conflito seja reproduzido em sua mente como um filme. Lembre-se de como você se sentiu em seu corpo. Agora, imagine a compaixão como uma luz azulada e visualize essa luz envolvendo você no conflito. Continue respirando. Agora, concentre-se na outra pessoa ou pessoas envolvidas no conflito. Ao reproduzir o conflito, observe o que estava acontecendo no corpo da outra pessoa ou pessoas. Expanda essa luz azul da compaixão para incluí-las.

Inspire e expire. Agora, se puder, tente mudar para a perspectiva da outra pessoa ou pessoas, observando o conflito do ponto de vista delas.

Inspire e expire. Como seria estar no corpo e no estado de espírito do seu filho ou do seu parceiro? Se as pessoas envolvidas no conflito estiverem tristes, com raiva ou medo, perceba isso. Imagine sua luz azul de compaixão abrangendo toda a interação. Envie uma mensagem silenciosa de aceitação para todas as pessoas envolvidas. Veja-se pedindo desculpas, se for o caso. Coloque a mão no coração e diga: "Eu envio compaixão para mim mesmo".

Agora, se for apropriado, você talvez queira voltar a interagir com seus filhos ou parceiro.

CAPÍTULO 12

Pontos comuns de conflito

Aplique o que você aprendeu em situações complicadas

O homem precisa desenvolver, para todos os conflitos humanos, um método que rejeite a vingança, a agressão e a retaliação. A base desse método é o amor.

MARTIN LUTHER KING JR., DISCURSO DE ACEITAÇÃO DO PRÊMIO NOBEL DA PAZ

Os seres humanos, assim como as árvores fortes, podem balançar sem quebrar. E é nisso que confiamos como pais humanos. O psicólogo Edward Tronick, mencionado no Capítulo 5, pesquisou extensivamente por que algumas crianças se tornam tristes, retraídas, inseguras ou com raiva, enquanto outras são felizes, curiosas, afetuosas e autoconfiantes. Ele aprendeu que as crianças que tendem a crescer felizes e curiosas não são aquelas que nunca tiveram interações negativas com os pais; ao contrário, são aquelas que aprenderam a confiar que seus pais são seres humanos bem-intencionados, dispostos a consertar as coisas quando elas dão temporariamente errado. Não são os conflitos ou as rupturas que nos prejudicam — é a falta de ***Reparação***.

Então, como é a ***Reparação*** na vida cotidiana? Pode ser um simples pedido de desculpas verbal ou não verbal. ***Reparamos*** nossos relacionamentos sendo calorosos, calmos, gentis, respeitosos, conectados, empáticos, amorosos, receptivos, curiosos e brincalhões. Sabemos quando a ***Reparação*** aconteceu; às vezes, é apenas uma risada compartilhada ou um olhar de reconhecimento, enquanto outras vezes é uma conversa explícita.

Quando você estabelece um limite, pode esperar reações contrárias, mas, como pai ou mãe, ainda pode deixar claras as suas expectativas. O conflito faz parte do território, mas, assim como todos os casais discutem (e os casais bem-sucedidos ***Reparam***), todos os pais e filhos têm pontos de conflito em que o vínculo pode ser rompido. O que constrói relacionamentos não é o fato de nunca haver ruptura; é quando a ruptura é seguida de ***Reparação***. Na verdade, as crianças passam a se sentir mais seguras quando aprendem que as coisas boas podem se seguir a coisas ruins, quando experimentam ser perdoadas, quando veem que os seres humanos cometem erros ou têm conflitos e que isso não é o fim do mundo — nem mesmo o fim do relacionamento. Quando as emoções estão à flor da pele, temos a oportunidade, como pais, de praticar nossa própria inteligência emocional. Ao enfrentar conflitos de qualquer tipo, acho importante saber o que podemos esperar de nossos filhos em termos de desenvolvimento — e, ao longo dos anos, aprendi alguns truques úteis que compartilho com você.

Ao abordar um conflito, primeiro entre em EQUILÍBRIO

Sei que pareço um disco arranhado com toda essa conversa sobre EQUILÍBRIO (BALANCE), mas consistência e repetição são a base da criação de filhos. À medida que continuamos a praticar a ***Reflexão***, a ***Regulação*** e a razão, ficamos melhores nisso. Continuamos a demonstrar a pausa e a intenção e, por fim, nós e nossos filhos nos tornamos a versão mais bem regulada de nós mesmos.

B*reathe* (respire): a esta altura, você já sabe que a regulação começa com a respiração. Inspire com intenção e expire. É assim que reiniciamos nosso sistema nervoso.

A*cknowledge* (reconheça sua própria bagagem emocional): quando os filhos mentem, trapaceiam, recusam-se a fazer a lição de casa e nos respondem mal, é fácil ficarmos magoados, pensarmos que perdemos o controle sobre toda essa questão de parentalidade e que, obviamente, eles vão crescer e se tornar criminosos. Isso é apenas bagagem emocional. Reconheça e siga em frente.

L*et it go* (deixe para lá): você pode deixar seus medos sobre a criminalidade para outro momento.

Assess (avalie a situação atual): o que realmente está acontecendo aqui e agora? Talvez você não goste do que está acontecendo, mas talvez seja normal para a fase de desenvolvimento. Muito provavelmente, é algo com que podemos trabalhar.

Notice (observe o que está acontecendo): observe o corpo de seu filho e o seu próprio corpo. Seu filho está sob pressão e agindo com medo? Ele parece estar apenas testando os limites movido pela curiosidade? Os corpos nos dão informações.

Connect (conecte-se): mostre ao seu filho, com seus gestos e suas palavras, que você o vê e se importa com os sentimentos dele.

Engage (envolva-se): a partir desse ponto de equilíbrio, você pode tomar uma decisão intencional sobre como responderá.

O poder curativo da distração

A sabedoria convencional incentiva o desabafo e a catarse quando estamos com raiva, mas estudos sugerem que nos distrairmos quando estamos com muita raiva pode ser mais útil. Quando o conflito fizer com que você se sinta irritado ou ressentido, tente se envolver com outra atividade antes de voltar a interagir com seu filho, para que você consiga passar desse espírito de ruptura para um humor que tenha espaço para ***Reparações***. Em um estudo, os pesquisadores irritaram estudantes universitários e depois os fizeram bater em um saco de pancadas. Um grupo foi instruído a refletir sobre sua raiva e descarregar tudo no saco. O outro grupo também foi instruído a bater no saco de pancadas, mas lhes foi dito que essa era uma atividade diferente e que agora eles estavam entrando em forma. Talvez surpreendentemente, foram os participantes que bateram no saco *sem* refletir sobre o motivo da raiva que diminuíram a raiva. Portanto, considere a possibilidade de extravasar sua raiva correndo em volta do quarteirão, dizendo a si mesmo que é para entrar em forma, ou fazendo jardinagem, enquanto ouve um podcast ou se distrai de outra forma para entrar em um estado de espírito calmo, a partir do qual você possa se aconchegar e ***Reparar***.

Aplique o que você aprendeu

Toda família tem seus próprios pontos de conflito recorrentes, mas vamos aplicar os princípios da paternidade que se referem a alguns pontos sensíveis comuns que meus clientes me trazem todos os dias: interrupção, choramingos, mentiras, trapaças e não fazer as tarefas. Com um pouco de imaginação, você pode usar esses cenários para imaginar como implementaria os mesmos princípios em outras situações.

Se ajudar, aqui está um acrônimo: CUDDLE (que, em português, significa abraçar, acolher) pode curar o conflito:

Conecte-se.

Utilize a lente do desenvolvimento para compreender a fase em que seu filho se encontra.

Desestimule o comportamento indesejado sem se fixar nele.

Distraia-se ou distraia seus filhos.

Liberte-se da vergonha.

Envolva-se com seu filho sem gritar ou constrangê-lo (esclareça as expectativas, espere uma reação, mantenha sua posição e siga em frente).

Choramingar, mentir e trapacear

Esses não são *todos* os pontos de conflito que você provavelmente vai encontrar como pai ou mãe, mas são exemplos comuns e para os quais as lentes da psicologia do desenvolvimento podem ajudar.

Choramingar

As crianças choramingam por diversos motivos, embora geralmente seja porque estão chateadas com alguma coisa ou porque, no passado, choramingar as ajudou a conseguir algo que queriam. As crianças também têm maior probabilidade de choramingar se estiverem doentes ou cansadas demais. É uma daquelas coisas que não são prejudiciais, mas são irritantes. Tão irritante, de fato, que é fácil deixar que isso nos cause raiva. Em vez disso, tente respirar fundo, ficar no nível dos olhos do seu filho e dizer algo como: "Eu realmente quero entender o que você está tentando dizer, mas é difícil compreender quando você está choramingando. Pode tentar fazer isso novamente com sua voz real?".

As reclamações deixam a maioria de nós um pouco malucos. Para ter certeza de que conseguirá manter a calma quando ouvir o choramingo (lembrando que nossos filhos se corregulam conosco, portanto, se estivermos transbordando de irritação, provavelmente regaremos a planta chorona), tente respirar antes de responder. Apenas uma respiração (ou uma boa respiração de quatro tempos) pode ajudá-lo a responder com intenção, não por irritação. Ao respirar, lembre-se: "Isso é irritante, mas não prejudicial".

Sessão de perguntas e respostas

Perguntas: O que devo fazer se, depois de reconhecer o que eles estão sentindo e pedir que usem a voz "real", eles continuarem choramingando?

Resposta: Você pode fazer tudo o que eu ou qualquer outro orientador parental sugerir, mas isso não significa que o comportamento vai parar, especialmente na primeira vez. Na maioria das vezes, os momentos da parentalidade não são únicos e definitivos. Depois de ter sido sensível, lidado com a situação após respirar fundo e dito isso uma vez, é perfeitamente normal seguir em frente. Você não precisa ignorar seu filho, mas pode ignorar a solicitação. Por exemplo, depois de dizer que não há sorvete no café da manhã e pedir ao seu filho que diga o que ele gostaria de comer com a voz "real" dele, você pode seguir adiante com a refeição e evitar qualquer outro envolvimento com as reclamações dele.

Mentira

Uma mentira não teria sentido se a
verdade não fosse considerada perigosa.
ALFRED ADLER, MD

Pode ser alarmante a primeira vez que seu filho mente para você. Você pode se sentir traído, irritado ou preocupado com o senso de moralidade que está surgindo. Por outro lado, pode ser engraçado, porque eles são pegos com muita facilidade. "Você comeu aquele biscoito?"

"Não", eles dirão, sorrindo, com migalhas nas bochechas e os dentes manchados de chocolate. Mas, se vale de algo, essa mentira precoce sinaliza um marco positivo no desenvolvimento do cérebro da criança. Elas estão começando a entender que nem sempre você consegue vê-las, que cada pessoa tem suas próprias crenças e que podemos formar crenças com base no que nos é dito. Antes dos quatro anos de idade, as crianças geralmente não têm a função cognitiva necessária para entender o que é enganar, portanto, quando essas habilidades da função executiva e a teoria da mente se unirem, espere que as crianças experimentem a mentira. Isso não significa que elas se tornarão mentirosas patológicas!

Você pode desencorajar a mentira sem dar muita importância a ela. À medida que as crianças ficam mais velhas, você pode fazer questão de prepará-las para dizer a verdade. Sabe aqueles momentos em que você se pega fazendo uma pergunta ao seu filho para a qual já sabe a resposta? E então sente que ele está mentindo para você, fica ofendido e precisa puni-lo? Aqui está a solução: *não faça às crianças uma pergunta para a qual você já sabe a resposta*. Em vez de pegar seus filhos em uma mentira, prepare-os para dizer a verdade, informando o que você sabe, o que observou e, a partir daí, avance com uma solução.

Por exemplo, em vez de perguntar: "Você escovou os dentes?" quando você sabe que ele não escovou, diga apenas: "Percebi que você não escovou os dentes — quando você vai escovar?". Se ele tiver comido um biscoito, em vez de dizer "Você comeu esse biscoito?", tente dizer: "Percebi que você comeu o biscoito que tínhamos combinado que você comeria depois do almoço". Dessa forma, você não precisa acrescentar sua frustração com a mentira ao fato de que ele não escovou os dentes ou não esperou para comer o biscoito.

Se você perceber que as mentiras do seu filho estão deixando você com raiva ou até mesmo furioso, esse pode ser um bom momento para usar o poder da distração. A mentira geralmente não é uma situação de emergência, portanto, vá socar aquele saco de pancadas, dizendo a si mesmo que está fazendo isso para entrar em forma. Ou coloque para tocar aquele seu álbum favorito de muito antes de ter filhos.

Trapaça

Assim como a mentira, a trapaça é um estágio normal de desenvolvimento. Por volta dos seis anos de idade — e isso será diferente para cada criança —, os seres humanos normalmente começam a experimentar a trapaça. Isso faz parte do desenvolvimento da teoria da mente, discutida no Capítulo 1. Basicamente, significa que eles já perceberam que ninguém pode saber o que eles estão pensando e que podem obter uma vantagem na competição sendo sorrateiros. A pressão dos colegas geralmente resolve o problema quando as crianças começam a repreender umas às outras por serem trapaceiras, mas você também pode desencorajá-las em casa. Os jogos que vocês estão jogando estão dentro do conjunto de habilidades do seu filho? Você dá o exemplo de honestidade mesmo que possa ganhar um cupcake por fingir que é seu aniversário? Procure oferecer contextos nos quais seu filho possa vencer e obter sucesso sem trapacear. Se ele for pego trapaceando na escola, você pode lembrá-lo de que sabe que ele é honesto e que pode haver sérias consequências para a trapaça no ambiente escolar. No entanto, evite punições severas nas primeiras infrações. Tudo isso faz parte do desenvolvimento típico.

Permita recomeços

Você está tentando sair de casa para um dia perfeitamente planejado e fantástico de diversão para todos. Você está esperando para mostrar à sua família como você é um pai ou mãe incrível, mas ninguém está ouvindo. Agora, você está oficialmente atrasado para o passeio, então fica lembrando seus filhos sobre o que perderão se chegarem tarde. O tempo está passando, todos estão ignorando você e brigando uns com os outros, e agora você entrou no modo de luta ou fuga e grita algo de que se arrepende imediatamente. Você ainda nem chegou ao local planejado e o dia perfeito já virou um caos.

Nesse momento, você pode desejar simplesmente apertar o botão de reinício e começar tudo de novo. Bem, a boa notícia é que você realmente *pode* apertar esse botão. É o momento de pedir uma nova chance para dissipar o conflito e passar diretamente para a ***Reparação***. Você pode dizer algo como: "Puxa! Isso não parece o dia divertido de domingo que tanto esperávamos, não é mesmo? Vamos recomeçar! O que vocês acham? Vamos tentar de novo: quem está animado para hoje? Eu estou!". Faça uma dancinha. "Mal posso esperar para colocar meus pés na areia. Com o que vocês estão animados?". Sabemos que a ***Reparação*** é facilitada pela brincadeira, portanto, você pode torná-la ainda mais lúdica, acrescentando um som engraçado de "rebobinar a fita" para aliviar o clima e aproveitar a oportunidade para um pouco de bobagem.

Todo mundo comete erros, e não há lugar melhor do que o lar para praticar a ideia de que somos todos humanos e podemos nos recuperar de momentos ruins. Os recomeços nos dão a chance de aprender com esses momentos e fazer melhor da próxima vez. Essa é uma estratégia concreta para dar a volta por cima e começar de novo. Pedimos recomeços quando estamos com esperança de um novo começo e cientes de que todos nós, no calor do momento, dizemos e fazemos coisas das quais nos arrependemos. Isso não apaga o comportamento anterior; simplesmente oferece uma chance de assumir a responsabilidade e praticar uma maneira melhor de seguir em frente.

Veja como pedir um recomeço:

1. **Respire.** Volte para o momento presente. Você está entendendo o padrão, certo? Tudo começa com a respiração.
2. **Nomeie.** "Parece que precisamos recomeçar! Vamos tentar de novo."
3. **Conecte-se.** Tente ver as coisas do ponto de vista de seu filho e diga a ele que você entendeu. Peça desculpas se você reagiu de forma

exagerada ou fez algo de que se arrepende. Se foi seu filho que disse algo de que ele claramente se arrepende, dê a ele a chance de esquecer o assunto sem um sermão. Certifique-se de que seus filhos e familiares estejam de acordo. Tenha cuidado para não parecer indiferente; trata-se de estar no mesmo time.

Deixe a vergonha de lado

Se você acidentalmente disser algo que cause constrangimento para seu filho em um lar amoroso em geral, e você teve apenas um momento ruim, isso não vai marcá-lo para o resto da vida. Apenas peça desculpas. Um verdadeiro "desculpe-me" envolve ***Reparação***. No longo prazo, a aversão a si mesmo será o maior problema a ser curado. Coloque a mão no coração e diga: "*Na maioria das vezes*, eu sou o pai (ou a mãe) que quero ser". A autoempatia é o antídoto para a vergonha. A empatia e a autoempatia são as chaves para transformar conflitos em ***Reparações***.

EXERCÍCIO DAS REGRAS

Autoperdão

É comum sentir-se desconfortável ao estabelecer ***Regras*** e impor consequências. Também é muito comum sentir que você foi longe demais e reagir com aversão a si mesmo. O ideal é que todos nós aprendamos com nossos erros, mas é importante normalizar o autoperdão. Encontre um lugar confortável para se sentar. Reserve alguns momentos para relaxar e se conectar com sua intenção — para abrir seu coração.

Lembre-se de algum aspecto de si mesmo que tenha sido considerado imperdoável. Talvez você tenha gritado com seu filho ou magoado alguém. Você pode até se sentir enojado com seu próprio comportamento. Pergunte a si mesmo o que parece tão errado ou tão ruim no que fez, pensou ou sentiu. Permita-se sentir essa aversão. Não lute contra isso. Apenas permita-se sentir.

Pergunte-se gentilmente o que está motivando essa parte de você que se sente inaceitável. Que necessidade você está tentando satisfazer? Se, por exemplo, você gritou com seu filho, pergunte a si mesmo: que medo estou tentando acalmar?

Muitas vezes, quando estamos criticando ou julgando a nós mesmos ou a nossos filhos, é porque estamos com medo. Veja se você consegue identificar esse medo subjacente. Se você sente que feriu seu filho, será que agiu por mágoa e insegurança? Você agiu com base em uma necessidade de se sentir poderoso ou seguro?

Ao fazer essas perguntas a si mesmo, você está se abrindo para a vulnerabilidade desse momento, portanto, traga à mente seu amigo, parente, antepassado ou ser imaginário mais amoroso, sábio e compreensivo e, intencionalmente, veja-se através dos olhos dele — com toda a sua compaixão. Visualize o rosto dele compreendendo profundamente a maneira como você sente que cometeu um erro. Mesmo que você não goste de seu comportamento, mantenha a compaixão desse amigo ou ser sábio e amoroso.

Coloque a mão no coração e sussurre algo compassivo para si mesmo. Você pode dizer algo como: "Vejo como causei sofrimento a mim mesmo e me perdoo". Ou você pode simplesmente dizer: "Perdoado". Lembre a si mesmo: é minha intenção me perdoar quando eu for capaz de fazê-lo.

CAPÍTULO 13

Seu filho no mundo lá fora

A escola e além: mantendo os pés no chão à medida que os filhos se tornam mais autônomos

Há apenas dois legados duradouros que podemos esperar deixar a nossos filhos. Um deles são as raízes: o outro, as asas.

JOHANN WOLFGANG VON GOETHE

No final das contas — e de um dia imperfeito —, não estamos tentando criar filhos que nunca precisarão de terapia — por acaso isso é interessante? Estamos apenas tentando criar seres humanos que não perderão a calma com o barista porque acabou o leite desnatado. Uma maneira de ajudar nossos filhos a se tornarem adultos que não perderão a calma é deixá-los praticar a autonomia.

É incrivelmente desafiador, como pai ou mãe, não entrar em cena e tentar resolver as coisas — seja porque o amigo do seu filho não compartilhou um brinquedo durante a brincadeira, seja porque o professor de álgebra está dando a ele um 9 quando ele está *tão perto* de um 10 —, mas a melhor opção é, muitas vezes, não fazer nada e simplesmente apoiar nossos filhos enquanto eles aprendem a lidar com as pessoas e as consequências do mundo lá fora.

Sabemos que, em florestas antigas, as árvores que são protegidas por suas árvores-mãe tendem a se tornar mais fortes e resistentes. Mas há uma diferença entre abrigar e proteger demais. A ecologista Suzanne Simard, da Universidade da Colúmbia Britânica, observou que as árvores-mãe no mundo natural reduzem a competição de suas próprias raízes para dar às árvores menores espaço extra para que cresçam com raízes profundas e fortes. Isso não é legal? Da mesma forma, à medida que nossos filhos crescem, é importante que nos afastemos um pouco para que nossas mudas tenham espaço para se esticar e crescer.

Respire em um lugar de EQUILÍBRIO

Quando nossos filhos vão para a creche, depois para a escola, depois para brincar na casa dos amigos, para o acampamento do pijama e, talvez, eventualmente, para a faculdade ou para seu próprio apartamento — ou para se tornarem capitães de um navio que nós mesmos não sabemos comandar —, é mais do que natural entrar em pânico toda vez que o telefone toca. Portanto, vamos continuar praticando para chegar a um ponto de equilíbrio. É a partir desse ponto de EQUILÍBRIO (BALANCE) que podemos ver e agir melhor no espaço entre negligenciá-los, o que faz com que as crianças não se sintam apoiadas, e microgerenciá-los, o que faz com que sintam que não achamos que eles podem lidar com as coisas.

***B**reathe* **(respire):** você sabe que não pode pular esta etapa! Inspire profundamente pelo nariz e expire. Muito bem — você redefiniu seu sistema nervoso.

***A**cknowledge* **(reconheça sua própria bagagem emocional):** reserve um momento para refletir e tente se lembrar de quando você se sentiu assim antes. *Há alguma chance de estar exagerando com base em experiências passadas?*

***L**et it go* **(deixe para lá):** a catastrofização é totalmente compreensível, mas siga em frente e deixe para lá.

***A**ssess* **(avalie o momento presente):** o que realmente está acontecendo aqui e agora? É uma nota que talvez não tenha tanta importância? É uma pessoa com quem gostaríamos que nosso filho não precisasse lidar? Não é o fim do mundo? Mesmo que o momento seja terrível e impactante, é fundamental chegar a ele a partir de seu estado mais regulado.

***N**otice* **(observe):** O que está acontecendo em seu corpo? O que parece estar acontecendo no corpo do seu filho? Concentrar-se nos corpos nos ajuda a permanecer no presente. Nosso eu futuro ainda não tem sensações corporais. Nossas memórias também não têm corpos. Observe o agora corporificado.

C*onnect* (conecte-se): conecte-se com seu filho, fazendo com que ele saiba que você se importa com quem ele é e com o que ele está passando. Não há problema nenhum em lembrá-lo, também, de quem você é e do que está passando — e dê o exemplo de ser capaz de lidar com isso.

E*ngage* (envolva-se): a partir desse estado de equilíbrio, veja se consegue identificar o espaço entre a negligência e a superproteção. Prometo que isso ficará cada vez mais fácil.

Não fique rondando a escola

A ciência é clara ao afirmar que o envolvimento dos pais na vida e na educação dos filhos melhora seu sucesso, independentemente de renda ou do histórico familiar. O que não ajuda, no entanto, é ficar em cima o tempo todo, corrigindo constantemente ou entrando em contato com os professores sobre qualquer coisinha. Essas ações geralmente fazem com que as crianças sintam que não acreditamos que elas possam lidar com suas próprias experiências. Não queremos abandonar nossos filhos em seu caminho pelo mundo, mas os prejudicamos quando os microgerenciamos. Há um meio-termo entre os extremos.

Quando e se puder, ofereça-se como voluntário na sala de aula de seu filho, participe das reuniões de pais e dos eventos na escola, acompanhe os passeios escolares. Demonstre interesse pelo que seus filhos estão aprendendo na escola. Em vez de apenas perguntar "Como foi o seu dia?", tente ir mais fundo e pergunte: "Qual foi a coisa mais legal que você aprendeu hoje?". Ou: "Quais matérias você está achando desafiadoras?". Reforce uma atitude positiva em relação à escola e à educação e evite projetar crenças negativas sobre as aulas, o recreio e os professores.

Quando quiser incutir confiança em seus filhos, lembre-se de que não se trata apenas das habilidades práticas da vida que eles estão aprendendo — como amarrar os sapatos ou aprender a ler; trata-se de desenvolver uma crença geral na própria capacidade de serem gentis consigo mesmos e confiarem em si à medida que se tornam pessoas cada vez mais maduras, capazes de se cuidar mesmo quando você não está por perto. Se você tiver conselhos ou observações, tente começar seus comentários com "Será que...". Por exemplo, "Será que você está se sentindo um pouco desconfortável com a situação do seu grupo de amigos?", em vez de projetar o que você acha que sabe.

Concentre-se na eficácia interna em vez da autoestima

Todos nós queremos que nossos filhos se sintam bem consigo mesmos, mas a sabedoria convencional nem sempre nos indica a direção certa quando se trata de descobrir como conseguir isso. A Dra. Michele Borba, psicóloga educacional e autora de *Prósperos: os motivos surpreendentes pelos quais algumas crianças lutam e outras brilham*, afirma que, na verdade, há pouquíssimas evidências de que o aumento da autoestima das crianças melhora o sucesso acadêmico, ou até mesmo a felicidade a longo prazo. Várias análises abrangentes de programas escolares concluíram que a tentativa de aumentar a autoestima "não teve nenhum efeito perceptível nas notas ou no desempenho dos alunos".

No entanto, estudos mostram que as crianças que conseguem estabelecer uma conexão entre suas notas e seus próprios esforços são mais bem-sucedidas do que aquelas que pensam que os resultados acadêmicos são baseados em habilidades intrínsecas. Em um estudo, a psicóloga Dra. Carol Dweck e seus colegas ensinaram aos alunos que, ao saírem de suas zonas de conforto para aprender algo novo e desafiador, eles estavam ativando neurônios no cérebro para formar conexões novas e mais fortes, de modo que, com o tempo, ficariam mais inteligentes. Os alunos que não foram ensinados sobre essa mentalidade de crescimento apresentaram notas baixas quando confrontados com novos desafios, enquanto os que aprenderam essa lição apresentaram uma recuperação acentuada em suas notas.

A *autoestima* refere-se a um amor-próprio básico, independentemente das realizações. A confiança está mais intimamente relacionada à competência e à crença de que somos capazes de fazer as coisas. Mas o que eu chamo de "eficácia interna" é mais focado — e é o que devemos buscar se quisermos ajudar nossos filhos a ter sucesso. A eficácia interna é a crença de um indivíduo em sua própria capacidade de fazer o que for necessário para atingir seus objetivos. A autoestima pode dizer: "Sou incrível!", mas a eficácia interna diz: "Tenho a capacidade de descobrir isso e alcançar o que me propus a fazer".

Crianças com um forte senso de eficácia interna têm maior probabilidade de se desafiarem e se esforçarem para atingir metas e concluir tarefas. Em vez de culpar circunstâncias externas ou alguma falta imutável de talento por seus fracassos, as crianças com eficácia interna tendem a se concentrar em fatores que *estão* sob seu controle. Com esse senso de empoderamento, nossos filhos podem reconhecer os erros e corrigir o rumo. Os alunos com eficácia interna se recuperam rapidamente de contratempos e provavelmente atingirão suas metas pessoais. Os alunos com baixos níveis de eficácia interna, por outro lado, presumem que não podem ser bem-sucedidos — e isso se torna um ciclo que se autoalimenta, pois eles não têm motivação real para se esforçar.

As pesquisas mostram que os alunos adquirem eficácia a partir de quatro fontes: a experiência de fazer as coisas direito, observar os outros fazendo as coisas direito, lembretes verbais de que eles têm um histórico e uma capacidade de fazer as coisas direito e um senso de confiança tranquila em seus corpos.

Experiência: para que nossos filhos tenham a experiência de fazer as coisas direito, eles precisam ser desafiados no nível certo. Forçar as crianças a vivenciar experiências educacionais para as quais elas não estão preparadas pode ser contraproducente.

Observação: nossos filhos precisam ter a chance de se sair bem. Observar os colegas realizando uma tarefa também pode ter uma forte influência no desenvolvimento da eficácia interna. É importante que as crianças vejam outras pessoas que considerem semelhantes a elas em pelo menos alguns aspectos específicos, como idade, raça ou etnia, identidade de gênero, habilidade, interesses, roupas, círculos sociais e níveis de realização. O modelo a seguir não precisa vir de pessoas exatamente iguais aos nossos filhos, mas observar uma criança muito mais velha e de raça e gênero diferentes fazendo algo pode não surtir o mesmo efeito.

Lembretes: as histórias que contamos a nós mesmos sobre o passado criam nosso senso de competência sobre o futuro. Estudos demonstram que as pessoas que acreditam em si mesmas, com mentalidade otimista e de crescimento, geralmente não têm experiências passadas tão diferentes das de seus colegas pessimistas; elas apenas se lembram dos sucessos de forma mais vívida do que dos fracassos. Lembrar nossos filhos dos sucessos passados pode ajudá-los a adquirir o hábito de se concentrarem em suas capacidades.

Calma: se as crianças se sentirem excessivamente estressadas ou ansiosas quando enfrentarem desafios, pode ser difícil realizar o trabalho sem antes cuidar dessa resposta fisiológica. Ensinar aos nossos filhos práticas de autorregulação, como a respiração consciente, contribuirá para que se tornem competentes em qualquer coisa para a qual direcionem sua atenção plena.

Oito maneiras de ajudar as crianças a desenvolver a eficácia interna

Aqui estão algumas maneiras úteis de desenvolver a eficácia interna de seu filho:

1. **Incentive as crianças a tentar.** Lembre seu filho de que o sucesso está ao seu alcance quando ele se esforça, persiste e se apoia nas estratégias que já aprendeu. Em vez de dizer que "a prática leva à perfeição", porque sabemos que isso nem sempre é verdade e não estamos buscando a perfeição, diga a seu filho que "o esforço leva à evolução". Sempre que as crianças se preocuparem com o fato de não serem capazes de fazer algo, você pode promover uma mentalidade de crescimento, acrescentando a palavra *"ainda"*.
2. **Lembre-os de sucessos recentes.** Quando as crianças percebem que a nova tarefa ou meta se assemelha a uma tarefa ou meta anterior que conseguiram melhorar ou obter sucesso, sua realização pode parecer menos intimidante. Para aumentar a confiança, pergunte ao seu filho como ele pode aplicar estratégias aprendidas anteriormente.

3. **Esclarecer para corrigir.** Em vez de apenas marcar os erros com uma caneta vermelha ou dizer: "Errado de novo, amigo!", tente reafirmar, reformular, mudar a pergunta, esclarecer as instruções e revisar as habilidades aprendidas anteriormente. Mesmo com crianças pequenas que apontam para uma maçã vermelha e dizem "azul", você pode dizer: "Ah, sim, os mirtilos são azuis e esta é uma maçã vermelha", em vez de apenas corrigi-las ou dizer: "Isso não é azul, bobinho".
4. **Elogie com especificidade quando for merecido.** O elogio específico, autêntico e merecido é a solução. Quando dizemos "Muito bem", tem de ser sincero e específico. Diga às crianças quando reconhecer seu esforço real, persistência, criatividade, independência e competência. Não é necessário apagar completamente a frase "muito bom" se ela estiver muito enraizada. Basta acrescentar algo específico e pronto. Tente algo mais parecido com: "Você foi muito bem ao aplicar a abertura de xadrez que acabou de aprender".
5. **Indique a estratégia.** Ajude as crianças a traçar a linha entre a ação e a realização. Por exemplo, se o seu filho fizer um bom trabalho ao escrever uma redação que ele mesmo esboçou, você pode dizer: "Percebi que você fez um esboço. Aposto que esse é um dos motivos pelos quais você se saiu tão bem". Ou, alternativamente, talvez você precise dizer: "Notei que você não fez um esboço. Pode ser muito difícil escrever uma redação sem planejamento. Vamos tentar escrever uma juntos". Quando as crianças entendem que seus fracassos não se devem a limitações permanentes, abre-se caminho para conquistas futuras.
6. **Incentive seu filho a encontrar seu próprio conselho.** Sempre que seu filho estiver diante de um dilema, tente perguntar que conselho um amigo que se importa com ele daria. E o que um mau amigo diria? Ajude-o a desenvolver a capacidade de distinguir entre todas essas vozes em sua cabeça, de modo que ele possa encontrar sua própria luz orientadora.
7. **Ensine a microatenção plena.** Assim como não podemos ser pais equilibrados quando estamos nos sentindo excessivamente ansiosos ou angustiados, nossos filhos não aprendem bem quando seus corpos os levam a uma resposta de luta ou fuga ou paralisia. Ensine aos

seus filhos um exercício de respiração fácil de lembrar, como "Cheire a flor, apague a vela" (consulte a página 51), como uma estratégia para acalmá-los quando estiverem sentindo pânico em relação ao desempenho.

8. **Sejam árvores juntos.** Pratiquem juntos uma rápida visualização em que seu filho se imagine como uma árvore em crescimento, com as raízes firmemente fincadas no solo. Imagine-se como uma árvore-mãe perto dele. Você pode dizer: "Estou lhe enviando minha confiança de que você pode obter sucesso por meio das minhas raízes no solo, mas você também está criando suas próprias raízes. Você consegue".

O senso de importância também importa

Outro componente essencial da autopercepção e que muitas vezes é negligenciado em favor da autoestima é a sensação de que se é importante para outras pessoas. A ciência da importância nos mostrou que se trata de uma construção psicológica única e vital que protege contra a depressão e fortalece nossos músculos de ***Relacionamento*** e ***Reparação***. O pesquisador Gordon L. Flett descreve a importância como "o senso pessoal de se sentir significativo e valorizado por outras pessoas" e descobriu que "a pessoa que sente e sabe que é importante provavelmente é mais feliz, mais saudável e mais interconectada com outras pessoas" (***Relacionamento***). Os pesquisadores até descobriram que o senso de importância foi um recurso fundamental e um indicador de resiliência durante a pandemia da covid-19. Durante a crise de saúde pública, o senso de importância ajudou a proteger contra sentimentos de solidão e resguardou a saúde mental.

Você pode reforçar o senso de importância das crianças ouvindo-as e fazendo questão de mostrar que elas são valorizadas simplesmente por serem quem são, e não apenas pelo que fazem. O sentimento de importância de pré-adolescentes e jovens adultos também pode ser fortalecido se eles fizerem algo para os outros, como trabalho voluntário ou mentoria.

Jennifer Breheny Wallace, autora de *Nunca o suficiente: quando a cultura do desempenho se torna tóxica — e o que podemos fazer a respeito*, compartilhou comigo uma maneira divertida e tátil de lembrar às crianças que elas são importantes. Quando uma criança chega da escola e se sente decepcionada por não ter se saído bem em uma prova ou por não ter conseguido o papel na peça da escola — basicamente se sentindo desanimada ou até mesmo invisível —, mostre a ela uma nota de vinte reais e pergunte quanto vale. Ele provavelmente dirá que vale vinte reais. Agora, amasse-a e achate-a e pergunte de novo quanto vale. Provavelmente ela dirá que ainda vale 20 reais. E é aqui que você pode lembrá-la de que, mesmo que ela se sinta abalada pela experiência, nada pode mudar seu valor.

Amplie sua própria capacidade de sentir desconforto

Se você não suporta ver seu filho infeliz,
você está na profissão errada.
MADELINE LEVINE, PhD

A filha de cinco anos da Charlotte não quer nadar e chora toda vez que sua mãe a leva para perto de uma piscina. Isso se torna tão exaustivo que Charlotte finalmente desiste e diz: "Você nunca mais terá que nadar, e nunca mais chegaremos perto da piscina — ou da praia, ou do lago, ou do rio, ou mesmo de uma poça muito grande". Charlotte, como mãe, sente que está sendo cruel ao fazer sua filha sofrer com as aulas de natação, que ela obviamente odeia. O parceiro de Charlotte, que também se sente muito desconfortável com o choro da filha, diz: "Não tem nada de assustador — vou jogar você na água e você vai me agradecer um dia". E, então, ela entra.

Se sabemos que nosso filho tem um histórico de reagir bem a abordagens mais práticas, semelhantes a "arrancar o curativo de uma vez", essa pode ser a atitude mais sensível a tomar. Por outro lado, isso ajudará uma criança com medo a se sentir confortável? Provavelmente não. Assim como não aprendemos quando somos protegidos das experiências, os seres humanos não aprendem quando estão aterrorizados.

Há um meio-termo entre os dois extremos. O instinto de Charlotte de manter a filha longe das piscinas é totalmente compreensível, mas isso não fará com que ela se sinta mais independente. Em vez disso, é como dizer: "Sim, o medo deve governar sua vida". O instinto do seu parceiro de simplesmente impor-se e retirar a autonomia da filha nessa questão pode parecer "funcionar" em alguns aspectos, mas não ajuda essa criança a começar a entender o que os adultos bem ajustados tendem a fazer quando possível: enfrentar seus medos e inexperiências de forma lenta e sustentável, aumentando sua capacidade de suportar o desconforto até que ele não seja mais tão desconfortável.

A maneira que eu recomendo para superar o debate sobre a natação é ir devagar. Em nosso exemplo, juntos, como família, eles elaboraram um cronograma que acabaria levando a filha a entrar na água, mas em um horário previsível, previamente acordado e com mensagens consistentes. Eles decidiram que, no primeiro dia, passariam o tempo sentados perto da piscina, independentemente de todos estarem felizes com isso ou não. No dia seguinte, eles se sentariam um pouco mais perto. No terceiro dia, Charlotte entrou na piscina e sua filha concordou em molhar os pés. Observe que não se trata apenas de ampliar a capacidade de desconforto da criança medrosa, mas também de ampliar *a capacidade de desconforto* dos pais.

Essa é a "parentalidade Cachinhos Dourados" na prática. Na próxima vez em que você sentir o desconforto de outra pessoa — seja seu filho, seja um adulto —, pratique passar por essa experiência sem tentar consertá-la. A partir do seu estado de equilíbrio, você pode chegar a uma abordagem moderada que permita que todos sintam que seus limites estão sendo expandidos de maneira segura e previsível.

Cinco maneiras de dizer "Isso é péssimo"

Apoiar as crianças sem entrar no modo de "consertar" pode parecer desafiador, mas a prática gera progresso. Se o seu filho disser que um amigo o deixou triste, em vez de reagir ao amigo ou tentar resolver o problema do seu filho, você pode dizer: "Sinto muito. Isso deve ter sido muito difícil". Ou dizer: "Sim, vejo que você está se sentindo muito triste". Ou você pode dizer: "Isso parece difícil. Acho que eu também ficaria triste se isso acontecesse comigo". Você pode pedir ao seu filho que fale mais sobre o que é ruim, perguntando: "Como você está se sentindo em relação a isso?".

Tente simplesmente repetir o que seu filho está lhe dizendo. Se as palavras não fizerem sentido no contexto do que o seu filho está compartilhando, você pode simplesmente segurar a mão dele e apertá-la um pouco. Você não precisa seguir o mesmo roteiro o tempo todo se isso o fizer se sentir como um robô zumbi, mas não tem problema repetir o mesmo sentimento: eu vejo você, eu me importo com o que você está sentindo, o que aconteceu é horrível e estou aqui ao seu lado.

Converse sobre racismo

Não precisamos de pais antirracistas perfeitos; precisamos de pais dispostos a praticar o antirracismo com curiosidade e comprometimento.

BRITT HAWTHORNE

Infelizmente, estar inserido no mundo significa enfrentar os preconceitos culturais que persistem. As conversas sobre racismo serão diferentes para cada família, mas as pesquisas nos dizem que, quanto mais cedo os pais iniciarem as conversas sobre discriminação e injustiça, melhor. Se possível, deixe seu filho experimentar a diversidade em sua comunidade. Compre brinquedos e livros inclusivos, para que as crianças possam ver representações positivas de seres humanos de todas as raças e etnias.

Até mesmo bebês de seis meses de idade percebem diferenças, inclusive na cor da pele. E isso faz sentido. Nossas diferenças nos tornam seres humanos mágicos e incrivelmente bons. O problema surge quando as crianças começam a absorver preconceitos da cultura ao redor e talvez não tenham a compreensão ou o desenvolvimento moral para reconhecê-los e combatê-los. Pesquisas indicam que, aos cinco anos de idade, as crianças podem começar a demonstrar sinais de preconceito racial.

Nunca é tarde demais para começar a conversar com as crianças sobre equidade e justiça social e compartilhar seus valores antirracistas, mas também nunca é cedo demais. Com crianças de todas as idades — e com nós mesmos, como adultos em constante evolução —, podemos usar os Cinco *Rs* da parentalidade para mudar e permanecer comprometidos com o antirracismo:

Relacionamento, em um contexto antirracista, significa que nos empenhamos em nos conectar com pessoas diferentes de nós. O preconceito, por definição, existe nos relacionamentos, portanto, o combate ao preconceito também deve ser baseado em relacionamentos. É preciso deixar de lado a vergonha e passar a usar a curiosidade e a empatia. As crianças pertencentes à maioria global sofrem racismo sistêmico, mas também vivenciam, com frequência, racismo interpessoal por parte de seus colegas brancos.

Reflexão significa reconhecer que, se crescemos nesta sociedade, é muito provável que nossa visão de mundo esteja impregnada com pelo menos algumas ideias racistas, independentemente de nossa própria identidade racial. Ao refletir sobre nossa própria bagagem, podemos começar a pensar criticamente sobre os danos que podemos estar causando ao priorizar nosso próprio conforto. Quais são suas primeiras lembranças de perceber pessoas com uma cor de pele diferente da sua? Você teve algum adulto em sua vida que o ajudou a pensar sobre as diferenças raciais? Que mensagens você recebeu dos membros da sua família e do mundo exterior sobre diversidade? O que você aprendeu a respeito de como falar sobre diferenças? Como você se sente falando sobre diferenças e raça agora?

A **Regulação** entra em ação quando nos comprometemos a romper velhos padrões, pois ela nos permite agir não com base em vieses reativos, racismo internalizado, fragilidade ou culpa, mas sim com pausa, respiração e intencionalidade.

As **Regras** podem se tornar uma parte importante de nosso compromisso de criar filhos que possam se tornar cidadãos globais. Estudos mostram que, na escola, as regras são aplicadas de maneira diferente de acordo com a raça. Por exemplo, os alunos negros ainda têm três vezes mais chances de serem suspensos ou expulsos do que seus colegas brancos. Em vez de perpetuar impensadamente esse tipo de preconceito, reserve um tempo nas suas comunidades para identificar o que todos os indivíduos do grupo precisam para se sentirem seguros e apoiados e estabeleça regras básicas que respeitem essas diversas necessidades.

Reparação significa pedir para recomeçar quando cometemos erros e fazer reparos quando causamos danos.

Falando sobre racismo com crianças pequenas e pré-escolares

Normalmente, as crianças começam a notar e a apontar diferenças nas pessoas que veem ao seu redor. Se o seu filho perguntar sobre a cor da pele de outra pessoa, você pode usar isso como uma oportunidade para explicar que as pessoas têm aparências diferentes, embora tenhamos muito em comum. Você pode dizer: "Somos todos humanos e todos temos aparências diferentes. Isso não é maravilhoso?". Não há necessidade de fazer com que as crianças sintam que perceber as diferenças é um tabu. Muitas vezes, os pais brancos tentam evitar essas conversas, enquanto os pais da maioria global entendem que elas são inevitáveis. Não há problema em não acertar em cheio a abordagem desses temas, às vezes difíceis; basta manter o compromisso e a curiosidade — e continuar com as conversas.

Falando sobre racismo com crianças em idade escolar

Por volta dos cinco anos de idade, as crianças normalmente entendem o conceito de justiça, e esse é um contexto no qual se pode falar sobre racismo: é injusto, é inaceitável e os seres humanos precisam trabalhar juntos para criar um mundo mais justo e equitativo. À medida que as crianças avançam nos anos do ensino fundamental, elas geralmente melhoram a capacidade de falar sobre seus sentimentos — e também é provável que tenham contato com o racismo na prática. Pergunte às crianças o que elas estão aprendendo na escola ou na mídia. Discuta estereótipos e preconceitos raciais. Converse abertamente. Não há problema em não saber todas as respostas, mas incentive seus filhos a procurá-lo para fazer perguntas e priorize as conversas.

Falando sobre racismo com pré-adolescentes

Os pré-adolescentes podem compreender conceitos complexos e abstratos e expressar seus pontos de vista. Mencione notícias ou experiências para iniciar conversas sobre racismo. Pergunte aos seus filhos o que eles pensam e apresente a eles diferentes perspectivas. Incentive as crianças a encontrarem maneiras de confortar ou defender outras pessoas que estejam sofrendo bullying, participar de ativismo ou se envolver com questões raciais. Concentre-se nas áreas em que você pode ser proativo: fazer compras em lojas de pessoas de diferentes raças e etnias e comprar bonecas que representem a maioria global. As crianças podem se sentir sobrecarregadas se acharem que precisam enfrentar o mundo, mas até mesmo pequenas escolhas podem enfatizar uma abordagem antirracista.

Atividades extracurriculares: mais nem sempre é melhor

Quando se trata de atividades extracurriculares, busque o equilíbrio. Assim como acontece com todos nós, quando as crianças têm muitos compromissos, pode se tornar um desafio administrar o tempo e decidir onde colocar sua energia. É claro que queremos que nossos filhos aproveitem as oportunidades de diversão e aprendizado, mas também não há problema algum em permitir que eles sintam tédio às vezes. Uma pessoa que consegue suportar o tédio é uma pessoa que eu quero conhecer — e sim, essa também é uma pessoa menos propensa a perder a cabeça enquanto aguarda sua vez na fila. Por outro lado, não precisamos que nossos filhos fiquem tão entediados a ponto de se meterem em problemas! Como sempre, procure o equilíbrio e lembre-se: o temperamento faz diferença.

Sessão de perguntas e respostas

Pergunta: Minha filha quer parar de jogar futebol, mas ela é muito boa nisso! Devo deixá-la desistir de tudo?

Resposta: Quando sua filha quiser desistir de uma atividade, tente não tirar conclusões precipitadas. Faça perguntas abertas, como: "O que está acontecendo?", e valide os sentimentos dela, dizendo algo como: "Isso parece difícil e frustrante" (***Relacionamento***, ***Reflexão***). Não tome uma decisão precipitada. Talvez ela possa tentar mais algumas vezes. Como a psicóloga Angela Duckworth nos lembra em seu best-seller *Garra*, "não desista em um dia ruim". Tente descobrir os motivos pelos quais ela quer desistir conversando com o treinador ou observando a aula. Quando tiver uma melhor compreensão do que está acontecendo, você talvez esteja em uma posição melhor para debater com sua filha sobre maneiras de continuar com a atividade até o final da temporada ou quando chegar a outro ponto de parada natural.

Em última análise, quando se trata de deixar ou não nossos filhos desistirem de algo, a decisão depende deles — levando em conta a idade, o temperamento e os interesses; os motivos para querer sair; os objetivos para participar em primeiro lugar; e a "adequação" da aula em si. Se você gastou dinheiro em algo que eles concordaram em fazer e disse a eles que poderiam fazer, faz todo o sentido explicar no início que se trata de um compromisso de um semestre (ou pelo tempo que for). Depois, você pode dizer: "Ainda vamos continuar até a data *X*" e, se eles não quiserem participar, talvez possam apenas assistir. Da mesma forma, se os colegas de equipe estiverem contando com eles, você pode dizer: "Você tem de comparecer a um número *X* de jogos".

Como pais, podemos nos dar um desconto se houver algo que realmente queremos que nossos filhos aprendam — talvez você sempre tenha desejado saber jogar tênis ou sempre tenha se sentido um pouco mal por seus pais terem deixado você desistir do piano. Não há problema em pressionar seus filhos para que continuem com essas atividades. Você pode dizer: "Veja, estou usando minha autoridade como pai/mãe e obrigando você a fazer isso porque tenho a sensação de que será melhor para você. Reconheço totalmente que estou impondo meus próprios desejos de infância a você neste momento". Mas escolha sabiamente, porque se você fizer isso com tênis, piano *e* karatê, vai começar a parecer que você está vivendo indiretamente por meio de seu filho e não permitindo que ele tenha seus próprios interesses (***Reflexão***).

É claro que é de se esperar que o entusiasmo por qualquer coisa diminua com o tempo e, muitas vezes, depois de fazer um trabalho de detetive, você descobrirá maneiras fáceis de ajustar a experiência para que seu filho se sinta mais confortável, no controle, confiante e assim por diante, pelo menos para continuar com as coisas até o término previsto.

Normalize a mudança

As decisões sobre deixar ou não as crianças pequenas desistirem das coisas não são tão pesadas quanto parecem. Crianças pequenas, em idade pré-escolar e até mesmo aquelas em idade escolar, ainda não têm uma noção real do que lhes interessa, portanto, é natural que elas fiquem muito animadas para experimentar algo novo e acabem descobrindo que "não é a sua praia". Não queremos especialistas; queremos que as crianças experimentem as coisas e depois sigam em frente se não se adequarem a elas. Isso é diferente de desistir sempre que algo for um pouco desconfortável.

Se o seu filho quiser desistir de uma atividade e, após alguma investigação e ponderação dos prós e contras, você permiti-lo desistir, isso não significa que ele provavelmente também desistirá da faculdade ou que você está criando um "desistente". À medida que as crianças crescem, você pode fazer planos antecipados quando elas decidirem se inscrever em algo para saber por quanto tempo se comprometerão com a atividade e qual será o plano para decidir quando é hora de desistir.

Os seres humanos prosperam com a escolha

Quando os pais apoiam a autonomia dos filhos, isso fortalece a função executiva. Especificamente, a pesquisadora Stephanie Carlson, da Universidade de Minnesota, descobriu que os pais que oferecem escolhas aos filhos aproveitam um aspecto especialmente relevante do apoio à autonomia. Em seu estudo, Carlson criou labirintos em seu laboratório e convidou crianças pequenas a escolher entre labirintos com diferentes níveis de complexidade. Todos os labirintos levavam ao mesmo prêmio — um biscoito em formato de peixe —, mas, na maioria das vezes, as crianças escolhiam o labirinto mais difícil para chegar ao peixe dourado porque oferecia mais possibilidades de escolha.

A escolha, ao que parece, é inerentemente recompensadora. A escolha motiva. A escolha faz com que as crianças se sintam autônomas.

Mauricio Delgado, que dirige o Delgado Lab for Social and Affective Neuroscience (Laboratório Delgado de Neurociência Social e Afetiva, em tradução livre), na Universidade Rutgers, fez uma pesquisa com adultos e descobriu que, mesmo quando se trata apenas de "controle percebido", quando os adultos *sentem que* têm uma escolha de qualquer tipo, eles prosperam. Acredito que todos nós podemos nos identificar com isso. É muito difícil sentir que não se tem controle neste mundo.

Você quer continuar lendo este capítulo ou pular para o próximo? Depende de você!

Em última análise, queremos que nossos filhos vivam da forma mais independente possível de nós, dentro de suas capacidades. Mais do que ter um conjunto de habilidades específicas, isso significa criar filhos que se sintam confortáveis com sua própria autonomia, que possam enfrentar suas experiências com curiosidade e confiança e que possam pedir ajuda quando precisarem. A escolha fortalece esse senso crescente de autonomia e confiança à medida que as crianças aprendem a sair de sua zona de conforto de maneira saudável.

Dar opções não significa deixar sua casa livre de regras; você não dará a opção de ir ou não dormir, por exemplo. Mas você pode oferecer ao seu filho a opção de escovar os dentes ou tomar banho primeiro. Parece pouco, mas a escolha faz uma grande diferença.

O mesmo acontece na hora das refeições. Não é que você não vá se sentar durante a refeição, mas seu filho prefere se sentar nesta ou naquela cadeira? Seu filho quer água ou leite? A escolha dá autonomia para que a criança possa ***Refletir*** sobre suas opções antes de responder. Esses pequenos momentos servem para desenvolver a confiança — uma base para a autonomia.

Quando coisas grandes e assustadoras acontecem

Quando ouvir notícias devastadoras parece ser a norma, pode parecer falsidade continuar dizendo aos nossos filhos que eles estão seguros. E, no entanto, precisamos fazê-lo. Não falamos sobre acidentes aéreos toda vez que estamos indo para o aeroporto — pelo menos não deveríamos — e não precisamos expressar nosso pânico toda vez que deixamos nossos filhos na escola.

É compreensível que queiramos proteger completamente nossos filhos das realidades do nosso mundo. E, no entanto, não podemos. Quando as crianças estiverem na escola primária, elas começarão a ouvir falar de notícias atuais. Minhas filhas adolescentes sabiam sobre o último tiroteio na escola antes mesmo de eu buscá-las na escola. O que me chamou a atenção foi o fato de elas serem completamente fluentes em como falar sobre tiroteios em escolas, *porque isso já aconteceu muitas vezes*. De fato, era fácil demais falar sobre isso. Não deveria ser tão fácil assim. Além dos recentes surtos de ansiedade e depressão, a maioria dos adolescentes agora diz se preocupar com tiroteios em escolas. Os jovens estão em alerta máximo, a cobertura quase constante dos eventos pela mídia amplifica os temores e o estresse está atingindo níveis tóxicos. É compreensível que a saúde mental das crianças esteja em declínio, portanto, quando houver algo que possamos fazer como adultos para aliviar esse estresse, é nosso dever fazê-lo.

Cabe a nós sermos um espaço seguro onde nossos filhos possam processar o que está acontecendo ao seu redor. Podemos apoiá-los e garantir que, se as informações que encontrarem não forem precisas, eles saibam que somos uma fonte confiável. A ciência nos mostra que as crianças podem lidar com quase tudo (embora haja muita coisa que não gostaríamos que elas tivessem de lidar) se souberem que têm a presença e o apoio de seus adultos responsáveis. Por exemplo, estudos mostram que o calor materno atenua o estresse tóxico associado a crescer em situação de pobreza.

Ajustando conforme o temperamento, a idade e o grau de exposição de nossos filhos, podemos equilibrar a verdade dos acontecimentos com o fato de que eles estão seguros. Podemos assegurar-lhes que os adultos em sua vida estão trabalhando para protegê-los e que eles podem ser apenas crianças. Até mesmo nossos filhos pequenos percebem facilmente quando algo está acontecendo ao seu redor ou quando as coisas não estão bem conosco. Sem um adulto para explicar em linguagem apropriada para a idade o que estão sentindo, a imaginação das crianças geralmente cria cenários ainda piores do que a realidade. Validar que algo está acontecendo também ajuda as crianças a aprenderem a confiar em seus instintos.

Para as crianças mais velhas, oferecer-lhes meios para agir pode ajudar. O serviço é o antídoto para desesperança, e a informação é o antídoto contra a apatia. Uma maneira de começar é envolver-se em organizações de serviço ou ativismo para jovens. Os pré-adolescentes podem se voluntariar com os pais ou com organizações comunitárias. É por isso que é mais complicado, mas igualmente importante, decidir o que, quando e como responder aos seus filhos em idade escolar — que são velhos demais para se protegerem das notícias, mas jovens demais para processar a complexidade de tudo isso.

Dicas para conversas sobre coisas assustadoras

Se você tem crianças em idade pré-escolar, não é necessário compartilhar más notícias que não as afetem diretamente, a menos que tenha motivos para supor que elas serão expostas por outra fonte. Nesse caso, você pode modificar levemente a linguagem para que seja adequada à idade. Eles são pequenos o suficiente para serem protegidos de eventos difíceis de processar, e esperamos que você possa fazer isso.

Com crianças em idade escolar, você pode começar dizendo: "Aconteceu algo muito triste hoje" e, em seguida, dar a elas apenas as linhas gerais do acontecimento. Ao iniciar a conversa dessa forma aberta, você pode descobrir o quanto elas já sabem e incentivá-las a fazer perguntas. Se você tiver pré-adolescentes, pode perguntar diretamente o que eles acham antes de compartilhar suas próprias reações. Nossos pré-adolescentes estão aprendendo a entender o mundo por si mesmos e podem ter muito a nos ensinar. Podemos ajudá-los a pensar mais profundamente fazendo perguntas que os levem a refletir. Também precisamos nos sentir à vontade para reconhecer para nossos adolescentes que simplesmente não entendemos por que certas coisas acontecem, mas podemos compartilhar com eles a mudança que gostaríamos de ver e as ações que estamos tomando para criar essa mudança.

Com pessoas de todas as idades, você pode usar este processo de nove etapas para lidar com as notícias de uma maneira controlada:

1. **Respire fundo para ficar calmo e regulado.** Colocar fisicamente a mão sobre o coração pode ajudar a acalmar o sistema nervoso. Essa é a primeira etapa antes de qualquer conversa difícil.

2. **Reconheça suas próprias emoções.** Se estiver pensando nesses acontecimentos, lendo sobre eles e assistindo regularmente às notícias, lembre-se de que não há problema em ter sentimentos fortes e que seus filhos vejam suas emoções, mas eles precisam saber que você consegue cuidar de si mesmo. Tente dizer algo como: "Aposto que você percebeu que estou triste, e isso faz sentido. Eu sei como cuidar de mim mesmo quando estou triste e também sei como cuidar de você. Estamos seguros".
3. **Descubra o que eles sabem.** "Vocês devem ter ouvido falar sobre o que aconteceu em ______. Estou curioso para saber o que vocês sabem e estou aqui para responder às suas perguntas." Quando eles fizerem perguntas, seja sincero e claro em suas respostas.
4. **Reserve um momento para fazer uma pausa.** Dê um tempo para que a informação sobre o que aconteceu seja assimilada. Evite compartilhar demais ou acrescentar detalhes desnecessários. Resista ao impulso de preencher um silêncio desconfortável e veja o que seu filho tem a dizer.
5. **Ouça e dê espaço para qualquer resposta.** Seu filho não precisa estar interessado, ter uma reação forte ou mesmo expressar tristeza. Você também está tendo essa conversa como uma forma de antecipar o que ele ouvirá de outras fontes — e você quer que ele saiba que, quando possível, você sempre fará o possível para compartilhar as coisas com ele primeiro.
6. **Apresente os fatos de forma adequada à idade.** Se o seu filho tiver perguntas, forneça respostas simples ou procurem as respostas juntos em fontes de notícias que você julgue adequadas para crianças. Se o seu filho estiver repetindo informações erradas que ouviu, ajude-o a buscar fontes mais confiáveis. Responda somente às perguntas que ele fizer e evite dar explicações demasiadamente longas.
7. **Quando você não souber responder a uma pergunta, admita.** Essas são questões complicadas que oferecem uma oportunidade para o pensamento crítico e a investigação. Elas também exigem que todos nós aceitemos uma realidade em que nem sempre temos respostas. Não queremos que a violência e os desastres pareçam normais para nossos filhos ou algo que tenhamos de aceitar, mas também precisamos admitir para eles que nem sempre podemos entender os pensamentos e as ações dos outros.

8. **Mantenha a rotina.** Sempre que as coisas no mundo parecerem incertas, é importante se apoiar na rotina para manter as coisas o mais estáveis possível para seu filho. Isso também ajuda *você* a administrar suas próprias emoções e estar presente para sua família.
9. **Elaborem estratégias juntos.** Se você perceber que seu filho está ansioso com essa conversa, com alguma tragédia ou outros eventos atuais, diga a ele que você está ali para apoiá-lo. Crie estratégias para que ele se mantenha informado *e* cuide de suas próprias emoções. Tranquilize-o dizendo que a ansiedade dele faz sentido, dadas as circunstâncias, e que todos nós nos sentimos da mesma forma.

Pergunte sobre armas

Uma maneira concreta de garantir aos nossos filhos que os adultos ao seu redor estão pensando em sua segurança é normalizar as perguntas sobre armas. As perguntas podem ser incômodas, mas os especialistas concordam que é preciso perguntar. Todos os anos, ocorrem milhares de mortes e ferimentos acidentais por armas de fogo entre crianças. Na verdade, os ferimentos causados por armas de fogo se tornaram a principal causa de morte de crianças nos Estados Unidos. Está comprovado que o armazenamento seguro de armas de fogo reduz o suicídio de jovens e os disparos não intencionais.

Temos que nos conscientizar mais sobre como manter as armas longe das crianças e precisamos ser sinceros com outros pais. Embora o número de residências com armas esteja diminuindo, estima-se que ainda existam 300 milhões de armas nos Estados Unidos. Normalize as perguntas sobre armas e segurança com armas ao combinar uma visita com outros pais para as crianças brincarem. Seja aberto, para que os outros não precisem perguntar. Você pode dizer: "Para sua tranquilidade, gostaria de informá-lo de que não temos armas em casa e que somos muito preocupados com a segurança" ou "Temos várias armas em casa, mas elas estão guardadas de tal e tal maneira, e eu queria ter certeza de que você se sente confortável com isso e informá-lo de que somos muito preocupados com a segurança".

Torne-se um pai ou mãe santuário

Quando nossos filhos nos procuram com grandes notícias, eles estão nos oferecendo uma oportunidade de apoiá-los e mostrar-lhes que sabemos como agir quando se trata de inclusão, diversidade e amor incondicional. Se os seus filhos estão lidando com mudanças na vida que ainda são estigmatizadas pela sociedade, você pode garantir que seu lar seja um porto seguro. Quando nossos filhos entram no ensino fundamental e médio, é possível que eles comecem a trazer amigos que precisam de um espaço seguro para serem eles mesmos. Dentro dos limites da segurança e da lei, você pode estar presente para os jovens de sua comunidade. A psicóloga Susan Silk e o mediador Barry Goldman desenvolveram um conceito que eles chamam de "teoria dos anéis", no qual um sistema de apoio é visto como uma série de círculos concêntricos em torno de um centro vulnerável.

Desenhe um pequeno círculo no meio de uma folha de papel. A pessoa que está passando por uma mudança de vida ou uma crise — nesse caso, seu filho ou o amigo dele — é vista no centro. Desenhe um círculo ao redor desse círculo. A família imediata e os parceiros íntimos da pessoa estão no círculo mais próximo a ela, portanto, esse círculo incluiria você e o outro pai ou mãe de seu filho, bem como os companheiros mais próximos dele. Desenhe um terceiro círculo ao redor desses dois círculos. É onde estão seus amigos de confiança. Desenhe um quarto círculo. Os terapeutas e outras pessoas de apoio podem estar nesse quarto círculo. E assim por diante.

Na teoria dos anéis, Silk e Goldman aconselham que o conforto deve ser direcionado para dentro, enquanto o desabafo, o estresse, a crítica, a preocupação e a necessidade de extravasar podem ser direcionados para fora. Se você acha que a mudança de vida de seu filho pode ser apenas uma "fase", por exemplo, você pode compartilhar isso com seus amigos de confiança, direcionando sua dúvida para fora. Se você encontrar um recurso que acha que seu filho achará reconfortante, pode direcioná-lo para dentro, para o centro. Se o seu filho adora seus muffins de cenoura, você pode fazer uma fornada. Se estiver com raiva, magoado, passando por um luto, preocupado com a saúde e a segurança de seus filhos a longo prazo ou simplesmente precisando desabafar, você pode levar tudo isso para alguém mais distante do centro do que você mesmo — como um terapeuta, um amigo que não julgue ou um conselheiro espiritual. Isso permite que você obtenha o apoio e o conforto de que precisa sem acrescentar estresse à experiência de seu filho ou prejudicar seu relacionamento com ele.

EXERCÍCIO DE REGULAÇÃO

"Não posso controlar o mundo exterior; posso controlar minha reação a ele"

Sente-se em um lugar confortável e ajuste o cronômetro para o tempo que puder dedicar a essa meditação — três, dez ou vinte minutos serão suficientes.

Alongue um pouco o pescoço, girando a cabeça em cada direção. Observe qualquer outra parte do corpo em que possa estar sentindo ansiedade. Enquanto respira, envie ondas de calma para essas partes tensas de seu corpo. Você é um mamífero, e é absolutamente natural sentir ansiedade em relação ao seu filho no mundo lá fora. Ao respirar, imagine-se conectada a todas as mães humanas e mães mamíferas da história; expire com elas enquanto sussurra: "Não posso controlar o mundo exterior". Inspire novamente e expire: "Posso controlar minha reação a ele".

Continue respirando com a força de toda a história mamífera de pais e mães preocupados que, apesar de tudo, conseguiram sobreviver, e expire: "Não posso controlar o mundo exterior". Inspire essa força e expire: "Eu posso controlar minha reação a ele".

Se perceber que alguma ansiedade específica está surgindo em sua mente, reconheça-a calmamente com um leve aceno de cabeça: "Olá, ansiedade". E, então, como se a ansiedade fosse apenas um outdoor na rodovia, siga adiante. Continue respirando.

CAPÍTULO 14

Amigos e irmãos

Aprendendo a ser flexível com outras crianças

Teddy disse que era um chapéu, então eu o coloquei. Agora papai está dizendo: "Onde foi parar o desentupidor de vaso sanitário?"

SHEL SILVERSTEIN, WHERE THE SIDEWALK ENDS
(ONDE A CALÇADA TERMINA, EM TRADUÇÃO LIVRE)

Você achou que ter uma criança no playground era divertido, então decidiu convidar outra.

Por que não? Quanto mais, melhor. Não é mesmo?

Bem, sim. Com frequência. No entanto, à medida que aumentamos nossos círculos de amizade e nossas famílias, a dinâmica interpessoal se torna mais complicada. Muitas vezes falamos sobre criar os filhos como indivíduos, mas não estamos apenas criando indivíduos; estamos criando nossos filhos no contexto de uma família comprometida em cuidar uns dos outros. Também estamos criando indivíduos no contexto do mundo mais amplo, que envolve colegas e a comunidade. Um filho é uma coisa, mas irmãos e companheiros de brincadeiras introduzem oportunidades para navegar pelos limites, lidar com comparações e exercitar a empatia.

Como em tudo em relação à parentalidade, gosto de começar chegando a um ponto de EQUILÍBRIO (BALANCE).

Comece com o EQUILÍBRIO

***B**reathe* **(respire):** inspire pelo nariz. Traga a calma de todas as árvores deste mundo para seu próprio corpo. Expire pela boca. *Muito bem — você acabou de reiniciar seu sistema nervoso.*

***A**cknowledge* **(reconheça sua própria bagagem emocional):** se você se identificar como uma criança pequena, poderá perceber que tem mais empatia pelo seu bebê. Se você sofreu bullying de um colega de classe, talvez tenha muita ansiedade em relação à interação do seu filho com outras crianças na escola. Você pode até perceber que está reagindo de forma exagerada a brigas e brincadeiras. Todas as suas reações são compreensíveis. Dê a elas um aceno silencioso.

***L**et it go* **(deixe para lá):** agora você é o pai ou a mãe, e seus filhos são pessoas que pertencem a eles mesmos, e não àqueles de sua família de origem ou de sua cidade natal. Por enquanto, você pode deixar de lado sua bagagem.

***A**ssess* **(avalie o momento presente):** o que as crianças aprontaram hoje? Você precisa se envolver?

***N**otice* **(observe):** o que está acontecendo em seu corpo? Você está entrando desnecessariamente em modo de luta ou fuga quando não há perigo iminente? E com o corpo de seus filhos? Eles estão agitados demais?

***C**onnect* **(conecte-se):** usando seu corpo ou suas palavras, mostre às crianças com quem você está lidando que as vê e se importa com os sentimentos delas.

***E**ngage* **(envolva-se):** se uma criança parecer estar sendo tratada de forma injusta, aborde primeiro a mágoa dela. De qualquer forma, com EQUILÍBRIO, você poderá se envolver intencionalmente a partir de um estado de regulação que exala calma.

Relacionamentos entre irmãos

Sabemos que todos os relacionamentos positivos criam resiliência, assim, tanto os relacionamentos entre irmãos quanto os de amizade contribuem para essa capacidade subjacente de se recuperar de experiências difíceis. Portanto, relacionamentos positivos entre irmãos geram resiliência. À medida que nossos filhos chegam à idade adulta, seus relacionamentos afetuosos

— aqueles que são ricos em afeto e pobres em conflitos — tendem a se tornar uma fonte de apoio prático e emocional e podem proteger contra a depressão e a solidão.

Mais de 80% das crianças vivem com pelo menos um irmão, e a ciência nos diz que essas conexões horizontais podem melhorar a confiança, a regulação emocional e as habilidades de comunicação, além de diminuir o estresse. As relações entre irmãos são potencialmente os vínculos mais duradouros que nossos filhos terão em suas vidas. Esses vínculos proporcionam vias de apoio mútuo por toda a vida. Embora os relacionamentos entre irmãos tendam a ser mais íntimos e intensos do que as amizades, as pesquisas mostram que os resultados mais positivos surgem quando os irmãos também conseguem ser amigos.

Os relacionamentos entre irmãos podem ser complicados

Estudos mostram que, mesmo em meio a conflitos, os irmãos podem desenvolver habilidades de tomada de perspectiva, compreensão emocional, negociação, persuasão e solução de problemas. Essas competências vão além do relacionamento entre irmãos e estão ligadas a competências sociais posteriores em amizades e outros relacionamentos com colegas. À medida que nossos filhos chegam à adolescência, os irmãos continuam contribuindo para resultados positivos no desenvolvimento, inclusive comportamento pró-social e melhor envolvimento acadêmico.

No lado menos positivo, as pesquisas também indicam que os estilos de interação coercitiva entre irmãos podem se estender para comportamentos agressivos com os colegas, portanto, se as coisas *parecerem* estar se desequilibrando por um período prolongado ou se as crianças passarem mais tempo reforçando comportamentos antissociais ou conspirando para minar a autoridade dos pais do que inspirando uns aos outros a melhorar suas habilidades de comunicação, bem, vale a pena abordar o assunto. Uma maneira de fazer isso é convocar uma reunião familiar para discutir com calma os comportamentos que não serão mais permitidos e por quê. Valide o fato de que é totalmente normal brigar, discordar e argumentar em qualquer relacionamento, mas que, em uma família, todos estão no mesmo time, o que significa não dizer coisas para rebaixar ou magoar uns aos outros intencionalmente, não importa o quanto estejam com raiva.

Evitar que o bullying entre irmãos cause danos em sua própria casa precisa começar com você. Veja, a seguir, como iniciar uma reunião familiar:

1. Declare o problema sem atribuir culpa.
2. Liste o maior número de soluções que todos puderem apresentar.
3. Avalie como e se a solução funcionará para todas as partes envolvidas.
4. Experimente a solução, reconhecendo que é um processo e que não necessariamente funcionará de imediato.
5. Comece novamente se a primeira solução não funcionar.

Para que sua casa seja segura para todos e para garantir muitas chances de aprender e praticar maneiras construtivas de lidar com sentimentos negativos e habilidades de resolução de conflitos, às vezes é necessário começar com algumas ***Regras*** concretas sobre como os membros da família tratam uns aos outros.

Reduza o conflito entre irmãos e aumente a proximidade entre eles

Para evitar ficar completamente maluco e se sentir um fracasso, você deve observar que as pesquisas sugerem que os irmãos passam por algum tipo de conflito até seis vezes por hora. Nenhum pai poderia ter a capacidade de intervir todas as vezes — e isso não é necessário. Você pode escolher suas batalhas. Pesquisas mostram que quando os pais intervieram durante as brigas mais intensas entre irmãos — aquelas em que as crianças estavam em perigo físico ou emocional e nas quais suas estratégias de enfrentamento eram inacessíveis —, os irmãos aprenderam estratégias de negociação mais sofisticadas.

Além disso, alguns estudos demonstraram que a coesão familiar e o tratamento igualitário dos irmãos estão associados a menos conflitos hostis entre eles. Lembre-se de que o tratamento igualitário não significa garantir que o biscoito de cada criança tenha exatamente o mesmo tamanho, mas sim que cada criança receba a mesma sensibilidade no cuidado e, quando houver tratamento diferenciado, ele deve ser nomeado e contextualizado para não gerar ressentimento.

Apoie seus filhos na formação de amizades

Como adulta, penso que um amigo é alguém que lhe dirá quando você tiver brócolis nos dentes — e o fará de forma carinhosa, não debochada. Em termos mais amplos, a amizade é uma associação entre pessoas que inclui cuidado, respeito, admiração e preocupação. Um amigo é uma pessoa em quem, *na maioria das vezes*, você pode confiar para lhe apoiar.

As amizades podem beneficiar as crianças ao criar um senso de pertencimento e segurança — um sistema de apoio que, por sua vez, pode reduzir o estresse. Psicólogos infantis descobriram que as amizades na primeira infância contribuem para a qualidade de vida da criança, bem como para sua resiliência e flexibilidade. As crianças geralmente começam a conhecer outras crianças logo no início da vida e, por volta dos três anos de idade, podem começar a nomear seus amigos. Aos quatro anos, elas geralmente começam a ter amigos na pré-escola ou na creche, caso frequentem.

Lembrando que as crianças nos observam, devemos estar conscientes de dar o exemplo de bons comportamentos em nossas próprias amizades, para que nossos filhos possam entender do que se trata. Como as crianças estão aprendendo a não maltratar os amigos, mostre, pelo exemplo, que você tem carinho, respeito, admiração e preocupação com seus amigos. Apoie seus filhos na manutenção dos vínculos com os amigos que se tornaram importantes para eles — mesmo que esses amigos acabem indo para escolas diferentes. E lembre-se de que todos os seres humanos são únicos; tente não comparar as habilidades de amizade, o desenvolvimento ou as personalidades únicas das crianças.

Evite comparações, rotulações e entrar na dinâmica do bom filho/mau filho

Cada um de nossos filhos, assim como cada um de seus amigos, é um indivíduo único. Eles podem crescer e se tornar muito próximos, ou podem esquecer o aniversário uns dos outros — não há muito o que possamos fazer a respeito disso. Mas *podemos* fazer o possível para não complicar seus relacionamentos com competições e ressentimentos desnecessários. Quando partimos de um lugar de medo e escassez, muitas vezes sentimos que não há amor suficiente para todos, e é muito importante que as crianças entendam que o amor dos pais não é algo que se sinta por comparação. Crianças diferentes, mesmo que tenham a mesma idade, terão habilidades e interesses diferentes. Quando começamos a rotular e — consciente ou inconscientemente — a colocar irmãos e colegas de brincadeira uns contra os outros, perpetuamos a ideia assustadora de que talvez não haja amor suficiente para todos.

Evite comparações

É fácil adquirir o hábito de dizer coisas como: "A Annie come tão bem, será que você consegue fazer isso também?". Isso pode até obter os resultados que você está buscando no curto prazo, mas a ciência aponta que comparar e competir pode deteriorar os relacionamentos com o tempo. Em vez de dizer: "Bem, vejo que *um* de vocês colocou a louça na pia", diga: "Vejo que você colocou a louça na pia. Obrigado. Agradeço muito por isso".

Mesmo quando as comparações parecem pequenas ou positivas, dizer coisas como "Isso não é tão fácil para o seu amigo Abe — ele não tem a mesma capacidade de concentração que você" pode transmitir alguma autoconfiança para seu filho ou alguma pena por Abe, mas não alimenta o relacionamento. Em vez disso, tente manter as coisas separadas. Você pode dizer: "Percebi que você está muito concentrado e é maravilhoso ver o quanto você consegue alcançar quando se dedica a algo". Você não precisa trazer Abe para a conversa. Em vez de dizer algo como: "Sua irmã de três anos sabe amarrar os sapatos. Você tem seis anos, já está na hora de amarrar seus próprios sapatos", separe as coisas, dizendo: "Parece que você está com dificuldade para amarrar seus sapatos. Vamos tirar um tempinho para praticar".

Da mesma forma, em vez de dizer: "É impressionante que seu primo consiga fazer a lição de casa antes do jantar e você nem tenha começado a sua", tente dizer: "Vamos pensar em como podemos definir um cronograma para que você possa fazer sua lição de casa a tempo de jantarmos todos juntos. Ajudaria se nos sentássemos juntos enquanto você faz sua lição de casa e eu respondo meus e-mails?".

O mesmo acontece com os elogios. Talvez eu diga ao meu filho: "Você tem uma postura tão bonita; sua irmã parece uma corcunda", quando eu poderia simplesmente parar no elogio à postura, sem fazer com que meus filhos sintam que há uma competição de postura.

Evite rotular

Jesse tem uma filha que se dedicou à arte durante toda a sua vida e, quando sua outra filha começou a fazer o mesmo, ela o fez meio que em segredo — ela não queria invadir o espaço da sua irmã mais nova como "a artista" da família. A outra filha havia se tornado muito boa em ginástica, tanto que "a artista" não queria se inscrever em uma aula de salto ornamental. É natural que pais e filhos se rotulem e depois não queiram se aproximar da "coisa" do outro irmão, mas a infância — toda a vida, se tivermos sorte, mas especialmente a infância — é uma época de exploração e possibilidades infinitas. Nossos filhos não precisam se especializar e certamente não precisam ter atividades específicas.

Evite entrar na dinâmica do bom filho/mau filho

É comum que amigos e irmãos se envolvam em brigas físicas, e é natural colocar a culpa na criança maior, dizendo coisas como: "Você sabe que sua amiga não consegue lidar com isso" ou "Por que você a está machucando?". Entretanto, é importante evitar rotular uma criança como "má" ou "valentona".

Normalmente, o conflito não acontece porque uma das crianças é uma pessoa ruim, mas porque elas precisam trabalhar em sua autorregulação e em novas maneiras de expressar a raiva e as frustrações. Se uma das crianças tem mais dificuldades com autorregulação, é fácil contar com a outra para se comportar melhor, mas você não quer reforçar a fragilidade de uma criança nem rotular a outra como "ovelha negra". No momento, você pode dizer coisas como: "Não vou deixar que você machuque seu irmão. Vamos descobrir como você pode demonstrar esses sentimentos de outra maneira".

Ou você pode dizer: "Vou separar vocês para manter os dois em segurança". Quando os ânimos se acalmarem, você pode dizer: "Vamos tentar novamente. O que você estava tentando dizer ao seu irmão?"

Permita que haja fronteiras

O relacionamento é o primeiro dos Cinco *Rs* da parentalidade, e todos os bons relacionamentos permitem a existência de fronteiras. Muitas vezes, os irmãos mais velhos são ensinados a compartilhar tudo com seus irmãos mais novos, por isso é importante lembrar que não há problema em não compartilhar tudo. Permita que todos os irmãos e amigos não deem tudo de si. A irmãzinha ficará triste se não puder brincar com o caminhão do irmão quando quiser? Provavelmente sim. Mas não há problema em dizer: "Sua irmãzinha está triste. Podemos ajudá-la a lidar com seus sentimentos sem deixá-la brincar com o caminhão que você não quer que ela brinque". Essa é apenas outra expressão da verdade de que todos os sentimentos são bem-vindos, mas não todos os comportamentos.

Valide todos os sentimentos

A simples validação dos sentimentos pode ajudar muito a melhorar os relacionamentos. Se o seu filho de nove meses pegar um brinquedo do seu filho em idade pré-escolar, você pode se sentir tentado a dizer: "Ele é apenas um bebê, não sabe o que está fazendo". Em vez disso, você pode validar o aborrecimento do seu filho em idade pré-escolar dizendo algo como: "Parece mesmo que ele pegou o brinquedo para irritá-lo". Você não precisa resolver o problema, mas, ao reconhecer e validar os sentimentos, você normaliza toda a gama de emoções humanas.

Geralmente, o irmão mais velho adora um bebezinho — por algum tempo. Quando a fofura inicial se torna entediante, ele pode querer devolver o bebê. Em vez de dizer: "Você não quis dizer isso. Você ama esse bebê", você pode validar a frustração dele dizendo: "Sim, às vezes você gostaria de ter uma folga dele e que ele simplesmente fosse embora. Isso faz sentido". Assim, você pode seguir em frente sem dar muita importância a isso.

Quando os filhos começam a passar tempo com os amigos, surgem os mesmos tipos de conflitos. Não é sua função como pai ou mãe resolver todos os problemas entre as crianças. Sentir-se excluído é comum. Em vez de tentar convencer seus filhos de que isso não é nada de mais ou dizer: "Aquelas crianças fazem artes marciais juntas, portanto, não querem passar tempo com você porque você gosta mais de boliche", diga: "É difícil se sentir excluído". Porque é mesmo. Quando as crianças tiverem idade suficiente para escrever, você pode até mesmo dar a elas um diário em branco no qual possam expressar todos os sentimentos sobre amigos e irmãos que seriam prejudiciais se expressados abertamente. Em suma, valide os sentimentos, redirecione os comportamentos prejudiciais e dê às crianças novas maneiras de se expressarem — e a permissão para se expressarem de maneiras não prejudiciais.

Permita as brincadeiras mais brutas

Metade das vezes em que os irmãos brigam é apenas uma desculpa para se abraçarem.
JAMES PATTERSON

Brincadeiras físicas e lutas simuladas são muito diferentes da violência real. A ciência mostra que essas brincadeiras mais brutas fazem bem às crianças, ajudando-as a aprender a ficar fisiologicamente agitadas e a se acalmar de forma regulada.

Forneça às crianças uma palavra de segurança

Como cuidadores, muitas vezes queremos interromper a brincadeira porque parece agressiva, mas, nesse contexto, ela é perfeitamente contida e segura. Dê às crianças uma palavra de segurança que elas possam usar quando não estiverem mais se divertindo. "Banana!", por exemplo, pode significar que todos precisam se acalmar e parar com a brincadeira.

Discussões e brincadeiras de luta fazem parte da forma como as crianças se comunicam e se relacionam. Você não precisa fazer nada. É quando a situação se torna perigosa ou ameaçadora que se torna um problema — e talvez você tenha que intervir. Se houver uma demonstração de poder físico ou verbal, em que uma pessoa está claramente tirando vantagem da outra, é hora de intervir, reconhecer a angústia e a raiva e, novamente, ajudar as crianças a se acalmarem para que possam resolver os problemas sem ferimentos. Para impedir um conflito ainda maior, você pode intervir e dizer: "Vou separar vocês e ajudá-los a se acalmarem para que consigam resolver os problemas". Se as palavras não forem ouvidas, diga isso em sua cabeça enquanto se certifica de que todos estão fisicamente seguros.

Quando agir como mediador

É normal que amigos e irmãos briguem, mas isso não significa que não há nada que você possa fazer a respeito. Lide com os conflitos sendo o mediador, não o juiz. Quando você atua como mediador imparcial, todos se sentem ouvidos e aprendem a ouvir perspectivas diferentes. Você também pode ensinar habilidades importantes de resolução de conflitos para o futuro.

Você pode apoiar todas as crianças sob seus cuidados, orientando-as durante o processo de discordância sem tomar partido, ou seja, apenas fazendo observações. Você é uma testemunha, não um juiz, e pode dizer o que vê na experiência de cada criança ou pedir que elas expliquem. Também costuma ser útil pedir que elas relatem o que aconteceu do ponto de vista da outra criança. Isso as ajuda a entender a experiência do "outro", mesmo que não concordem com ela. Isso pode até mesmo ser lúdico se as crianças estiverem dispostas a interpretar papéis — quase um cavalo de troia para indiretamente abordar a tomada de perspectiva.

Por fim, vocês podem se reunir quando todos estiverem calmos e bolar um plano para seguir em frente com a situação. A outra opção, se ninguém estiver se machucando, é pensar consigo mesmo: *Não consigo lidar com isso agora; vou deixar que eles resolvam sozinhos. Sei que eles podem fazer isso*. Ambas as opções são boas. Depende apenas de como você, o adulto, está no momento. Há dias em que você não tem tempo para ser um orientador emocional e tudo bem.

Sessão de perguntas e respostas

Pergunta: Meus filhos de nove e sete anos brigam e ficam se dedurando o tempo todo. Não quero que deixem de me contar quando tiverem um problema de verdade, mas estou cansado de ouvir tanta briga.

Resposta: Dedurar tem o objetivo de colocar a outra criança em apuros. "Contar" é uma forma de proteger a si mesmo ou a outra pessoa que está sendo prejudicada. Ensine a seus filhos a diferença. Dessa forma, quando eles vierem até você para dedurar, você poderá dizer: "Sei que vocês conseguirão resolver isso" — e, quando vierem até você para contar algo, você poderá intervir adequadamente para proteger a integridade física deles (***Relacionamento***, ***Regras***).

Por exemplo, você pode perguntar: "Isso é algo que você quer compartilhar porque quer que eu ajude ouvindo ou intervindo?" (***Relacionamento***). Em seguida, você pode ser aberto com eles quando precisarem lhe contar algo, para que sempre saibam que devem procurar um adulto quando precisarem de ajuda; mas você pode resistir a responder às acusações para que eles parem com o hábito de dedurar uns aos outros, o que pode ser exaustivo e improdutivo (***Regras***).

Incentive a tomada de perspectiva

Quando as crianças tiverem uma briguinha — ou seja, ninguém está chorando, mas um ou ambos estão ansiosos para contar o seu lado da história —, peça-lhes que contem a história sob a perspectiva da outra pessoa. É possível que elas resistam no início, mas essa é uma ferramenta incrivelmente poderosa para ajudá-las a criar perspectiva. No primeiro cenário, uma das crianças pode dizer que estava cantando inocentemente sua música favorita quando o irmão a empurrou para fora da sala e bateu a porta. Falando como a outra pessoa, ela pode esclarecer a situação de forma um pouco diferente, dizendo: "Eu estava falando ao telefone e essa idiota entrou e começou a cantar berrando só para me interromper". Com essa nova perspectiva, talvez elas possam começar a resolver o problema juntos.

Às vezes, você morde a língua

Quando as crianças vão para a escola, elas não apenas estudam; elas também começam a socializar com crianças que você não conhece. Quando seu filho ou adolescente inevitavelmente vem até você com um problema de amizade, pode ser difícil não dar a ele *toda a* sua opinião. Quer dizer, qualquer criança que faz mal ao nosso filho tem de ser um bobo e um valentão, não é? Bem, talvez sim e talvez não.

O problema é que os relacionamentos na infância e na adolescência mudam diariamente. Quando você ouve uma história que o deixa furioso, compartilha sua indignação com seu filho e depois guarda rancor do amigo que, por algum motivo, agora está de volta à lista de amigos de seu filho, ele pode parar de compartilhar as coisas com você. Não é saudável para você ou para seu filho lembrar-se de cada obstáculo e dificuldade na longa estrada de amizades que ele está percorrendo. As crianças estão descobrindo como se conectar umas com as outras, aprendendo os limites de cada uma e, às vezes, cometerão erros.

Seus filhos precisam que você seja um apoiador firme e consistente e que dê conselhos *quando eles pedirem*. Envolver-se toda vez que ouvir algo de que não gosta ensina a seu filho que ele não pode navegar no mundo dele. É claro que, se ele precisar de ajuda real e o amigo for realmente um valentão ou representar um perigo, intervenha com um plano que seu filho conheça. Na ausência disso, é útil para o relacionamento de longo prazo deixar que ele passe por sua própria experiência, apoiá-lo e manter seus comentários para si.

O psicólogo infantil Dr. Michael Thompson disse: "Não investigue dor", o que é um bom lembrete sobre nossa tendência de manter os conflitos vivos muito tempo depois de nossos filhos já terem seguido em frente. Aqui está um exemplo familiar: sua filha, que está no sexto ano, estava se recuperando de um conflito com sua melhor amiga na noite anterior. Quando ela chega em casa à tarde, você, sem nem mesmo perceber o humor dela ou dar espaço para que conversasse ou ficasse em silêncio, já pergunta logo de cara: "Como foram as coisas com a Maya hoje?". Em vez disso, considere observar o clima e apenas cumprimentá-la. Se ela quiser conversar sobre o que aconteceu, você estará ali para escutá-la; porém, se ela quiser seguir em frente porque ela e a Maya já resolveram o problema, não há necessidade de insistir.

Sessão de perguntas e respostas

Perguntas: Você tem alguma sugestão sobre como ajudar os pequenos a lidar com o fato de se sentirem excluídos? Esse é um território novo para nossa filha de seis anos. Estamos fazendo o melhor que podemos para ouvi-la e demonstrar empatia, mas quero ter certeza de que estamos dizendo as coisas certas para ajudá-la também. É muito difícil observar seu rostinho quando ela se sente decepcionada!

Resposta: Ser deixado de lado é uma realidade dolorosa. Os adultos geralmente presumem que qualquer criança que deixa seu filho de fora de uma brincadeira ou o rejeita no parquinho está sendo má, mas, muitas vezes, as crianças não estão aplicando noções adultas sobre amizade em suas brincadeiras. Em vez de simplesmente encontrar uma solução para seu filho, como "Brinque com outra pessoa" ou "Responda ao garoto malvado no parquinho", aprender a gerenciar o drama cotidiano das primeiras amizades é muito mais complicado (***Relacionamento***).

Vale a pena ensinar às crianças que nem todo mundo será amigo delas e que elas também não precisam ser amigas de todo mundo. Espera-se que elas tratem as pessoas com consideração, mas isso inclui a capacidade de recusar uma oferta para brincar e aceitar elegantemente quando outra pessoa não quiser brincar com elas. Essa lição pode levar uma vida inteira para ser aprendida, mas é um pouco mais fácil quando conseguimos normalizar a realidade. Você não pode fazer com que o playground seja só alegria e nada de drama, mas pode ajudar seus filhos a se prepararem para lidar com situações sociais e se preparar para apoiá-los com empatia. Se o seu filho estiver buscando mais conselhos do que empatia, você pode ajudá-lo a praticar diferentes maneiras de se aproximar e fazer amigos, como interpretar sinais sociais e saber quando se retirar de maneira elegante.

Sete maneiras de lidar com o complicado drama da amizade

Este é um bom momento para seguir as sete etapas para entrar em EQUILÍBRIO ou para pegar o atalho e ser RUIM (BAD) *Breathe* (Respiro),

Assess (Avalio), *Deal* (Enfrento) (consulte a página 9). Dessa forma, você terá um momento para deixar de lado sua própria bagagem emocional e lidar com a situação específica em questão.

1. **Verifique seus próprios sentimentos.** Respire fundo, coloque a mão no coração e controle-se antes de responder. Isso o impedirá de reagir de forma exagerada, criticar a outra criança ou impor seus próprios sentimentos de rejeição à experiência do seu filho.
2. **Valide os sentimentos do seu filho.** Abra espaço para acolher a mágoa e, ao mesmo tempo, seja um lugar seguro para que ele se expresse. Pode ser algo como "Ah, parece que você se sentiu magoado quando foi deixado de fora. Você achava que a Stephanie era sua amiga e, quando ela não o convidou, é compreensível que você tenha ficado magoado." Em seguida, faça uma pausa para que seu filho possa assimilar a mensagem. Evite dizer o que ele *deveria* estar sentindo. Pode ser que nos sintamos melhor dizendo: "Bem, a Stephanie é uma perdedora mesmo e você é muito mais legal". *Morda a língua.*
3. **Peça permissão para participar.** Experimente dizer: "Você quer uma sugestão ou quer apenas desabafar?" antes de começar com uma recomendação. Minha filha e seus amigos me ensinaram a perguntar: "Desabafo ou conselho?".
4. **Não exagere.** Evite se envolver demais. Antes de oferecer uma sugestão, pergunte se a pessoa tem alguma ideia sobre como deseja lidar com a situação. Quando eles estiverem abertos aos seus conselhos, ofereça uma sugestão que os capacite, como uma estratégia para dizer a alguém que seus sentimentos foram feridos; um mantra para ajudá-los a lembrar que foi apenas um dia ruim; ou um plano para outra coisa que eles possam fazer no recreio.
5. **Não transforme o problema em uma questão sobre a outra criança.** Chamar outra criança de "má" ou "ruim" não ajudará seu filho a desenvolver empatia, além de ignorar o fato de que seu filho ainda pode querer estar com ela. Também não leva em consideração outras perspectivas e a realidade de que podemos gostar de alguém *e*, ainda

assim, não conseguir incluí-lo. Muitas interpretações são descartadas quando partimos logo do pressuposto de que a outra criança é má. Em vez disso, ajude seu filho a ter curiosidade sobre o que está acontecendo com essa criança e por que ela estaria agindo dessa forma. Ajude-o a entender que esse tipo de comportamento tem mais a ver com a outra criança do que com ele.

6. **Fale sobre como as amizades são sentidas.** Dizer a seu filho que as amizades devem ser agradáveis é uma maneira importante de ajudá-lo a definir as expectativas em relação aos seus relacionamentos. Você também pode ajudar as crianças a entenderem que nem todas as amizades causam a mesma sensação. Alguns amigos são divertidos para brincar no playground, mas não são os amigos com quem você compartilha seus sentimentos. Alguns amigos são bons para fazer você rir, outros para longas conversas, outros para compartilhar interesses. Nem todos esses aspectos são fáceis de incluir em todos os contextos. Se o seu filho estiver sendo tratado de forma grosseira, peça-lhe que preste atenção em como se sente quando alguém o trata dessa forma, em comparação a como se sente quando está com um bom amigo. Dê a ele permissão para perceber que algumas pessoas não o fazem se sentir como ele gostaria e que ele não precisa ser amigo de pessoas que constantemente ferem seus sentimentos.
7. **Ganhe moral com seu filho.** Observe e mencione algumas das qualidades positivas de um amigo com quem seu filho está em conflito.

Definição de bullying

Há muitos motivos pelos quais as crianças podem começar a agir de forma agressiva com os outros. Às vezes, elas estão querendo atenção ou tentando indicar que estão com dificuldades. Outras vezes, a criança pode estar tendo problemas para se autorregular e controlar seu comportamento. Outras vezes, ainda, as crianças se veem como vítimas e suas ações são resultado de uma resposta ao estresse elevado. Algumas crianças não têm habilidades de tomada de perspectiva (compreensão dos pensamentos e sentimentos dos outros) ou, então, estão sofrendo bullying ou se sentem impotentes em outros ambientes (como em casa ou na escola). Observe que "porque elas são más" não está na lista. Entender que um agressor pode estar se machucando é fundamental para obter compreensão e ajuda para o seu comportamento.

O termo "valentão" é frequentemente usado de forma errônea durante o desenvolvimento normal da criança. Muitas vezes, o que realmente queremos dizer é que a criança está se comportando como uma idiota. Vamos analisar o que torna o bullying diferente dos altos e baixos normais em uma amizade ou convivência saudável.

1. **Poder.** Os valentões são vistos como estando em uma posição mais poderosa do que suas vítimas. Uma diferença de poder entre duas partes pode resultar de diferenças de idade, tamanho, força, popularidade ou outros aspectos.
2. **Repetição.** O bullying é um comportamento direcionado, com maus-tratos contínuos e consistentemente direcionados a uma vítima.
3. **Danos.** O bullying é um ato intencional, com um impacto direto e negativo em outra pessoa ou criança.

Se você acredita que seu filho está praticando bullying

Se suspeitar que seu filho está praticando bullying contra outras pessoas, aqui estão sete estratégias para lidar com o problema:

1. **Converse aberta e sinceramente sobre o que você sabe** (incidentes na escola, relatos de professores ou outros pais, ou o que você testemunhou). Pergunte ao seu filho o que ele acha que pode explicar por que está tendo esse comportamento, de onde ele acha que vem e dê espaço para que ele se expresse o máximo que puder. Se você tiver dificuldade para obter essas informações de seu filho, talvez precise do apoio de um profissional de saúde mental com experiência em trabalhar com crianças em relação a esses comportamentos. Peça ajuda à escola ou ao profissional para encontrar

alguém especializado nessa área. Entender se há algum problema subjacente pode ajudar você e seu filho a se curarem (***Relacionamento***, ***Reflexão***).

2. **Utilize estratégias para lidar com as situações de maneira diferente.** Se você chegou à raiz do bullying de seu filho (por exemplo, ele quer se sentir poderoso porque, de outra forma, não é notado, ou tem um problema de controle de impulsos em momentos de tensão), trabalhem juntos para encontrar comportamentos alternativos. Encontre maneiras pelas quais ele possa se sentir visto e ouvido, notado ou poderoso *sem* machucar os outros e se envolver em bullying (***Relacionamento***, ***Reflexão***, ***Regras***).
3. **Reflita em casa.** Como pais, talvez precisemos ter uma visão panorâmica das condições em nossa casa (***Reflexão***). Estamos assistindo a conteúdos ou programas violentos? Estamos assistindo a comédias que contêm comportamentos que exigem humor sofisticado para serem compreendidos? Nós provocamos uns aos outros? Que tipo de limites temos para brigas ou xingamentos? Muitas vezes, sem saber, podemos encontrar alguns desses padrões em nossos lares e devemos trabalhar para substituí-los por mensagens positivas. Isso não é uma crítica ao lar; é apenas importante perceber se o que pode parecer inofensivo está sendo mal-interpretado por seres humanos ainda em desenvolvimento.
4. **Monitore a situação de perto.** Depois de saber sobre o bullying, é sua responsabilidade monitorar as conversas, o comportamento on-line e outros aspectos, bem como se comunicar regularmente com os professores e administradores da escola. O bullying não costuma desaparecer da noite para o dia, e serão necessários tempo e atenção para ajudar seu filho a elaborar novos padrões de comportamento. Ele precisa de consequências apropriadas para os comportamentos de bullying. Isso pode significar a perda de privilégios e supervisão adicional enquanto você garante que o comportamento melhore. Também pode significar a participação obrigatória em aconselhamento ou terapia para ajudar a lidar com os desafios subjacentes do seu filho (***Regras***).

5. **Faça as pazes.** Também é importante conversar com seu filho sobre as pessoas que ele magoou e tomar medidas para consertar a situação. Concentre-se na empatia. Envolva seu filho nas possíveis formas de fazer as pazes, desde escrever cartas de desculpas até tomar medidas para ***Reparar*** os ***Relacionamentos***. Fale sobre a experiência que a criança vítima de bullying teve e ajude-a a entender o que ela passou e sofreu. Não se trata de provocar vergonha, mas sim de ajudar seu filho a desenvolver empatia e a se colocar no lugar do outro. Não é ruim se seu filho se sentir culpado; a culpa existe para ajudar as pessoas a desenvolverem uma bússola moral (***Reparação***).
6. **Passar mais tempo juntos em família.** As crianças que estão intimamente ligadas aos adultos de sua família, passam tempo juntas regularmente e discutem abertamente pensamentos, sentimentos e eventos têm menos probabilidade de se envolver em comportamentos de bullying. Tente se manter conectado à vida interna e externa de seus filhos — seus amigos, seus humores e suas necessidades (***Relacionamento***).
7. **Traga reforços.** Sei que o primeiro passo costuma ser o mais difícil, mas, ao descobrir que seu filho está precisando de ajuda, não hesite em buscá-la. Ignorar o problema, brigar com ele ou esperar que ele o supere sozinho não ajudará em nada. Pode ser que isso seja exatamente o que ele precisava para se desenvolver.

Se o seu filho estiver sofrendo bullying

Saber que seu filho está sofrendo bullying é doloroso. É excruciante ver seu filho sofrendo, sentir-se impotente para melhorar a situação, preocupar-se com o bem-estar e a segurança dele. Isso também pode trazer à tona lembranças dolorosas de nossas próprias experiências sociais, mágoas e vulnerabilidades. Como lembrete, nossos filhos serão provocados e deixados de lado e terão seus sentimentos feridos. Isso não é necessariamente um sinal de bullying. O bullying tem o objetivo de *machucar*, é *intencional*, *direcionado* a um alvo específico e envolve desequilíbrio de *poder*. Temos de nos lembrar de que não se trata de nós, de nossas experiências ou de nossa raiva. Entrar em ação com intensidade e resolver esse problema sozinho não ajudará em nada. Essa é uma jornada que você precisa fazer *com* seu filho, não *por* ele.

Aqui está o ponto de partida:

1. **Acredite no seu filho.** Pratique ser um ouvinte que quer entender, não o tipo de ouvinte que quer responder. Quanto mais fácil for para o seu filho falar com você, mais ele compartilhará e mais fácil será para vocês permanecerem conectados.
2. **Faça perguntas.** Peça ao seu filho que lhe conte a história completa antes de se apressar em intervir ou fazer um julgamento. Incentive-o a compartilhar sua história e a descrição da experiência. Pergunte como ele reagiu, o que funcionou e o que não funcionou. Quando souber dos fatos, você poderá ajudar a avaliar se parece que está ocorrendo bullying. Se estiver, nomeie o que está acontecendo.
3. **Mantenha-se neutro.** Se você ficar angustiado, isso provavelmente aumentará a angústia do seu filho. Portanto, por mais difícil que seja, respire fundo para mostrar a ele que você consegue lidar com o que está ouvindo. Em seguida, assegure-lhe que você o ajudará e que, juntos, a situação pode melhorar. Se você tiver uma reação muito intensa, será mais difícil para seu filho compartilhar os problemas com você no futuro. Concentre-se em aumentar a confiança dele em sua capacidade de ajudá-lo quando ele se encontrar em perigo.
4. **Evite retaliação.** Esse não é o momento de falar sobre vingança, mas sim de se concentrar na solução de problemas.
5. **Converse com professores, pais e administradores.** Certifique-se de ter todas as informações sobre o que está acontecendo, com que frequência e quem está envolvido. Ajude seu filho a compartilhar suas experiências e trabalhe para apoiá-lo e encorajá-lo a falar sobre o que está ocorrendo. Certifique-se de que suas preocupações sejam ouvidas e que você tenha a atenção e o apoio de que precisa na escola. Se isso não acontecer, entre em contato com outros pais da escola ou com organizações de pais para ajudar na defesa de ações concretas.

6. **Elabore um plano.** Trabalhe com seu filho para planejar maneiras alternativas de lidar com situações na escola, no almoço ou no recreio. Ensaie com seu filho o que ele pode fazer em resposta ou para evitar o comportamento de bullying. Fale sobre pessoas e lugares seguros ou discuta a possibilidade de criar um sistema de amigos. Pense nas maneiras pelas quais eles podem entrar em contato com você ou com outro adulto de confiança a quem possam recorrer, se necessário.
7. **Expresse confiança na capacidade do seu filho de resolver problemas e tentar novas estratégias.** Alguém que está sofrendo bullying pode se sentir sem esperança. Fale sobre todas as habilidades que ele tem, o poder que possui e as mudanças que é capaz de promover. Recuperar a voz e a confiança é uma etapa importante para ajudá-lo a superar o comportamento de bullying.
8. **Trabalhem juntos para encontrar aliados na comunidade.** Encontrar espaços onde seu filho se sinta engajado e capaz é um importante contrapeso à impotência que o bullying pode criar. Ajude as crianças a experimentar coisas novas e a "encontrar sua paixão" como uma forma de apoiá-las. Observe suas habilidades e exponha-as a atividades em que elas possam brilhar, mesmo que, no início, elas demonstrem um pouco de relutância em tentar algo novo.
9. **Monitore e comunique-se.** O bullying não é resolvido da noite para o dia, portanto, a comunicação constante com seu filho, professores, outros adultos e amigos o ajudará a manter o controle de como as coisas estão progredindo. Não ignore ou varra os problemas para debaixo do tapete se eles persistirem. Fique atento e continue a se comunicar com seu filho de uma forma aberta e sem pressão.
10. **Crie um espaço seguro.** Certifique-se de que seu filho saiba que ser vítima de bullying não é culpa dele e que você está ao seu lado para apoiá-lo. Passem tempo juntos quando não estiverem conversando sobre o assunto. Façam coisas divertidas de que seu filho goste e compartilhem momentos de qualidade. Esforce-se para fortalecer o vínculo entre vocês, de forma que ele saiba que você está ao seu lado para melhorar a situação.

O papel do espectador

Na maioria das situações de bullying, além do agressor e da pessoa que está sendo intimidada, há espectadores. Mas conselhos comuns, como "Enfrente o agressor!", tendem a ser inúteis, na melhor das hipóteses, e perigosos, na pior. Pesquisas mostram que a reação oposta pode ser mais eficaz: quando os espectadores se afastam sem demonstrar interesse — talvez com um encolher de ombros ou um revirar de olhos —, eles privam o agressor do público e da atenção que ele possivelmente está procurando. Em vez disso, os espectadores podem concentrar sua atenção no *alvo* do agressor, mesmo depois do fato, e demonstrar compaixão.

Ensine uma linguagem humanizada às crianças

Assim como quando conversamos com nossos filhos sobre comportamentos de que não gostamos — concentrando-nos no fato de que estamos decepcionados com o comportamento deles, e não em quem eles são como pessoas —, queremos que amigos e irmãos tratem uns aos outros com um senso básico de humanidade.

Se uma criança derrubar os bloquinhos de outra criança, você pode ensiná-la a dizer algo como: "Esses blocos são meus; você não pode tocá-los", o que é diferente de bater nela, trancá-la em um armário ou chamá-la de lixo. É sempre bom dizer que o comportamento de alguém não é aceitável, mas não se deve dizer que a *própria pessoa* não é aceitável. Intervenha para lembrar as crianças de usar uma linguagem humanizadora. Se ela falar: "Eu vou matar você", você pode dizer: "Nossa, você está com muita raiva. Você não está apenas bravo. Em vez de ameaçar seu amigo, diga a ele que você está com raiva".

Eu amo mais o meu polegar ou meu dedo indicador?

"Qual de nós você ama mais?" É uma pergunta estranha, especialmente quando você se sente mais conectado a um filho do que ao outro em um determinado dia. Você quer dizer: "Eu amo vocês da mesma forma", mas é claro que isso não é bem verdade. Gosto de pensar nisso em termos de *equidade* em vez de igualdade. Como minha avó costumava dizer, levantando a mão: "Tenho cinco dedos. Será que gosto mais do meu polegar do que do meu indicador? Meu amor pelo mindinho não diminui meu amor pelo dedo anelar".

O importante é que cada irmão experimente o amor — sem medidas. Cada um de seus filhos terá necessidades exclusivamente diferentes e qualidades exclusivamente diferentes, com as quais você se deleitará como pai ou mãe; você amará cada um deles por sua singularidade. Mas nem tudo será exatamente igual. Se você tiver quatro filhos e der a cada um deles um cupcake feito em uma fábrica que também processa amendoim, e uma dessas crianças for alérgica a amendoim, bem, você lhes deu igualdade, mas não equidade, porque a criança com alergia a amendoim não poderá comer seu doce com segurança.

Temos que parar de tentar fingir que tudo será sempre igual. Se você estiver distribuindo a cada criança um punhado de giz de cera para um projeto de arte e uma delas inevitavelmente reclamar: "Ele tem mais do que eu!", em vez de contar os gizes de cera para provar que a distribuição está bem próxima, você pode eliminar a tensão dizendo: "Você precisa de mais?".

Se for o aniversário de uma criança e você estiver preocupado que a outra criança fique com ciúmes porque não está ganhando presentes, você pode validar os sentimentos dela, dizendo: "Hoje pode ser difícil, porque estamos animados para comemorar o aniversário da sua irmã", e depois a incluir em todos os preparativos. Você não precisa se certificar de que todos recebam presentes para protegê-los dos sentimentos difíceis. Apoie sem tentar consertar.

A criança de vidro: quando um amigo ou irmão tem necessidades especiais

Como adultos, passar tempo com crianças com deficiências ou habilidades diferentes nos lembra de apreciar as habilidades que muitas vezes consideramos naturais, mas as crianças pequenas não costumam pensar dessa forma e não é útil esperar que pensem assim. Por mais difícil que seja, é importante não minimizar a experiência de uma criança porque você acha que ela tem mais facilidade.

Reconheça os desejos e as necessidades de seu filho com desenvolvimento típico conforme o apropriado para sua fase de desenvolvimento. Quando uma criança na casa tem necessidades maiores, isso pode acidentalmente tornar um irmão uma "criança de vidro". Às vezes, ao nos concentrarmos nas necessidades mais elevadas de um filho, podemos ignorar as necessidades da criança de vidro e esquecer de cuidar delas. Embora possa ser exaustivo, cultivar um relacionamento com seus filhos que parecem não precisar tanto de você, bem como se certificar de que o papel deles não é desaparecer e serem fáceis de lidar, os tornará mais compassivos e capazes de ter empatia e cuidar do irmão com deficiência ou necessidades especiais.

Os desafios comuns incluem ter uma visão distorcida do comportamento típico de crianças com menos necessidades. É claro que elas ainda têm birras, explosões, dificuldades e desafios. É claro que elas ainda não são "boas nisso"; talvez sejam apenas crianças pequenas. O que geralmente acontece com os pais que estão tão concentrados nas necessidades de um filho em particular é a "adultificação" do irmão. Podemos presumir, em comparação com o irmão, que ele é mais capaz ou independente do que sua idade e estágio de desenvolvimento sugerem e, portanto, colocamos expectativas irreais em seu comportamento e bem-estar emocional.

Outra questão é que podemos inadvertidamente ignorar o impacto que uma crise familiar tem sobre os irmãos. Mesmo nos relacionamentos mais próximos entre pais e filhos, é fácil para os filhos temerem acrescentar fardos aos pais já sobrecarregados. Por exemplo, para proteger você e seus sentimentos, seus filhos podem hesitar em lhe contar sobre suas próprias dificuldades. É por isso que o papel de nossas redes de apoio e comunidades é tão importante. Se você tiver amigos da família que estejam lidando com crises ou situações contínuas de alta necessidade, ofereça ajuda. Priorize as experiências da "vida normal", como jantares de fim de ano, passeios e tradições familiares. Crie espaços seguros para que as crianças de vidro possam "não estar bem" — e, em vez disso, sejam vistas. Essas são contribuições importantíssimas que os amigos, a família estendida e outros membros da comunidade podem dar.

Ouvir sobre os sentimentos de seu filho de vidro — ou até mesmo considerar que você está sobrecarregado demais para ser pai ou mãe da maneira que gostaria — pode ser devastador. Não quero aumentar seu estresse elaborando essa questão e quero que você se lembre de ser gentil consigo mesmo e de se perdoar.

Os pontos fortes das "crianças de vidro"

Um raio de luz. Estudos mostram que as "crianças de vidro" têm pontos fortes extraordinários, inclusive o fato de serem mais empáticas, mais compreensivas e mais resilientes em função de sua experiência única como irmãos. Alicia Maples fez uma palestra TED sobre sua própria experiência como criança de vidro e disse: "Somos algumas das crianças mais fortes que existem. Temos de ser assim para sobreviver às coisas que sobrevivemos".

EXERCÍCIO DE RELACIONAMENTO

Bondade amorosa

Quando nossos próprios ***Relacionamentos*** — ou os ***Relacionamentos*** de nossos filhos — com amigos e irmãos estão tensos, pode ser fácil entrar em um estado de ressentimento. Acho que uma meditação de bondade amorosa focada especificamente em nós mesmos, no "outro" do ***Relacionamento*** e no próprio ***Relacionamento*** pode nos acalmar.

Sente-se em um lugar confortável e feche os olhos, se isso parecer seguro e natural. Você também pode manter os olhos abertos se preferir. Inspire pelo nariz e expire pela boca três vezes. Diga para si mesmo ou em voz alta: "Que eu esteja repleto de bondade amorosa. Que eu esteja bem. Que eu esteja seguro. Que eu seja amado. Que eu possa viver com tranquilidade".

Inspire pelo nariz e expire pela boca mais três vezes. Imagine o "outro" no ***Relacionamento***. Pense no nome dele. Em seguida, diga para si mesmo ou em voz alta: "Que _______ seja repleto de bondade amorosa. Que _______ esteja bem. Que _______ esteja seguro. Que _______ seja amado. Que _______ viva com tranquilidade".

Inspire pelo nariz e expire pela boca mais três vezes. Agora, imagine as duas pessoas no ***Relacionamento*** — você e outra pessoa, seus dois filhos ou seu filho e o amigo dele. Continue respirando enquanto imagina um fio brilhante que cada pessoa está segurando em uma das pontas. Continue inspirando pela boca e expirando pelo nariz, enquanto diz para si mesmo ou em voz alta: "Que essa conexão seja repleta de bondade amorosa. Que essa conexão seja boa. Que possamos estar repletos de bondade amorosa. Que possamos estar bem. Que estejamos seguros. Que sejamos amados. Que possamos viver com tranquilidade".

CAPÍTULO 15

Transições grandes e pequenas

Use a mudança como uma oportunidade para enfatizar o que permanece igual

A única constante na vida é a mudança.

HERÁCLITO

Kali me enviou uma mensagem de texto durante a primeira semana de seu filho em uma nova escola de ensino fundamental, em uma nova cidade, dizendo: "Preciso que você me lembre como permanecer tranquila com o desconforto". Seu filho estava mandando mensagens para casa, dizendo à mãe que odiava a nova escola, que as crianças não eram amigáveis, que os professores não gostavam dele e: "Você pode, por favor, vir me buscar, mãe? Eu nem sei por que nos mudamos para esta cidade feia".

O filho de Kali não estava correndo nenhum perigo iminente na escola, então ela precisava fazer uma pausa para reagir com EQUILÍBRIO (BALANCE) — exatamente como vínhamos praticando juntas há anos. Percorremos as etapas juntas.

Encontrando o EQUILÍBRIO em sua nova situação

***B**reathe* **(respire)**, eu disse a Kali. Essa é a maneira mais rápida e econômica de regular seu sistema nervoso. "Respirando", respondeu Kali por mensagem alguns instantes depois.

***A**cknowledge* **(reconheça sua própria bagagem emocional)**, escrevi. Foi quando Kali falou sobre seu sentimento de culpa em relação à mudança. Ela havia aceitado um novo emprego para ficar mais perto de seus pais doentes, e isso significava que seu filho teria de deixar as crianças com quem havia crescido.

L*et it go* (deixe de lado sua culpa), eu disse, "só por enquanto". "Deixando para lá", ela respondeu, "por enquanto".

A*ssess* (avalie o momento presente), lembrei a ela. "O que está acontecendo com seu filho?" Ela respondeu imediatamente: "Ele está chateado com a mudança e se sente desconfortável em seu novo ambiente".

N*otice* (observe), eu disse na mensagem. E por todos os anos de trabalho comigo, ela sabia que eu queria dizer: *observe o que está acontecendo em seu corpo e no corpo ou estado emocional de seu filho*. Quando nossos filhos estão fisicamente conosco, pode ser mais fácil perceber o que está acontecendo em seus corpos, mas, mesmo por mensagem de texto, Kali conseguia ler nas entrelinhas. Será que o garoto realmente queria que ela fosse buscá-lo? Ou isso apenas reforçaria o medo de que ele não conseguiria passar por esse ajuste desafiador? "Eu estava tremendo quando mandei a primeira mensagem", respondeu Kali. "Agora, meus ombros estão só um pouco tensos".

C*onnect* (conecte-se), lembrei-a. "Veja se consegue relaxar os ombros um pouco mais e responda."

E*ngage* (envolva-se). Foi então que Kali respondeu à mensagem de seu filho, reconhecendo seus sentimentos: "Sei que é uma grande transição para todos nós e você não escolheu essa mudança". Então, ela pôde responder ao pedido ao qual queria tanto ceder, mas sabia que seu filho conseguiria lidar. Ela disse: "Sei que isso é difícil e sei que você conseguirá passar por este dia. Mal posso esperar para vê-lo quando chegar em casa".

A mudança é constante, mas é difícil

Pais e mães me procuram o tempo todo preocupados com a regressão no desenvolvimento de seus filhos, problemas de sono ou comportamentos sociais preocupantes. Se as crianças estiverem bem nutridas e bem descansadas, na maioria das vezes descobriremos juntos que o novo comportamento desafiador tem algo a ver com uma transição que a criança está vivenciando. Quer as crianças estejam se adaptando a um novo cuidador, que estejam iniciando em uma nova escola ou lidando com as mudanças que acompanham uma mudança de casa ou a separação dos pais, toda uma gama de emoções e comportamentos é normal. Até mesmo transições aparentemente pequenas, como ir embora do parquinho ao fim do dia ou trocar a hora do jogo pela hora da leitura, podem ser desafiadoras.

Independentemente do que seu filho ou sua família esteja passando, você pode validar os sentimentos de seus filhos, lembrá-los dos aspectos que permanecerão iguais, apoiar-se em rotinas estabelecidas e comportar-se de uma maneira que diga: "Estou aqui ao seu lado *e* acredito que você pode superar isso". Como as crianças tendem a se colocar no centro de todas as suas experiências, o que é normal para essa fase do desenvolvimento, elas também podem facilmente se culpar se perceberem as transições como negativas.

Nem toda ansiedade é um transtorno de ansiedade

A ansiedade é um sentimento humano natural. Muitas vezes, os problemas com as transições vêm do medo. Assim como todos os seres humanos, as crianças sentem medo do desconhecido e temem o que vai acontecer quando forem expostas a uma nova situação. Ao contrário dos seres humanos mais velhos, as crianças não têm muita experiência em enfrentar incertezas e novas experiências e dependem de nós para lembrá-las de que podem superar os sentimentos difíceis.

A própria ansiedade é adaptativa e saudável. Se o seu filho nunca fez um teste cronometrado antes e sente uma ansiedade que o leva a estudar muito, esse é um uso perfeitamente adequado desse sentimento. Se uma criança mais nova está ansiosa para começar em uma nova escola e acorda cedo para se certificar de que todos os materiais estão em ordem, ela está gerenciando os fatores de estresse sobre os quais tem controle. O modo de saber se a ansiedade se torna o que os psicólogos chamam de *mal-adaptativa* é observar se a maneira como a criança está gerenciando o estresse causa prejuízos a si mesma ou aos outros.

Divórcio — e o modelo de relacionamentos saudáveis

Famílias com dois pais casados vivendo juntos são chamadas de "tradicionais" e "intactas". Já as famílias após separação ou divórcio são chamadas de "desfeitas". Isso não ajuda em nada aqueles que estão passando por um divórcio e, para falar a verdade, não há base histórica real para chamar as famílias nucleares de "tradicionais". A ideia da família nuclear tipicamente americana foi inventada na década de 1950, com base nos valores econômicos e culturais da época. Mas estamos vivendo em um contexto econômico e cultural diferente e, embora cerca de metade dos casamentos sobreviva até que os filhos concluam o ensino médio, a outra metade não.

O divórcio é uma das grandes transições que temos de atravessar com o máximo de leveza possível. Quando descobri que ia me divorciar, eu tinha um grupo de mães agendado para o dia seguinte. Não queria cancelar o encontro com elas, pois as acompanhava desde que minhas filhas eram bebês. Mas como eu poderia me considerar uma "especialista em criação de filhos" quando sentia que tinha estragado o que eu ainda via como uma família "intacta"?

Respirei fundo e tentei reconhecer minha própria bagagem emocional. Acho que é importante contar às pessoas com quem você tem intimidade o que está acontecendo com você para que elas possam entender como você está adentrando o local. Então, fui em frente e contei a elas: "Olha, acabei de descobrir que vou me divorciar, estou meio em choque, mas mesmo assim quis vir. Sei que isso pode parecer loucura, mas é aqui que quero estar". Se eu fosse uma psicóloga clínica, isso teria sido um exagero, mas, como psicóloga de desenvolvimento e orientadora, posso ser mais aberta com meus clientes. E as outras mães do meu grupo não perderam o ritmo, pois me cercaram com o apoio que o grupo havia dado a todas nós. Elas me lembraram de absorver esse apoio e olhar para a ciência, em vez de deixar meus medos me dominarem. Ainda estou trabalhando com esse grupo e, até hoje, eu as amo!

Mais tarde, a partir de um ponto de EQUILÍBRIO, pude analisar com mais calma o que a ciência nos diz. Na verdade, décadas de pesquisa afirmam que os filhos de pais divorciados se saem tão bem quanto os filhos que crescem com os pais em casa; é o conflito de longo prazo — independentemente de os pais viverem juntos ou não — que cobra um preço real. Na verdade, independentemente de o conflito ser intenso dentro do casamento ou não, ser o filho desse ***Relacionamento*** prejudica a saúde a longo prazo.

Talvez não consigamos controlar a duração de nossos casamentos, mas podemos controlar como lidamos com a nossa parte da separação. Lembre-se de manter os problemas entre os pais e evite envolver os filhos em tudo isso. Se houver problemas entre você e o outro genitor, faça todo o esforço possível para não falar sobre essas questões na frente do seu filho. Lembre-se de que é fundamental que as crianças se sintam seguras e protegidas para se desenvolverem.

Ver os pais discutirem de maneira produtiva e fazerem as pazes de maneira produtiva pode ser um modo saudável de perceber que os ***Relacionamentos*** podem ter momentos difíceis e, ainda assim, permanecer intactos. Ver os pais discutirem e depois "irem para o outro cômodo", sem nenhuma explicação, pode deixar as crianças ansiosas, imaginando o que aconteceu ou o que pode acontecer. Ver os pais discutirem quando não há um ***Relacionamento*** amoroso subjacente pode fazer com que as crianças sintam a necessidade de tomar partido, sintam-se inseguras ou preocupadas com o bem-estar de um ou de ambos os pais.

Quando vocês discutirem, o que inevitavelmente acontecerá, é mais importante fechar o ciclo e resolver a discussão do que "irem para o outro cômodo". As crianças percebem tudo, portanto, sentem-se mais seguras quando você reconhece o que está acontecendo e não tenta varrer o assunto para debaixo do tapete ou fingir que está tudo bem.

Mantenha o foco na meta. Os ***Relacionamentos*** de apoio ajudam as crianças a prosperar. Ter um vínculo seguro com um dos pais protege as crianças contra adversidades, favorece seu desenvolvimento e permite que elas aprendam e cresçam. Todo ***Relacionamento*** positivo com um adulto de confiança faz a diferença. Lembre-se — talvez agora, mais do que em qualquer outro cenário de parentalidade — que *a maioria das vezes* é o que estamos buscando. Seja gentil consigo mesmo.

Mudando — e permanecendo o mesmo

Se você cavar um buraco fundo o suficiente e regar consistentemente, a maioria das árvores se livrará do choque do transplante em cerca de um ano. As crianças não são tão diferentes. A ciência mostra que as mudanças *estão* associadas a pequenos declínios nas habilidades sociais, no bem-estar emocional e no comportamento das crianças. Mas você não está marcando seus filhos para o resto da vida com a mudança — apenas esteja ciente de que eles podem precisar de mais reforços de segurança durante a fase de transição.

O instinto pode ser enfatizar o que há de errado com a casa atual e o que será melhor quando nos mudarmos (Nova York é uma droga! Sempre chove aqui! Teremos quartos em Ohio! Vamos morar mais perto da vovó!). Mas as pesquisas mostram que, para facilitar a transição, precisamos enfatizar — para nós mesmos e para nossos filhos — o que *permanecerá igual*. Faça uma lista, primeiro só para você mesmo, de tudo aquilo que permanecerá igual. Inclua sentimentos que não mudarão, como o amor; objetos que não mudarão, como ursos de pelúcia e roupas específicas; e rotinas que não mudarão, como refeições em família ou acordar para ir à escola. Isso também vale para as crianças mais velhas — você pode mencionar pôsteres em vez de ursinhos de pelúcia. Compartilhe a lista com seus filhos.

Também é um momento para oferecer toda a estabilidade extra que puder. Seus filhos estão aprendendo a ser mais flexíveis e a se sentir mais à vontade no mundo exterior, mas eles precisam saber que as pessoas que amam e das quais dependem não vão desaparecer. Eles podem se adaptar melhor ao fato de serem transplantados de uma base segura se souberem que algumas coisas — especialmente seu amor e apoio — nunca mudarão.

Sessão de perguntas e respostas

Pergunta: Depois de muitas idas e vindas, gostaria de saber como e quando você aconselharia compartilhar a notícia de que estamos nos mudando com nosso filho pequeno. Ele não tem a menor ideia e é muito apegado à sua pequena comunidade aqui. Apesar de acharmos que ele vai adorar nossa nova casa e estar perto da família, ele não lida bem com mudanças!

Resposta: As crianças pequenas não têm uma grande noção de tempo, e falar sobre algo com muita antecedência pode causar estresse desnecessário. Por outro lado, não falar sobre algo e surpreender um bebê também pode ser desestabilizador. Aqui estão algumas dicas para lidar com essa grande transição:

1. Certifique-se de que o momento de revelar a notícia anteceda qualquer mudança perceptível.
2. Explique a notícia de forma clara e simples.
3. Informe seu filho sobre o que permanecerá igual e o que mudará em sua nova casa. Por exemplo: "Você terá o mesmo edredom, mas uma cama nova".
4. Tire fotos antes de desmontar os quartos e os cômodos da família, para que você possa voltar e "visitá-los" mais tarde.
5. Permita que seu filho expresse qualquer sentimento desconfortável e evite tentar convencê-lo a não ficar chateado por causa de todas as coisas boas que acontecerão. Essa é uma oportunidade de ensiná-lo que ele pode ter sentimentos mistos, quando você está, ao mesmo tempo, curioso/excitado e nervoso/triste.
6. Faça o mínimo de alterações possível. O fato de estar se mudando significa inerentemente que haverá muitas transições, portanto, tente evitar aquelas que você realmente pode controlar.
7. Não passe muito tempo falando sobre isso — não há necessidade de ficar preso nesse assunto.

Normalize a morte e o luto, mas lembre-se de que as crianças pensam de forma concreta

Como pais, podemos normalizar os padrões da vida ao mostrar para nossos filhos o ritmo das estações, como as flores desabrocham e morrem e a maneira como as folhas caem no outono; também podemos ler livros que centralizam a vida nos padrões da natureza e apresentam a morte como parte desses padrões. A cultura norte-americana trata a morte de uma forma diferente da maioria das culturas do mundo. Em culturas em que a morte é considerada algo ruim ou aterrorizante, o instinto é falar sobre ela de maneira eufemística. Mas, como pais, precisamos ter certeza de que estamos sendo claros com nossos filhos. Quando animais de estimação e seres humanos morrem, podemos dizer aos nossos filhos que seus corpos pararam de funcionar. É importante deixar claro que esse animal de estimação ou pessoa querida não voltará. Você pode expandir isso com qualquer crença espiritual ou religiosa que tenha. Por exemplo, você pode compartilhar sua crença de que, embora a vovó não volte, ela está cuidando da família.

Quando as pessoas morrem, as crianças querem saber que elas e você estão bem. Tenha cuidado para não assustar as crianças dizendo coisas como: "A vovó foi dormir e nunca mais acordou". Ou ainda: "O Fido foi para um lugar melhor". Eles morreram, e podemos nos sentir tristes com isso, e podemos chorar, mas é importante sermos claros.

Honre as memórias dos que se foram colecionando fotos, escrevendo poemas ou cartas e fazendo outras coisas que possam vir de sua tradição religiosa — ou crie suas próprias tradições. Rituais de muitos tipos diferentes ajudam seres humanos de todas as idades a lidar com a perda. Lembre seus filhos de que, mesmo quando estamos de luto por uma perda, não há problema em se divertir e sentir uma série de emoções humanas.

Abrace a rotina

As rotinas e os rituais criam uma sensação de lar, tanto para você quanto para seus filhos. Muitos de nós adoramos aventuras, mas é a estabilidade de uma base previsível e estruturada que nos ajuda a criar coragem em vez de ansiedade. As transições não exigem rigidez — na verdade, aqueles de nós que são rígidos têm bastante dificuldade com as mudanças! —, mas veja como você pode manter as coisas familiares. Talvez vocês sempre façam uma refeição especial aos domingos. Continue fazendo isso. Talvez em sua antiga casa você desse banho de banheira em seus filhos todas as noites e na sua nova casa só tenha chuveiro. Traga o velho patinho de borracha e mostre ao seu filho como se divertir e se limpar no novo boxe do chuveiro. Talvez seu filho esteja acostumado a ler um livro com você antes de dormir. Escolha livros sobre as transições pelas quais vocês estão passando.

Quando não podemos prever as coisas, tendemos a nos sentir ansiosos. Fazer com que as crianças enxerguem o fato de que não saber pode abrir possibilidades é uma perspectiva que pode nos tirar do ciclo de controle. Trata-se mais de uma mudança de atitude, que pode ocorrer ao dizermos algo como: "Que tipo de vizinhos teremos?" em vez de "Não sei quem serão nossos vizinhos, e isso é assustador".

Lidando com a separação

Começando por volta dos seis meses e atingindo o pico aos oito ou nove meses, e novamente entre doze e dezoito meses, você pode notar que seu bebê fica chateado quando é separado de você ou de outro cuidador. Se você ainda não percebeu isso, prepare-se para esse comportamento típico. Se você tem um filho mais velho, lembre-se de que a separação continua a ser um ponto de dor para muitas crianças. Aprender a lidar com a relação de proximidade e afastamento com os pais pode levar muitos anos — e muita prática.

O bebê de nove meses de Amir não quer que ela saia de casa. A avó está cuidando do bebê — e, se Amir disser: "A mamãe vai trabalhar, e a mamãe sempre volta. Eu amo você. Tchau!", ela sabe, por experiência própria, que terá de ver o bebê desabar, estendendo os bracinhos e gritando "mamãe". É triste demais para assistir. Isso faz com que Amir queira consertar os sentimentos do bebê, dizendo: "Tudo bem, eu não vou". Ela odeia sair sabendo que seu filho está chorando. Seu instinto? Ela sai de fininho. Depois de fazer isso mais de uma vez, ela se pergunta: *Por que meu filho é tão grudento?* Talvez seja porque o bebê nunca tem ideia de quando ela vai sair.

Nunca é tarde demais para redirecionar esse tipo de dinâmica. Quando um pai ou uma mãe se despede, mesmo que seja doloroso, isso dá à criança a prova de que ela pode superar os períodos de desconforto. Pode ser sempre difícil quando Amir vai embora, mas o bebê continuará a ter o reforço da experiência. A mamãe sempre volta.

As crianças sempre serão apegadas até certo ponto — isso faz parte de ser criança. Mas você pode evitar grande parte dessa ansiedade se a mensagem passada não for a de que, em momentos aleatórios, você simplesmente desaparecerá sem dizer nada. É melhor dizer: "Se eu tiver que sair, eu lhe direi que estou indo embora — e eu sempre volto. Sei que é difícil para você, mas essa pessoa com quem vou deixá-lo é segura e amorosa e eu confio nela". Ao aprender a aceitar o desconforto dessa separação, você também está ensinando a si mesmo que pode superar isso. Muitas vezes, queremos consertar o sentimento para *nos* acalmarmos, mas isso não é bom para o crescimento de nossos filhos.

Ajude as crianças a confiar que você voltará

Tenha um humor otimista. Seu bebê está olhando para você para ver sua reação e para se corregular com ele, portanto, mantenha-se leve e descontraído quando sair (especialmente se estiver se sentindo chateado). Respire. O bebê precisa que você mostre que está tudo bem, pois ele aprende que as separações e os reencontros são uma parte normal da vida. Lembre-se de que, como essa é uma fase normal do desenvolvimento, você não precisa pedir desculpas em nome do seu bebê.

Planeje uma distração para depois da sua partida. Peça aos membros da família ou a outros cuidadores que tenham alguns brinquedos ou atividades especiais para ajudar o bebê a se recuperar da separação. Embora a reação do seu bebê possa ser intensa, geralmente é de curta duração e ele se distrai facilmente.

Fique fora. Esqueceu sua carteira? Que pena. Depois de sair, tente não voltar (dica: peça a alguém que a jogue pela janela para você). Seu bebê provavelmente passará por um momento muito mais difícil se você voltar e sair novamente. Isso é especialmente verdadeiro para os pais que tentam trabalhar em outro cômodo ou outra parte da casa. Não espere poder sair para tomar um café se o bebê puder vê-lo!

Rituais para tornar as separações mais fáceis

Quando minha filha era pequena, havia um cristal pendurado em um cordão na janela de sua escola, então ela soprava um beijo através do cristal e da janela, e eu o pegava. Depois, compramos um cristal para casa.

Outro ritual foi "The Kissing Hand" (*A mão que beija*, em tradução livre), embasado no livro infantil escrito por Audrey Penn e ilustrado por Ruth E. Harper e Nancy M. Leak. No livro, uma mãe e um guaxinim bebê compartilham o segredo familiar da mão que beija. Ao beijar as palmas das mãos das minhas filhas, eu dizia a elas que, assim como no livro, o beijo não sairia. Se elas sentissem minha falta, poderiam levar as mãos ao rosto e dizer: "Mamãe me ama".

Depois que as crianças passam por esses exercícios, elas ainda têm dificuldades com separações por períodos mais longos, como quando estão em uma festa do pijama ou em um acampamento de verão. Para as crianças mais velhas, você pode oferecer uma camiseta confortável sua — algo com que elas possam dormir ou se agarrar sem se preocupar com o julgamento dos colegas.

EXERCÍCIO DE REFLEXÃO

O lar é onde o coração está

Heráclito já dizia, na Grécia antiga: "A única constante na vida é a mudança". Após todos esses séculos, a mudança não ficou muito mais fácil, mas há outro ditado que foi repetido por inúmeras mães ao longo da história: "o lar é onde o coração está". Quando praticamos a respiração nos lares estáveis que são *nossos corpos* e *nossos corações*, podemos nos sentir cada vez mais à vontade com o mundo em constante mudança ao nosso redor. Programe o cronômetro para o tempo que tiver para esta meditação — três ou vinte minutos, ambos serão suficientes. Sente-se em algum lugar onde possa se sentir confortável, mesmo que seja no banco de uma parada de descanso durante a sua mudança para o outro lado do país. Inspire conscientemente enquanto diz silenciosamente para si mesmo: "Estou em casa no meu corpo". Sinta a respiração se concentrar em torno de seu coração, coloque a mão sobre ele e diga a si mesmo: "Estou em casa no meu coração". Ao expirar conscientemente, diga a si mesmo: "Estou em casa no mundo".

Repita:

Estou em casa no meu corpo.
Estou em casa no meu coração.
Estou em casa no mundo.
Continue respirando.

CAPÍTULO 16

A geração do tempo de tela

Telefones, dispositivos e redes sociais

As crianças não têm lobos frontais totalmente funcionais. O lobo frontal é o que controla o julgamento, o raciocínio, o planejamento, a organização e a reflexão sobre as consequências... Portanto, os pais precisam ser o lobo frontal de seus filhos enquanto eles navegam pelo mundo das redes sociais e ajudá-los a ter bom senso.

HEIDI ALLISON BENDER, PhD

Estamos vivendo em um mundo que, às vezes, parece ser excessivamente conectado. Nossos filhos fazem parte de um experimento global não planejado sobre o que acontece quando cercamos seres humanos em desenvolvimento com tecnologias digitais que não estavam disponíveis nem mesmo há uma década, muito menos há uma geração.

Algumas pessoas dirão que as telas são ruins, que estão destruindo o cérebro de nossos filhos e colocando-os em contato com traficantes de drogas. Outras insistirão que as telas são o futuro e que é melhor desistirmos das conexões face a face — elas são *tão* do século XX. Como em tudo nesse mundo polarizado de conselhos parentais, há um espaço entre esses dois extremos, e é esse espaço que melhor servirá a você e seus filhos.

Pesquisas atuais mostram que crianças muito pequenas não aprendem bem com telas. Em um experimento, bebês de nove meses de idade que receberam algumas horas de instrução em mandarim de um ser humano ao vivo conseguiram isolar elementos fonéticos específicos do idioma, enquanto outro grupo de bebês que recebeu exatamente a mesma instrução por meio de vídeo não conseguiu. À medida que as crianças forem crescendo, elas encontrarão usos positivos para as telas — para conexões construtivas, conteúdo significativo e oportunidades educacionais distantes, que, de outra forma, estariam fora de alcance. Vocês também encontrarão maneiras de aproveitar o tempo de tela juntos, em família. O problema surge quando o tempo de tela começa a atrapalhar outras conexões ou quando as crianças usam esse tempo para fazer algo errado.

A American Academy of Pediatrics (Academia Americana de Pediatria) recomenda que as crianças menores de dois anos não tenham nenhum tempo de tela — exceto para bate-papo por vídeo — e que as crianças de dois a cinco anos devem ter, no máximo, uma hora por dia. Para crianças mais velhas, eles recomendam a criação de um plano familiar de uso de mídias, que pode incluir locais e horários livres de tela. Pais e os filhos podem negociar os limites e as regras quanto ao uso da tela e reformular o plano com o passar do tempo, à medida que as crianças ficam mais velhas ou as circunstâncias mudam.

Nossos filhos vão reagir mal se limitarmos o tempo de tela deles? Claro, mas você pode dizer aos seus filhos qual é a sua função e lembrá-los de que sempre haverá coisas na vida — como chocolate e tempo de tela — que, às vezes, achamos que nunca serão suficientes.

Não se preocupe muito em controlar o tempo de tela nas férias

Limitar o uso de telas é bom para todos nós, mas, se você tiver uma longa viagem de carro ou avião ou se os primos mais velhos estiverem sempre com as telas ligadas em uma casa cheia de visitas para as férias, não há motivo de preocupação. É possível que você perceba uma desregulação momentânea decorrente de várias mudanças de rotina e da presença de outras pessoas, mas, a longo prazo, o impacto de alguns dias inteiros de uso de tela não é nada que deva ser adicionado à sua lista de preocupações. Após as férias, volte à rotina e aos limites anteriores. A ansiedade e a tensão de tentar controlar demais durante esse período temporário não valem a pena! Em caso de dúvida, considere a dose e a duração. Não há problema em entrar no modo de sobrevivência durante uma viagem de carro e, depois, voltar às regras de sempre quando chegar em casa.

Encontre o equilíbrio em seu próprio uso de dispositivos

A primeira vez que minha filha montou um Lego de forma livre, ela fez um telefone Blackberry, e eu pensei: "*Bem, não estou usando os dispositivos de uma forma que promova a atenção*". É claro que não sou só eu. O adulto americano médio verifica seu telefone cerca de cem vezes por dia.

Não há como negar: o telefone rouba a atenção que deveríamos dar aos nossos filhos. Mas digo isso com uma profunda compreensão de que, quando nos sentimos isolados, o telefone também pode ajudar a nos sentirmos menos sozinhos. Nossos filhos precisam da nossa atenção, mas nós também precisamos de conexão. Nosso trabalho como pais, portanto, é encontrar esse espaço entre os extremos. Não podemos negligenciar nossos filhos, mas também não podemos negligenciar nossa própria necessidade de interações com adultos.

Como em praticamente tudo na parentalidade, o desenvolvimento de uma relação saudável com o tempo de tela começa conosco. Comece tornando-se um mentor em relação a esses dispositivos e ao uso da tela. Não podemos esperar que nossos filhos adolescentes tirem o nariz de um dispositivo durante as refeições quando eles passaram a vida inteira nos observando rolar a tela e comer ao mesmo tempo. Quando chegar a hora, faça aquilo que você vai exigir do seu filho pré-adolescente: defina horários em que você ficará *longe* do celular e deixe claro que você está disponível para dar atenção aos seus filhos. Isso pode significar que talvez você decida que a hora da refeição, a hora da leitura e o momento de brincar serão livres de telefone; ou pode significar que você se comprometa a não usar telas nos primeiros quinze minutos após chegar em casa e, depois, pode dizer: "Vou checar o trabalho por dez minutos e já volto". E, então, cumpra sua promessa.

Ser um mentor de redes sociais significa prestar atenção ao que publicamos, como comentamos e com que frequência nos deixamos levar pela rolagem de tela por muito tempo vendo conteúdos de tom negativo. Quando postamos algo sobre nossos filhos, devemos não apenas pedir a permissão deles (afinal, esperamos que eles façam o mesmo), mas também perguntar a nós mesmos o que essas postagens transmitem; respire fundo e verifique com você mesmo antes de perguntar a eles se pode postar. A mensagem que você está compartilhando sobre seu filho é o tipo de mensagem que você quer que ele receba? Por exemplo, você quer mostrar como ele ficou bonito de sunga ou chamar a atenção para todas as notas 10 no boletim escolar? Talvez não. Eles podem ou não lhe dar permissão, mas estão observando e aprendendo com você como usar as redes sociais.

Sessão de perguntas e respostas

Pergunta: Meu filho, que está no sexto ano, quer ter todos os aplicativos; os pais dos amigos dele não dizem não, então nós somos os vilões. O que fazer?

Resposta: Às vezes, ser pai ou mãe e manter os limites que você acredita serem os melhores significa que você não será o mais popular naquele momento (***Regras***). Você sempre pode lembrar seu filho:"Eu amo você e entendo por que isso é desagradável. Eu estabeleço limites com o objetivo de mantê-lo seguro e protegido e, quando estabeleço um limite, tomo uma decisão com base no que acho apropriado para a sua idade, seu temperamento e o ambiente em que está crescendo. Certamente levo em conta que isso é algo que você quer e, como seus pais, tomamos a decisão final. Não se trata de não ser o vilão, mas de se sentir confortável sendo o vilão às vezes" (***Relacionamento***, ***Regras***). Se serve de consolo, não acho que vocês sejam vilões! Se acharem que são, lembrem-se da maneira de sair desse sentimento de ser RUIM (BAD): *Breathe* (Respiro), *Assess* (Avalio), *Deal* (Enfrento) (consulte a página 9).

A exposição na Internet vem acompanhada de exposição a conteúdo adulto

As crianças estão sendo expostas à pornografia em idades cada vez mais precoces. Embora não queiramos confundir pornografia e sexo, assim como não queremos confundir sexo e gênero ou gênero e sexualidade, o fato é que muitas crianças são expostas à pornografia antes de terem um conceito de sexo não performático. Quando seu filho é apresentado à Internet, ele está aberto à possibilidade de exposição à pornografia. Essa é uma conversa desconfortável para muitos pais, mas você pode começar desde cedo — assim que seu filho tiver acesso ao primeiro tablet —, com avisos gentis sobre o que ele poderá ver e o que fazer quando se deparar com conteúdo impróprio.

Você pode começar a conversa de maneira bem simples, para que eles reconheçam a pornografia quando a virem e se sintam à vontade para falar sobre o tema. Lembro-me de quando uma amiga perguntou ao filho dela se ele sabia o que era pornografia — ele estava no quinto ano. Ele disse que sim. Em seguida, ela disse: "Diga-me o que você sabe". Ele disse que sabia que era algo que "não deveria ver", mas não sabia dizer especificamente o que era.

Em caso de dúvida, verifique o que seu filho sabe e comece a partir daí. A pornografia pode ser definida simplesmente como fotos, vídeos ou até mesmo desenhos animados de pessoas com pouca ou nenhuma roupa que se concentram nas partes íntimas que normalmente mantemos cobertas por uma roupa de banho. Embora todas as partes do corpo sejam boas, as crianças precisam saber que tirar fotos de partes íntimas e compartilhá-las pode não ser seguro e que material sexualmente explícito não é algo que o cérebro infantil consiga processar. Nem toda nudez é pornografia, é claro, e a conversa pode se tornar mais sutil à medida que as crianças crescem, mas a nudez artística geralmente não se concentra nas partes íntimas e geralmente não é hipersexualizada.

A pornografia é projetada para excitar o corpo e viciar a mente, portanto, as crianças precisam saber que não precisam se envergonhar por reagir a ela. Dito isso, a pornografia pode privar as crianças de seu próprio desenvolvimento sexual saudável, transformando a sexualidade em uma performance, por isso é importante dar a elas algumas diretrizes e orientações. Kristen A. Jenson, autora de *Good Pictures, Bad Pictures: Porn-Proofing Today's Young Kids* (*Imagens boas, imagens ruins: protegendo as crianças de hoje contra a pornografia*, em tradução livre), aconselha os pais a dizerem às crianças pequenas para "virar, correr e contar". À medida que as crianças crescem, ela aconselha que as ensinemos a fechar os olhos, dizer o nome quando virem e contar a um adulto de confiança o que viram. As crianças também devem saber que, se um adulto ou um adolescente mais velho lhes mostrar pornografia intencionalmente, isso deve ser interpretado como um sinal de alerta e que essa pessoa pode estar tentando aliciá-las para abuso.

Se as crianças viram imagens que estão tentando tirar da mente, você pode apresentar a elas a teoria cognitivo-comportamental. Ou seja, toda vez que uma imagem surgir na mente, ela pode se distrair com algo menos problemático. Se o seu filho gosta muito de carrinhos de brinquedo, diga a ele para tentar pensar em carrinhos toda vez que a imagem perturbadora vier à mente. Se ele toca piano, você pode pedir que ele pratique o instrumento toda vez que a imagem o assombrar.

Quando as crianças entrarem na adolescência, lembre-as de que a pornografia transforma as pessoas em objetos e alimenta o abuso. Os adolescentes são naturalmente defensores da justiça, portanto, pode ser útil lembrá-los de que assistir à pornografia pode significar compactuar com o racismo, a misoginia e a exploração muito comuns das pessoas que atuam nos filmes pornôs. Não se esqueça de mencionar que a pornografia também altera a percepção sobre como são os corpos reais, desde o tamanho do pênis até os seios, assim como passa uma representação completamente distorcida de como é uma interação sexual amorosa. Seu filho estará mais seguro contra predadores e extorsão sexuais se vocês puderem ter essas conversas e se ele se sentir à vontade para conversar com você.

Sessão de perguntas e respostas

Pergunta: Estabelecemos limites para o tempo de tela, mas meu filho sempre tem uma crise enorme quando chega a hora de desligar o aparelho, mesmo quando dou avisos prévios. O que está acontecendo?

Resposta: Se você perceber que seu filho está tendo crises por causa do tempo de tela, planeje uma conversa. Não durante o calor do momento, mas separadamente, quando ele estiver se sentindo calmo (***Reflexão***). Você pode dizer: "Sabe, você tem tido dificuldades para deixar de usar as telas. Vamos decidir juntos quanto tempo você vai ter, quando vai ter, e então você pode escolher se quer desligar ou se eu vou desligar para você. Se for muito difícil, faremos uma pequena pausa no tempo de tela. O excesso de tempo de tela pode fazer com que você fique muito irritado quando precisa desligar" (***Relacionamento***, ***Reflexão***, ***Regras***).

Ou você pode simplesmente dizer: "Sabe de uma coisa? Vamos fazer um pequeno intervalo porque é difícil para você parar de usar a tela quando termina. Vamos ver se ter menos tempo de tela ajuda a ficar mais fácil para você se desligar. À medida que você desenvolver sua capacidade de desligar a tela com calma, poderemos acrescentar mais tempo" (***Regulação***, ***Regras***).

As redes sociais são um amplificador

Embora possam oferecer alguns benefícios de conexão e interesses compartilhados, as redes sociais também podem ser altamente problemáticas. Em 2023, a autoridade máxima de saúde pública nos Estados Unidos emitiu um comunicado chamando a atenção para a crescente preocupação acerca dos efeitos das redes sociais na saúde mental dos jovens. O uso dessas redes entre os adolescentes é quase universal, com até 95% relatando o uso de uma plataforma de rede social e mais de um terço dizendo que usam redes sociais "quase constantemente".

Um estudo recente descobriu que as crianças que costumam verificar as redes sociais sofreram alterações nas partes do cérebro que controlam as recompensas e as punições sociais. A verificação habitual das mídias sociais afetou a amígdala, um dos centros emocionais do cérebro que nos faz sentir e reagir ao medo. A parte do cérebro responsável pelo julgamento, raciocínio e recompensas, chamada córtex pré-frontal dorsolateral, também foi afetada.

Outras pesquisas mostraram uma conexão entre altos níveis de uso de redes sociais e depressão na adolescência. Um estudo recente do Oxford Internet Institute descobriu que os impactos negativos da mídia social afetavam meninas e meninos em idades diferentes, com as meninas sendo mais sensíveis entre as idades de onze e treze anos e os meninos, entre os quatorze e quinze anos de idade.

Ainda assim, você pode exercer a parentalidade sem se sentir como se estivesse em constante monitoramento. É possível monitorar o uso das redes sociais do seu filho sem se sentir como se estivesse o vigiando. Se o seu filho enfrenta dificuldades com a própria imagem corporal, a autoestima ou com os colegas, saiba que o uso das redes sociais pode ampliar essas dificuldades. Se o seu filho estiver bem, se as coisas estiverem indo bem, se você perceber que ele está vendo vídeos de coelhinhos e cachorrinhos e receitas on-line, se as interações sociais dele parecerem saudáveis, se ele estiver dormindo bem, se não estiver interrompendo as refeições, se estiver se exercitando, se a vida estiver indo bem de modo geral e ele também estiver nas redes sociais, não precisa entrar em pânico com o alerta da autoridade máxima de saúde pública.

Se, por outro lado, você perceber que seu filho está fazendo bullying com alguém ou sendo vítima de bullying, tem problemas com a imagem corporal, dorme mal ou está deprimido, uma das primeiras coisas que você pode fazer é dar uma olhada no uso das redes sociais, pois isso pode estar agravando as suas dificuldades — e nunca queremos isso. Tente reduzir o uso das redes sociais para uma hora por dia. Depois de três semanas, veja se você e seu filho percebem mudanças positivas.

EXERCÍCIO DE REGULAÇÃO

"Isso é difícil. Isso é normal. Não estou sendo perseguido por um urso."

Como a ciência já demonstrou que as redes sociais e outras interações digitais podem levar adultos e crianças a uma resposta desnecessária de luta ou fuga, é importante que toda a família continue praticando como desativar essa resposta quando não estiver em perigo imediato. É saudável reconhecer as dificuldades reais com as quais você está lidando *e* lembrar ao seu corpo que você não está em perigo.

Ajuste o cronômetro para cinco ou dez minutos. Sente-se ou deite-se em um lugar confortável, onde você possa se permitir relaxar. Não tem problema se você adormecer durante essa sessão, mas não há necessidade de tentar dormir. Coloque delicadamente a mão sobre o coração e feche os olhos. Ao inspirar pelo nariz, diga para si mesmo: *Isso é difícil.* Agora, expire pela boca, lembrando a si mesmo: *Isso é normal.* Agora, inspire e expire, concentrando-se no calor que emana entre sua mão e seu coração e lembre-se de que: *Não estou sendo perseguido por um urso; meu filho não está sendo perseguido por um urso.*

Continue respirando. A cada inspiração e expiração, você está redefinindo seu sistema nervoso. Com a mão no coração, você está proporcionando a si mesmo um impulso de amor com o hormônio ocitocina. Com cada afirmação, você está garantindo à sua resposta de fuga ou fuga que não há perigo imediato e que não há necessidade de se envolver.

Deixe seus ombros relaxarem. Deixe seus braços e mãos relaxarem. Ao inspirar pelo nariz, continue dizendo para si mesmo: *Isso é difícil.* Ao expirar, lembre-se: *Isso é normal.* Inspirando e expirando, concentrando-se no calor entre sua mão e seu coração, lembre-se de que: *Não estou sendo perseguido por um urso; meu filho não está sendo perseguido por um urso.*

CAPÍTULO 17

Sexo, gênero e sexualidade

É um mundo totalmente novo

Não sou um pássaro; e nenhuma rede me prende:
sou um ser humano livre, com vontade própria.

CHARLOTTE BRONTË, *JANE EYRE*

Sexo, gênero e sexualidade são tópicos notoriamente desconfortáveis para os pais, mas todos nós temos de encontrar o equilíbrio entre dar aos nossos filhos as informações e os recursos de que eles precisam e não sermos intrusivos. Tenha o cuidado de falar sobre amor, intimidade positiva e saúde sexual *pelo menos* com a mesma frequência com que você se concentra nos riscos e perigos.

Respire em seu lugar de EQUILÍBRIO (BALANCE)

***B**reathe* **(respire).** Lembre-se de que há uma rica neurociência por trás do poder da respiração e, não, você não pode pular esta etapa. Respire fundo.

***A**cknowledge* **(reconheça sua própria bagagem emocional).** Pergunte a si mesmo: "O que este momento significa para mim?". Além das preocupações com a sexualidade e a segurança de nossos filhos, essas conversas trazem à tona uma certa dose de tristeza pelo fato de nossos filhos estarem crescendo.

***L**et it go* **(deixe para lá).** Deixe as lições gerais para depois.

Assess (avalie o momento presente). Avalie o estado de espírito de seu filho — calmo, curioso, frenético, perturbado?

Notice (observe). Observe o que está acontecendo com o corpo de seu filho. Pergunte a si mesmo o que seu filho está tentando lhe dizer — comportamento é informação.

Connect (conecte-se). Faça com que seu filho saiba que você o vê e se preocupa com seus sentimentos.

Engage (envolva-se). Agora que você está em equilíbrio, pode decidir em qual resposta quer se empenhar.

Sabemos que essas sete etapas, respaldadas pela ciência, atuam nos mecanismos do cérebro-corpo para que possamos gerenciar melhor os cenários de tensão.

Sexo e gênero

Há tantas mudanças no cenário das discussões sobre sexo e gênero em nossa cultura que irei apenas expor os conceitos básicos da melhor forma que os entendo, na tentativa de esclarecer algumas confusões e deixar espaço para aprender mais à medida que crescemos. Sexo e gênero podem ser confundidos com frequência, portanto, sejamos claros sobre o significado das palavras.

Sexo refere-se à biologia. Os dois sexos mais comuns são o *feminino*, que normalmente tem cromossomos XX, ovários e produz óvulos; e *o masculino*, que normalmente tem cromossomos XY, testículos e produz esperma. Pouco menos de 2% da população tem algum tipo de característica intersexual. O *gênero*, por outro lado, refere-se aos papéis, comportamentos, expressões e identidades socialmente construídos de meninas, mulheres, meninos, homens e pessoas com diversidade de gênero. As ideias sobre gênero diferem entre diferentes culturas e subculturas e mudam com o tempo.

Há uma ou duas gerações, por exemplo, muitas pessoas consideravam os pais que assumiam o papel principal na criação dos filhos como *não conformes com o gênero*. Na geração anterior, as meninas que praticavam esportes também eram exceção. Hoje em dia, cada vez mais homens estão envolvidos na criação dos filhos, assim como os esportes são para todos. Se um homem leva sua filha para o treino de futebol, ninguém presume que ele seja viúvo. E ninguém presume que a garota seja uma "moleca". Hoje, as normas de gênero estão mudando novamente à medida que as identidades trans e não binárias se tornam mais comuns entre pré-adolescentes, adolescentes e adultos.

Será que nossos filhos precisam de algo especial de nós em relação ao seu gênero? Claro, mas isso se deve principalmente aos papéis, preconceitos e estereótipos socialmente prescritos que acompanham o fato de pertencer a um gênero na sociedade.

Gênero e sexualidade

Assim como não podemos confundir sexo e gênero, também não podemos confundir gênero e sexualidade. O *gênero* se refere à identidade de uma pessoa — como ela se reconhece e se apresenta no mundo. Já *sexualidade* está relacionada à orientação afetiva ou sexual, ou seja, ao tipo de pessoa por quem alguém sente atração romântica ou sexual. Como pais, temos de aceitar como nos sentimos em relação à experiência de gênero de nossos filhos e — geralmente não antes do início da adolescência — à sua sexualidade. Desse modo, podemos permitir a curiosidade e a abertura, compartilhando nossos valores com nossos filhos de maneira consciente.

Como a cultura mudou muito apenas na última geração, é provável que nossos filhos tenham conceitos de gênero e sexualidade diferentes daqueles com os quais crescemos, portanto, aprenderemos tanto com eles quanto eles conosco. Pratique fazer perguntas pelo menos com a mesma frequência com que transmite suas próprias opiniões.

Também vale a pena nos darmos espaço para entender nossos próprios sentimentos, de modo que possamos responder com mais sensibilidade aos nossos filhos, pois sabemos que os jovens LGBTQIAPN+ correm um risco maior de suicídio e depressão — e nós os amamos. Portanto, não devemos descartar esse risco só porque o assunto é difícil para nós. Vamos tentar reduzir esse risco por meio de um cuidado sensível.

É um mundo totalmente novo de gênero e identidade sexual

Seu filho que está no jardim de infância se sente atraído por roupas e brinquedos que não correspondem às normas de gênero esperadas? Seu filho de nove anos se identifica como assexual? Seu pré-adolescente está usando pronomes *neutros*? É um mundo totalmente novo de identidade sexual e de gênero, e nossos filhos nos ensinarão novas maneiras de ver tudo isso, assim como ensinamos à geração de nossos próprios pais. Um termo de que gosto por ser muito inclusivo — aplicável a qualquer pessoa que esteja vivenciando ou experimentando alternativas às expectativas tradicionais de gênero — é "gênero expansivo". Apresente o conceito ou aguarde os sinais de seus filhos. Pergunte a si mesmo: *o que eu quero que meus filhos entendam sobre gênero e sexualidade e meus valores em relação a isso?* Para facilitar a vida — se você já se sentiu como um velho ignorante em relação a questões binárias de gênero (mão levantada!) —, considere adquirir o hábito de usar palavras neutras em termos de gênero, como *bebê, criança, pessoa, jovem* e *cônjuge*.

Embora seja ótimo ser inclusivo e aceitar pessoas de todos os gêneros, lembre-se de que as crianças pequenas não têm nenhum conceito sobre isso. Afinal de contas, o gênero é uma construção social. Assim, de modo semelhante ao desenvolvimento moral, as ideias das crianças sobre gênero passam por um estágio pré-convencional, um estágio convencional e, por fim, podem entrar em um estágio pós-convencional.

No estágio pré-convencional, até cerca de dois anos de idade — e, às vezes, até os quatro anos —, as crianças não têm consciência real das diferenças entre os gêneros e podem usar pronomes a esmo. Embora os pais contemporâneos geralmente queiram afirmar a identidade de seus filhos, não há necessidade de levar seu filho ao grupo de apoio não binário ou ao endocrinologista pediátrico quando ele ainda estiver na pré-escola.

Por volta do terceiro aniversário, a criança tende a ser capaz de se rotular com uma identidade de gênero, geralmente menino ou menina. Por volta dos quatro anos de idade, as crianças geralmente já aprenderam o entendimento que sua comunidade tem sobre gênero e incluirão identidades trans e não binárias em seu entendimento se essas categorias tiverem sido apresentadas e normalizadas. Mais tarde, dependendo de suas experiências, elas podem desenvolver uma noção pós-convencional de gênero e sua fluidez. Nosso trabalho como pais em um mundo em transformação é permitir perguntas e aceitar a realidade de que nem sempre temos as respostas.

Como a identificação como não binário ou trans na juventude só recentemente passou a ser algo normalizado na cultura, não temos muitos dados científicos a esse respeito. Dito isso, temos muitos dados que mostram que nossos filhos precisam saber que amamos e apoiamos quem eles são. Assim como acontece com outros fenômenos culturais novos, como as redes sociais, ainda não há estudos longitudinais.

Será que adolescentes trans se saem melhor quando têm pais amorosos e solidários, abertos e curiosos, que continuam a estabelecer limites e fronteiras, do que quando têm pais que não os aceitam e não os amam pelo que são? Bem, não temos exatamente um estudo de longo prazo, mas temos toneladas de pesquisas que mostram que esse é o caso de todos os seres humanos. Portanto, é lógico que isso também seria verdade para os humanos trans, que não são, em última análise, diferentes dos humanos cis.

Se sentir desconforto porque a vida de seu filho não está se desenrolando da maneira que você imaginou, lembre-se da prática de acolher esse desconforto. Você pode respirar fundo e tentar canalizar sua "avó interior" — aquela que já viu tudo. Você pode procurar aconselhamento psicológico acolhedor à diversidade e aceitar a realidade de que seu filho nasceu assim e é incrível exatamente do jeito que é. Você pode se abrir para aprender sobre novas experiências e subculturas.

Quando nossos filhos nos procuram para falar sobre qualquer coisa que os deixa nervosos, eles estão nos oferecendo uma excelente oportunidade de apoiá-los. Isso não significa que você, como pai ou mãe, não possa ter seus próprios sentimentos, mas significa que você precisa administrar esses sentimentos. Você ainda é o pai nessa dinâmica, e seu filho precisa confiar que você não vai surtar. Em vez de dizer: "Eu amo você, não importa o que aconteça", o que sugere que seu filho acabou de revelar uma falha, tente dizer algo específico como: "Eu amo muito você, e sua sexualidade e seu gênero não têm nenhuma relação com meu amor por você".

Ou, então, você pode dizer: "Parabéns". Se isso parecer um exagero no início, pratique sentir que está falando sério. Não importa se é uma fase ou se é para sempre, seu filho ainda precisa de pais curiosos, abertos e receptivos, e não indiferentes. As crianças precisam de pais que digam: "Eu amo você e quero me conte sobre você". Elas não precisam de pais que digam: "Eu o amo somente se você for assim" ou "Eu o amo *mesmo que* você seja assim". Você pode praticar dizer o que é positivo, mesmo que isso não ocorra de forma totalmente espontânea: "Eu amo você, e me fale sobre você".

Se o seu filho lhe der um novo nome ou pronome que gostaria que você usasse, guarde esses presentes como algo precioso. Evite dizer que algo que é importante para ele é apenas uma "fase". Mesmo que seja, é mais importante que as crianças sejam lembradas de que o amor incondicional dos pais não tem relação com suas identidades, escolhas ou mesmo fases. Se você estiver sentindo uma reação intensa por dentro, seja sincero em relação a isso. Você pode dizer para si mesmo ou em voz alta: "Estou tendo sentimentos e estou disposto a crescer com esses sentimentos". Se isso parecer bobo, você pode rir de si mesmo e mudar o humor.

Se você cometer um erro em tudo isso, seja compassivo consigo mesmo. Faça uma ***Reparação*** e peça para recomeçar.

Sessão de perguntas e respostas

Pergunta: Meu filho gosta de usar fantasias de Mulher-Maravilha e princesa, mesmo quando o incentivamos a escolher roupas do Homem-Aranha e de fazendeiro. Não quero que ele seja trans. O que devo fazer?

Resposta: Não sei dizer com que frequência pais me procuram para falar sobre fantasias. Acho que mais pais do que aqueles que estão dispostos a admitir têm a sensação de que, mesmo quando seus filhos mais novos se vestem com a fantasia "errada" para seu gênero, isso é algum tipo de sinal de alerta. De forma alguma. Crianças pequenas se fantasiam e isso não é, de modo nenhum, uma prévia do desejo de "ser trans"; mas essa é uma ótima oportunidade para perceber como se sente quando seu filho parece fazer algo fora de suas expectativas (***Reflexão***).

Qual é a sensação de enfrentar essas preocupações e iniciar o processo de perceber que seu filho é um ser único, cuja vida e identidade se desenvolverão de maneiras que você não pode controlar? O que significa se ele for trans? Mesmo que esse não seja o seu desejo para ele, imagine como ele se sentiria ao receber a mensagem de que o seu amor por ele e a sua aprovação dependem de algo que está fora do controle dele? Mais uma vez, crianças pequenas gostam de se fantasiar e não há nada a ser interpretado, mas aproveite a oportunidade para refletir sobre si mesmo caso isso lhe cause desconforto.

Quão intrínsecas são as diferenças de gênero?

Sabemos pela ciência que meninos e meninas e pessoas de gêneros diferentes são mais parecidos do que diferentes. A ciência nos diz que as crianças — independentemente do gênero — precisam de conexão e compreensão, além de limites e fronteiras apropriados.

Dito isso, há pequenas diferenças inatas entre os sexos. Estudos mostram que os meninos, por exemplo, tendem a ser mais agitados do que as meninas quando bebês. As meninas, por outro lado, tendem a desenvolver suas habilidades motoras finas mais cedo. Muitas vezes, essas pequenas diferenças são reforçadas pela socialização, levando a contrastes mais acentuados.

Em meus grupos de pais, sempre percebo que, como esperamos que os meninos se desenvolvam mais tarde e mais lentamente, tendemos a mimá-los um pouco mais. Ao mesmo tempo, tendemos a esperar mais de nossas meninas. Nós as usamos como exemplos e dizemos coisas como: "Noah, veja como a Hazel se sentou direitinho no círculo". Então, muitas vezes inconscientemente, acabamos ensinando nossos meninos a serem bagunceiros e a cometerem erros com mais margem de tolerância do que permitimos às nossas meninas.

Quando nossos filhos chegam à idade escolar, eles já vivem e respiram as normas culturais sobre emocionalidade há tempo suficiente para que nossos meninos se sintam mais à vontade para expressar raiva e maldade e para que nossas meninas entendam que tristeza, empatia, ansiedade e bondade são emoções culturalmente mais aceitáveis para elas.

No ensino fundamental, provavelmente em razão das pequenas diferenças intrínsecas entre os sexos, exageradas pela socialização de gênero, as meninas apresentam mais transtornos de internalização, como ansiedade e depressão, e os meninos apresentam mais problemas de externalização, como transtornos de conduta. Se a sua criança jogar uma mesa em um professor, é mais provável que ela seja do sexo masculino. Se a sua criança estiver lidando com a ansiedade tóxica do perfeccionismo, é mais provável que ela seja menina.

Nossos valores relativos a gênero e paternidade entram em jogo. Você quer que suas filhas sejam mais empáticas do que seus filhos? Não há nada de errado com essa posição, mas, ao pensarmos conscientemente sobre essas questões, podemos ser mais intencionais. Pode ser útil desvendar como a sua família de origem, a sua época e a sua cultura o prepararam para pensar sobre as questões de gênero.

Pais e mães me procuram o tempo todo, preocupados com o fato de terem sido sensíveis demais com seus meninos e temer que eles não consigam se sair bem em uma comunidade machista. Com as meninas, por outro lado, pode ser útil observar se estamos pedindo a elas que reprimam a raiva de maneiras baseadas no gênero e, novamente, se isso é intencional ou apenas algo que estamos trazendo inconscientemente para nossa educação. É mais provável que pais e mães de meninas se preocupem com o fato de suas filhas estarem se tornando "mandonas", em um mundo em que a raiva e aspereza femininas são inaceitáveis. Entender de onde nós mesmos viemos em termos de sentimentos e valores sobre as normas de gênero é um ponto de partida importante.

A puberdade é normal e necessária

Durante a puberdade, à medida que os adolescentes se transformam em adultos sexualmente maduros e liberam hormônios que resultam em mudanças em seu sistema reprodutivo, o corpo cresce em um ritmo mais rápido do que qualquer outro momento desde o primeiro ano de vida. A puberdade, às vezes, pode ser confusa, desconfortável ou constrangedora, mas é um processo normal e necessário.

Nas meninas, o início típico da puberdade varia de oito a treze anos de idade, com média entre nove e dez anos, quando as meninas desenvolvem botões mamários sob a aréola. Lembre-se de que essas mudanças não ocorrem necessariamente ao mesmo tempo em cada mama. Antes mesmo de as crianças precisarem de sutiãs, alguns pais acham que é mais fácil começar a transição com um top esportivo.

À medida que a puberdade avança, o tecido mamário aumenta e muda de contorno. Cerca de um ano a um ano e meio depois, os pelos pubianos começam a aparecer. Entre seis meses e três anos após o aparecimento dos primeiros pelos pubianos, as meninas geralmente menstruam pela primeira vez. A idade média para isso é doze anos e meio. Lembre-se de que, embora a idade para o início da menstruação tenha se mantido mais estável, o início da puberdade tem se tornado cada vez mais precoce nas últimas décadas. Com o aumento da produção de estrogênio, o superpoder de vigilância das meninas é ativado. Isso é algo que deu aos nossos ancestrais uma maior capacidade de entrar em modo de luta ou fuga ou de paralisação para proteger os jovens sob seus cuidados. No mundo contemporâneo, a neurociência tem demonstrado que as meninas e outras pessoas com aumento de estrogênio podem sofrer muito estresse com a ativação interna da hipervigilância quando se deparam com uma ameaça percebida; o julgamento on-line e o bullying, por exemplo, podem colocar as meninas em um estado de pânico.

Nos meninos, a puberdade tende a começar entre nove e quatorze anos de idade, quando os testículos começam a crescer e aumenta a produção de hormônios, inclusive o estradiol e a testosterona. Crianças de todos os gêneros experimentam uma mudança na voz, mas nos meninos ela é mais pronunciada, e você notará as variações e falhas na voz antes que ela fique mais grave. Os órgãos genitais continuam a se desenvolver, e a espermarca — quando os meninos normalmente começam a produzir espermatozoides — pode ocorrer a qualquer momento entre os dez e os dezesseis anos de idade, mas normalmente começa por volta dos treze anos e meio.

As taxas de puberdade precoce têm aumentado em todo o mundo nos últimos anos, especialmente entre os jovens afro-americanos, e o desenvolvimento precoce pode ser difícil para as crianças. Durante a puberdade precoce, os colegas e outros adultos podem ver as crianças como sendo mais velhas do que são e depositar expectativas mais altas nelas; no entanto, elas podem não estar preparadas para os hormônios ligados ao comportamento de risco que estão sendo liberados ou com a maneira como as pessoas as olham. Além disso, eles podem ter apenas corpos com aparência mais madura sexualmente, mas ainda não passaram por mudanças maiores, como a menarca e, bem, o próprio desenvolvimento. Se o seu filho parecer estar entrando na puberdade antes dos oito ou nove anos de idade, converse com o pediatra sobre isso. Lembre-se de que, do ponto de vista do desenvolvimento, ele ainda é uma criança, e ser tratado como um adolescente quando não o é pode atrapalhar seu ***Relacionamento*** com ele e outros ***Relacionamentos*** na vida dele. O oposto também é verdadeiro: crianças que se desenvolvem mais lentamente podem ser tratadas como menos capazes e maduras do que são.

Costumamos nos concentrar nas mudanças hormonais das meninas, mas, aos dez anos de idade, muitos meninos também estão passando por mudanças hormonais. É menos provável que isso seja tão evidente fisicamente; você pode notar uma mudança nas reações e interações sociais dos meninos. Ajudar as crianças a entender o que está acontecendo com seu corpo e reconhecer que estão ocorrendo mudanças é muito importante.

Normalize a menstruação e as mudanças hormonais

Além de explicar o que é a menstruação, será mais fácil se você for aberto sobre o fato de que algumas pessoas menstruam. Normalize sua própria menstruação, se você menstruar, deixando absorventes ou acessórios à vista, mencionando casualmente quando você está no seu ciclo e mantendo uma atmosfera geralmente não misteriosa, dizendo coisas abertamente como: "Ah, eu menstruei, então tenho que pegar um absorvente". Se o seu filho notar sangue em uma lata de lixo (perdoe a imagem desagradável), você pode explicar o que é em termos simples, dizendo algo como: "Eu solto o revestimento do meu útero uma vez por mês, e isso não significa que estou machucada; na verdade, nem consigo sentir!".

Masturbação sem vergonha

Os pais de adolescentes normalmente sabem que seus filhos costumam explorar seus próprios corpos e as sensações que lhes são agradáveis. Esse assunto é superdireto: nada de vergonha, apenas privacidade. Os telefonemas mais constrangedores vêm de pais que têm bebês e crianças pequenas que estão se tocando de uma forma que deixa todos ao seu redor desconfortáveis. Aqui está tudo o que você precisa para transmitir a crianças de qualquer idade:

1. É ótimo conhecer as diferentes maneiras pelas quais seu corpo se sente bem quando você o toca.
2. Tocar suas partes íntimas é algo que deve ser feito em particular, não na frente de outras pessoas.

Os corpos têm cheiros

O cheiro do corpo de cada pessoa é diferente, mas chega um momento em que seu filho corre para abraçá-lo e provavelmente o choca com seu cheiro. Com a puberdade, vem o odor corporal e, muitas vezes, ele aparece muito antes do que você esperava. Os pais geralmente perguntam se é constrangedor dizer a nossos filhos que eles chegaram a um ponto em que algo precisa mudar. Constrangedor é dizer ao seu filho que ele é um ser humano malcheiroso e que, portanto, deve se esconder, mas simplesmente dizer "Ei, amor, chega um momento em que o suor do corpo começa a cheirar mal, e faz parte de uma boa convivência lavar essas áreas e usar um desodorante adequado. Aqui estão algumas opções de sabonetes e desodorantes para você escolher. Posso ajudá-lo a se lembrar disso até que se torne um hábito. Isso é algo que todos nós fazemos".

A conversa sobre sexo

Quando pensamos em "conversa sobre sexo", pode parecer que se trata de um esforço único, mas não temos uma grande conversa apenas uma vez. Podemos começar com pequenas conversas. Todas as crianças são diferentes, portanto, infelizmente não há um roteiro definido que eu possa lhe passar, mas normalizar suas conversas sobre sexualidade humana com crianças de todas as idades promove uma saúde melhor e cria uma base para a igualdade de gênero e a justiça nas relações íntimas.

Você não tem que acertar tudo em uma única conversa — quem conseguiria? — e tudo bem se não se sentir completamente à vontade. Você só precisa iniciar a conversa ou encontrar um amigo ou parente de confiança que possa ser um ponto de apoio para seu filho. Amigos de confiança são um divisor de águas na adolescência, e é muito importante que seu filho tenha outros adultos de confiança em sua vida.

As pesquisas mostram que as crianças da geração atual estão tendo menos relações sexuais heterossexuais com penetração do que as gerações anteriores, mas, de forma mais ampla — incluindo o sexo oral e anal na definição de sexo —, as crianças estão sendo apresentadas aos atos sexuais e à sexualidade em idades cada vez mais precoces. Se falar com as crianças sobre sexo e intimidade parecer desconfortável, tente conversar com elas durante uma caminhada ou enquanto as crianças estiverem no carro — em qualquer lugar onde não seja necessário haver contato visual direto.

Peggy Orenstein, autora de *Garotas & Sexo* e *Boys & Sex* (*Garotos & Sexo*, em tradução livre), realizou uma pesquisa transcultural que mostrou que as crianças holandesas, em comparação com as americanas, tendem a receber mais informações úteis. É interessante notar que isso não se deve ao fato de os pais holandeses se sentirem mais à vontade para falar sobre sexo e sexualidade; na verdade, eles tendem a falar sobre sexo, masturbação, cuidado mútuo, amor e prazer, enquanto os pais americanos tendem a se concentrar em doenças e riscos. Portanto, considere a possibilidade de ser mais holandês em sua abordagem e concentre-se na intimidade saudável, no sexo e no consentimento no contexto de relacionamentos amorosos, pelo menos tão cedo e com a mesma frequência com que aborda a sexualidade no contexto de doenças e gravidez indesejada. Partindo de seu próprio ponto de regulação, esteja atento para não sobrecarregar as crianças com medos e informações em excesso. Descubra o que elas sabem e responda às suas perguntas.

Apresentando o consentimento

Consentimento significa concordar com algo. *Consentimento sexual* significa concordar com a atividade sexual. Você pode ensinar seus filhos sobre consentimento muito antes de relacionar o conceito ao sexo. Isso pode ser tão simples quanto permitir que a criança diga a alguém (educadamente) que não quer brincar na caixa de areia. Portanto, ensine seus filhos que não há problema em dizer não em todos os contextos. Se ele não quiser visitar um amigo para brincar, ajude-o a praticar dizer não de forma gentil. Se seu filho tem um parente que gosta de abraçá-lo e ele nem sempre gosta de ser abraçado, normalize esse limite físico e indique que ele pode dizer não; se os parentes ficarem ofendidos, que assim seja.

Ou você pode explicar sua posição aos parentes com gentileza e, ao mesmo tempo, priorizar seu apoio à decisão de seu filho. Para aliviar o impacto, você pode, antes da chegada dos familiares, pensar em uma maneira confortável de seu filho cumprimentar um ente querido. Será que ele prefere um aperto de mão, um aceno, um toque de cotovelo? Todas essas são apenas opções — a única coisa que ele precisa fazer é encontrar uma maneira de cumprimentar que funcione para ele.

Outra maneira de pensar e praticar o consentimento é ensinar seus filhos a aceitarem quando outra pessoa estabelece um limite. Se um amigo não quiser que você conte um segredo que outro amigo lhe contou e você continuar a pressioná-lo, você não está aceitando um não como resposta. Normalize o fato de dizer não e de aceitar não como resposta.

Por fim, não se esqueça de que o consentimento também pode ser ensinado com comportamentos simples e respeitosos, como bater à porta do quarto e do banheiro quando estiverem fechadas. Esse hábito não só funciona como um substituto para pedir o consentimento para entrar, mas também tem o benefício adicional de garantir que você não entre no quarto do adolescente quando ele estiver em um momento íntimo com ele mesmo e também que ele não testemunhe nada que não deva ao entrar no seu quarto. De nada.

EXERCÍCIO DE REGULAÇÃO

Meditação andando

Às vezes, uma meditação andando pode ser mais estabilizadora do que uma meditação sentada. Para se lembrar de que, por mais confortável ou desconfortável que você esteja ao pensar no desenvolvimento do seu filho, ninguém está sendo perseguido por um urso, comece a praticar a meditação andando.

Você não vai exatamente fazer uma caminhada durante essa meditação, embora dê alguns passos. Identifique um lugar para onde você vai caminhar — o final da entrada da garagem, por exemplo — e dê os passos conscientemente, prestando atenção na respiração enquanto conta os passos. Toda vez que você perceber que chegou a dez, comece novamente a partir de um. Continue respirando. Quando chegar ao local que escolheu, dê meia-volta e conte os passos no caminho de volta, respirando com calma.

Repita três vezes.

CAPÍTULO 18

Encontrando o caminho do meio

O espaço intermediário

Prefiro ser filho de uma mãe que tem todos os conflitos internos de um ser humano do que ser criado por alguém para quem tudo é fácil e tranquilo, que sabe todas as respostas e não conhece a dúvida.

DONALD WINNICOTT, MD

A parentalidade é uma tarefa enorme, não importa quando e como você a realiza. Espero que estas páginas tenham ajudado a fazer com que essa tarefa pareça ao menos *administrável.*

Muitas vezes, pode parecer que cada pequena coisa que acertamos e cada pequeno erro que cometemos vai impactar nossos filhos de uma forma que mudará suas vidas para sempre. Espero que você tenha sentido algum alívio em relação a isso e entendido melhor o que realmente importa segundo a ciência. Sim, como pais, somos os primeiros e mais importantes professores dos nossos filhos. Os grandes princípios do que é importante, de acordo com a ciência, são o cuidado sensível, o temperamento, o apoio amoroso com limites e os processos de ruptura e reparação. Os cinco princípios aos quais podemos sempre retornar são ***Relacionamento***, ***Reflexão***, ***Regulação***, ***Regras*** e ***Reparação***. Haverá erros, e esses erros devem realmente acontecer. Eles servem aos nossos filhos e a nós mesmos.

Sabemos que os fatores estressantes do dia a dia podem facilmente nos levar a respostas desnecessárias de luta ou fuga, portanto, se você conseguir descobrir um sistema para recuperar o EQUILÍBRIO (BALANCE) — seu código de acesso da parentalidade —, poderá acessar seus recursos internos para se alinhar com o conhecimento externo que obtemos da ciência e de nossos filhos, no contexto do conjunto de valores exclusivos de nossa família.

O EQUILÍBRIO ilumina o caminho do meio

B*reathe* (respire): a esta altura, você já sabe que há uma rica neurociência por trás desta etapa e, não, você não pode pulá-la. Respire fundo.

A*cknowledge* (reconheça sua própria bagagem emocional): espero que esteja começando a sentir que esta etapa é natural. Você pode se perguntar o que esse momento está trazendo para você de forma consciente, sem julgamentos.

L*et it go* (deixe isso de lado): você pode desfazer sua própria bagagem mais tarde.

A*ssess* (avalie o momento presente): depois de deixar de lado a bagagem, você pode se manter no presente. Continue respirando no momento.

N*otice* (observe): o que está acontecendo com o corpo do seu filho? O que isso lhe diz sobre o que está acontecendo emocionalmente com ele?

C*onnect* (conecte-se): aqui, você está fortalecendo o ***Relacionamento*** com seu filho e deixando-o saber que você o vê e se importa com seus sentimentos.

E*ngage* (envolva-se): agora que você está em equilíbrio, o caminho do meio se torna mais fácil de enxergar e seguir.

Alguns dias serão mais fáceis do que outros, mas espero que, a cada oportunidade que você tiver de praticar os princípios e respirar em EQUILÍBRIO, as coisas comecem a parecer cada vez mais gerenciáveis. Além da ciência e do respeito às nossas individualidades, bem, o resto é ruído. Se você aplicou o treinamento do sono ou não, se eles começaram a comer batata-doce ou mingau cremoso, se você deu a eles um adesivo por usar o penico, se eles entraram nesta turma ou naquela escola, se foram convidados para esta ou aquela festa de aniversário, se entraram para o time do colégio — essas coisas realmente não mudam a situação a longo prazo, de acordo com a ciência. É claro que você pode reconhecer os sentimentos de seus filhos em relação a qualquer um desses aspectos, e eu quero reconhecer *seus* sentimentos tanto nas decepções quanto nas alegrias ao longo do caminho. Mas podemos sobreviver aos nossos sentimentos — e, além deles, todos esses fatores e o que o mundo diz sobre eles são apenas ruído.

Como alguém que trabalha como "especialista em parentalidade", talvez eu não devesse ter tantas dúvidas e conflitos internos. Talvez eu devesse saber se devo responder à mensagem desesperada da minha filha adolescente, enviada durante um acampamento para dormir por duas semanas, correndo para o carro e dirigindo a noite toda para buscá-la — ou não fazer nada. Mas todos os dias eu respiro intencionalmente e entro em EQUILÍBRIO. Tenho que reconhecer minha própria bagagem emocional e acalmar minha reação de "cérebro de sobrevivência"; tenho que mudar para meu "cérebro sábio" na medida do possível e deixar o espaço entre as respostas extremas se abrir. Por exemplo, decido não resgatar minha filha do acampamento, mas lhe asseguro que ela é capaz de lidar com isso e me ofereço para encontrá-la para almoçar no sábado, dia de visitação organizado pelo acampamento. Do meu ponto de equilíbrio, consigo validar os sentimentos da minha filha, lembrá-la de que sei que ela pode superar a situação e me lembrar de que ninguém está sendo perseguido por um urso neste momento.

Peça conselhos à sua sábia avó e a um amigo da onça

Como você aprendeu por meio de muitos dos exercícios de ***Reflexão*** deste livro — e por meio de suas experiências diárias —, todos nós somos múltiplos e podemos pedir conselhos às várias partes de nós mesmos quando precisarmos. Quando sinto uma profunda ansiedade ou tenho um dilema com relação à criação de filhos, gosto de escrever cartas pedindo conselhos à minha avó sábia interior e à minha amiga da onça interior dos tempos de escola. Depois, escrevo suas respostas.

Você pode fazer o mesmo. Sua avó sábia interior pode ser alguém real ou imaginário, mas ela deve soar como alguém que você realmente admira e que o ama incondicionalmente. Depois de escrever todas as suas preocupações em uma carta, escreva uma resposta dessa avó na voz dela.

Em seguida, escreva uma resposta a essa mesma carta de preocupação na voz de seu amigo totalmente perturbado, que carrega alguns preconceitos e é um tanto sarcástico — alguém com quem você tem um relacionamento mais complexo e que não fará boas escolhas por você. O que essas pessoas dizem sobre suas preocupações?

Quando tiver as três cartas, observe-as e perceba que você é *todas essas pessoas*: você é o pai que pede conselhos, você é a avó sábia que sabe o que é melhor para sua família e você é o amigo da onça sarcástico que não está pensando a longo prazo. Você tem tudo isso dentro de você, portanto, pode tirar essas preocupações e opiniões da cabeça e colocá-las em prática.

Como você quer ser lembrado?

Olhando para trás, como você quer que seus filhos se lembrem de você? Como você gostaria que eles descrevessem quem você foi como pai ou mãe? Pegue um diário ou uma folha de papel grande e comece a escrever seus pensamentos. Você pode fazer isso sozinho ou com seu parceiro na parentalidade. Que palavras importantes saltam aos seus olhos na página? Você quer que seus filhos se lembrem de sua generosidade, da maneira como você sorria quando eles entravam na sala, de sua ambição no trabalho? Todas essas características são maravilhosas. É provável que pelo menos algumas delas sejam únicas.

Além disso, como você quer ser lembrado pelos seus *netos*? Anote o máximo de pensamentos que puder e, em seguida, comece a destacar as palavras que se repetem ou que mais ressoam com você. Embora algumas das características que você tenha encontrado possam remeter ao exercício de valores apresentado no Capítulo 3, você provavelmente perceberá algo um pouco diferente surgindo aqui: é o seu senso de *propósito* como pai ou mãe. Escolha de três a cinco palavras repetidas e escreva-as em um cartão. Decore o cartão, se quiser. Coloque-o em sua carteira. Assim, sempre que o caos da experiência de parentalidade parecer avassalador, você poderá pegar esse pequeno cartão e se lembrar do que realmente importa.

Você não está aqui para ganhar o maior número de "curtidas" de amigos ou conhecidos. Você não está aqui para fazer tudo perfeito na primeira tentativa — se é que isso seria possível. Você está aqui para ser você mesmo e ser pai ou mãe de uma forma que honre seu propósito, os valores de sua família e o século de psicologia do desenvolvimento que tem mostrado, com maravilhosa consistência, o que realmente importa. Como pais, nascemos no mesmo momento em que descobrimos que estamos nos tornando pais. Podemos achar, ou os outros podem nos dizer, que nosso trabalho é criar uma criança que seja de uma determinada maneira ou consertar uma criança que não corresponda às nossas expectativas. Mas a ciência nos lembra que grande parte de nosso sucesso na criação dos filhos depende de nosso próprio crescimento, de nossa própria motivação recém-descoberta para evoluir. Às vezes, isso significa que precisamos nos reeducar e oferecer a nós mesmos o cuidado sensível que não tivemos quando éramos crianças.

Espero ter demonstrado ao longo destas páginas que, ao fazer isso — focar na sua própria consciência e desenvolvimento como árvore-mãe —, você se posiciona para apoiar melhor seus filhos, para oferecer a eles um cuidado mais sensível, para aceitá-los, amá-los e conhecê-los melhor — para criá-los e ajudá-los a desabrochar, tornando-se exatamente as pessoas que devem ser.

AGRADECIMENTOS

Há acendedores de velas neste mundo, e fico muito impressionada com as pessoas em minha vida que aproveitaram qualquer oportunidade para ajudar a acender a minha. Sou profundamente grata à minha agente, Pilar Queen, por me dizer que eu escreveria um livro e por cada minuto desde então. À United Talent Agency, incluindo Charlotte Perman e, é claro, Blair Kohan, por me dizerem casualmente que eu iria apresentar um podcast e por mudarem o curso da minha trajetória.

Agradeço a toda a equipe da Simon Element: Richard Rhorer, Doris Cooper e minha extraordinária e extremamente paciente editora, Leah Miller — obrigada por conduzirem este livro durante o processo e por serem os primeiros a me aceitar. Agradeço ao Patrick Sullivan, pela capa tão significativa, e a Emma Taussig, Elizabeth Breeden, Ingrid Carabulea, Clare Maurer e Jessica Preeg, por se esforçarem tanto para levar este livro ao mundo.

Agradeço à minha editora de desenvolvimento e leitora de mentes Ariel Gore; meu cérebro fica menos confuso só de escrever seu nome. E à Lauren Lavelle, que transforma a sobrecarga em algo fluido — e, ouso dizer, até prazeroso. À Casey Morris, que me mantém em movimento. A Ana, Lovely, Almie, Ryan, Raf, Grace e Tess, pelo apoio que tornou meu trabalho possível ao longo dos anos.

Agradeço à sempre sonhadora equipe da Krupp: Heidi Krupp, Mia Humphreys, Gwen Nathan, Jan Major e Kathy Giaconia.

Obrigada à Dear Media, especialmente a Jeff Berman, Paige Porte e minha produtora Christiana Morgenroth. Obrigada a Brian Peoples e Dylan Wade. Agradeço à minha mais nova colaboradora, Violet Affleck, por ter ido muito além, tanto em termos de idade quanto de habilidades. Obrigada ao meu ASG (grupo de apoio a autores), Vanessa Bennett, Cara Natterson e Jennifer Wallace.

Sou especialmente grata a todos os brilhantes especialistas e convidados do podcast que contribuíram muito para a área, para o meu trabalho e para este livro. Não posso citar todos individualmente aqui, mas agradeço a cada um deles. Uma das grandes alegrias de fazer o que faço são os colegas que posso chamar de amigos, com os quais aprendi tanto e de quem recebi apoio infinito: Samantha Boardman, Tina Payne Bryson, Stephanie Carlson, Lisa Damour, Tracy Dennis-Tiwary, Anna Johnson, Rachel Simmons, Joshua Sparrow e Dan Siegel e, é claro, uma profunda gratidão à Bronwyn Charlton e ao nosso SeedlingsGroup, que deu início a tudo isso. A todos os queridos pais dos meus grupos, vocês são inspiradores. E para as membros originais dos grupos: Ali, Christine, Courtney, Eleanor, Ferebee, Jasmine e Jenny — tantos sinais positivos, tanto amor! A todas as pessoas que ouvem o podcast *Raising Good Humans*, obrigada por sua confiança.

Gratidão à comunidade do MMTCP por me ensinar tanto sobre atenção plena e meditação. Obrigada a toda a equipe do Mount Sinai Parenting Center, incluindo, é claro, meu cofundador, o pediatra e visionário Blair Hammond; minha diretora-executiva, Carrie Quinn; e minha amada esposa de trabalho, Mariel/Meredith Benjamin: estamos firmemente ligados. Aos amigos solidários, novos e antigos, que dedicaram tempo e cuidado para oferecer feedback e apoio significativos, incluindo Drew Barrymore (que em todas as oportunidades acendeu minha vela), Margie Block, Barbara P. Bush, Melissa Meister, Selby Drummond, Colin Farmer (o melhor LT-LDLC-CB), Danyelle Freeman, Jennifer Garner (não apenas pela Violet!), Pilar Guzman, Brett Heyman, Natalya Hudis, Dana Klein e sua ninhada, Beth Kojima, Elise Loehnen, Sabrina Mallik, Crystal Meers, Alexandra Shiva, Dana W. Jones, Julianna Margulies, Rebekah McCabe, Noa Meyer, Kelly Patricof, Eve Rodsky, David Lauren, Gigi Stone, Jessica Chaffin, Zoe Reinis, Julie Rudd, Lara Shrifman, Jessica Yellin, Elisabeth Weed e minha equipe do Marco Polo.

Obrigada à minha família, especialmente ao Papa Jack: foi um evento marcante crescer testemunhando uma comunidade tão resiliente como essa; ao meu pai, por, entre muitas coisas, me ensinar a me apoiar na ciência; à minha irmã, Elana; ao meu meticuloso padrasto; e, é claro, à minha mamoosh, que realmente incorpora os Cinco *Rs*. E, claro, acima de tudo, agradeço à Penelope e à Vivian: já mencionei o quanto amo vocês por serem *exatamente quem são*? Obrigada por me ajudarem com grande parte deste livro, da capa ao conteúdo! Além disso, obrigada pelo humor e pela graciosidade com que vocês lidam com o fato de terem uma mãe que fala constantemente sobre maternidade e trabalha enquanto faz isso. Eu amo vocês. Eu amo vocês.

APÊNDICE

Sempre recebo perguntas dos pais sobre desfralde, aprendizado do sono e tempo de tela. Há tantas maneiras diferentes de abordar essas questões quanto há pais únicos e dedicados, portanto, se os procedimentos a seguir facilitarem sua vida, siga-os; se não facilitarem, ignore-os. São estratégias que funcionaram para alguns pais — nada mais, nada menos.

Acho que esses são alguns dos momentos desafiadores em que os pais não se importam se há ciência real por trás dos detalhes; eles só querem que lhes digam o que fazer. Embora eu ainda não diga que um método seja necessariamente melhor do que outro, fico feliz em compartilhar algumas dicas práticas que costumam ser apoiadas por especialistas e que são úteis para os cuidadores cansados demais para ler um livro inteiro.

Desfralde para iniciantes

O desfralde é um grande ponto de discórdia em muitas famílias e pode ser tão estressante que é um momento associado ao aumento de casos de abuso infantil. Por isso, é especialmente importante percorrer as sete etapas do EQUILÍBRIO se você perceber um gatilho emocional ou se estiver simplesmente exausto demais para pensar direito automaticamente. Respire fundo. Existem vários métodos de treinamento para usar o vaso sanitário, mas o mais importante é encontrar aquele que funcione para a sua família e que lhe cause menos estresse. Incentivo muitos dos meus clientes que são pais a esperar até um período de recesso escolar ou férias tranquilas, quando possam se dedicar ao processo e, como em todas as transições, esperar de seis a oito semanas entre as principais mudanças.

Planos fracassados, regressão e xixi na cama são normais

Independentemente do nosso método, o desfralde nem sempre sai de acordo com o planejado, é claro. Há conflitos de poder, interrupções causadas pela vida, regressão e aquelas crianças que não parecem ter problemas para fazer xixi no penico, mas simplesmente não fazem cocô nele.

Se o seu filho estiver evitando ou se recusando a usar o penico, o processo todo pode ter se transformado em uma disputa de poder. Lembre-se: a única coisa que as crianças podem controlar é o que entra no corpo delas e o que sai, portanto, quando você se encontrar em uma disputa de poder, é melhor abandonar o processo até que seu filho se sinta mais confortável. Faça uma pausa de pelo menos duas semanas para reiniciar a luta. Durante esse período, não fale sobre o penico, não elogie nem critique. Inspire, expire e, mesmo que você tenha dificuldade em acreditar, diga: "Não vou me apegar a isso".

Isso ajudará a aliviar os problemas de controle e permitirá o restabelecimento da confiança e da cooperação entre você e seu filho. Pode levar algum tempo para as crianças aprenderem a usar o penico e, como pais, seu trabalho é apenas guiá-las pelo processo, não fazer com que tenham sucesso em um prazo específico.

A regressão é um problema comum, mas, na maioria das vezes, os períodos de regressão são transitórios. Responda com conexão e compaixão. Algumas regressões podem se originar de momentos emocionais desafiadores na família, enquanto outras podem não ter explicação aparente. Se houver algo que você possa fazer para aliviar os estressores ou as transições na vida do seu filho, isso pode ser útil. Por exemplo, se você tem um recém-nascido, mas puder reservar um tempo para fazer algo especial com seu filho mais velho e sem o bebê, isso pode aliviar a dor. Se o seu filho parecer estressado com as práticas de uso do banheiro na pré-escola, considere reservar um tempo para se reunir com o cuidador e discutir maneiras de ajudar a criança a manter o comportamento de usar o penico durante o dia de uma forma familiar.

Ao mesmo tempo que demonstra compaixão, você também deve *ser claro quanto às suas expectativas* de que seu filho continue a usar o penico. Expresse confiança de que ele será capaz de superar esse obstáculo.

Normalmente, quando isso é abordado com compaixão, calma e expectativas claras, a regressão não dura muito tempo. Se os acidentes persistirem por algumas semanas ou mais, ou se a criança parecer angustiada, faça uma pausa de um mês. Ter que pausar o desfralde não é prejudicial nem indicativo de nada além de um início mais tardio para seu filho.

Fazer xixi na cama também é considerado normal até os seis anos de idade. Dez a doze horas é muito tempo para ficar sem usar o banheiro, e algumas crianças dormem profundamente, têm bexigas pequenas ou outras questões que dificultam permanecerem secas durante a noite. Sei que pode parecer polêmico dizer isso, mas manter as crianças com fraldas para dormir, se necessário, pode diminuir sua frustração por ter de acordar à noite para trocar lençóis e pijamas molhados. E, a propósito, fazer xixi na cama é bastante hereditário, portanto, se você ou o outro genitor faziam xixi na cama, isso não deve ser um choque total.

Treinamento para dormir à noite — ou não: escolha sua própria aventura

"Treinamento do sono" ou "aprendizagem do sono" é o processo de ajudar um bebê a aprender a adormecer e permanecer dormindo durante a noite. Apesar de parecer bastante simples, pode ser desafiador e dramático. Recebemos mensagens contraditórias da mídia, da família, dos amigos e até mesmo dos profissionais de saúde sobre como e se devemos treinar o sono; e quando já estamos cansados, pode parecer que estamos sendo levados ao limite.

Eis o que a ciência realmente nos diz: há várias maneiras pelas quais os pais, em diferentes regiões geográficas, épocas e culturas, conseguiram fazer com que seus filhos dormissem a noite toda, e a abordagem "certa" é aquela que funciona para a sua família. Como acontece em diversos aspectos da parentalidade, parte de mim gostaria de poder lhe dar uma resposta extrema, como "este é o jeito certo", pois isso seria mais fácil de certa forma, mas simplesmente não existe um jeito "certo".

Pesquisas de qualidade examinaram e reexaminaram os efeitos de longo prazo do choro noturno no ***Relacionamento*** entre pais e filhos, o impacto de várias estratégias de treinamento do sono no desenvolvimento da criança e o efeito de como conduzimos o processo de fazer nossos filhos dormirem em relação ao humor dos pais. Descobriu-se que não há diferença significativa em nenhum resultado de longo prazo com base no treinamento do sono ou no estilo de aprendizagem do sono.

Com isso em mente, vamos dar uma olhada em três métodos que você pode querer implementar. Você também pode não fazer o treinamento do sono; a decisão é sua. Você é o pai ou a mãe. Se quiser usar uma dessas estratégias, todas elas começam com a colocação do bebê no berço quando ele estiver sonolento, mas ainda não dormindo. O objetivo é ensinar o bebê a se acalmar para dormir. Seu papel como pai/mãe e cuidador(a) é remover sua própria interferência nesse processo, da maneira que lhe for mais confortável, considerando o que faz sentido em sua situação de moradia. O segredo de todos esses métodos é a consistência e a paciência.

As estratégias a seguir são para bebês *com quatro meses ou mais*, para os quais a alimentação noturna não é mais necessária. Se estiver amamentando, você pode usar esses métodos após os quatro meses de idade para promover o sono em todos os despertares noturnos, exceto uma ou duas vezes quando for alimentar o bebê. Se você, os irmãos ou todos vocês compartilharem o mesmo espaço de dormir com o bebê, você ainda poderá usar essas estratégias na hora de dormir.

Você e o restante da família podem entrar no espaço de dormir assim que o bebê adormecer. E lembre-se de que você pode adaptar esses métodos de acordo com o que funciona para você e sua família.

Quando as rotinas típicas são interrompidas por doenças, viagens e outras mudanças, é normal ter de "treinar" novamente seus filhos, mas isso deve ficar mais fácil a cada vez.

Chorar até dormir

O método de "chorar até dormir" é a maneira mais rápida de fazer com que seu bebê durma a noite toda e aprenda a se acalmar sozinho quando acordar. Não vou amenizar esse método dando a ele um nome mais bonito e atualizado. Ele é *difícil*. No entanto, se você está exausto e não consegue pensar em outra alternativa, essa é uma opção muito boa para recuperar a sanidade e ajudar seu bebê a aprender a dormir. "Chorar até dormir" significa que, depois de uma rotina noturna típica, você coloca o bebê no berço e diz "boa noite", mas não o embala nem o alimenta para que durma, e então deixa que ele adormeça sozinho, sem choramingar ou fazer qualquer outra coisa.

Esse método elimina a interação noturna com os pais, envolve uma maior quantidade de choro e exige o mais alto nível de persistência. Pode ser incrivelmente difícil do ponto de vista emocional e pode não ser prático se você tiver vizinhos irritadiços por perto. É preciso muito comprometimento para seguir até o fim, pelo menos nos primeiros dias. Mas iniciar e interromper esse método pode aumentar o choro noturno e não é recomendado.

Se o seu bebê estiver ficando muito agitado e chorando sem aqueles momentos de pausa que mais parecem lamúrias ou tentativa de se recompor, é provável que ele ainda não esteja pronto e que esse não seja o método certo para ele no momento. Outro sinal de que o bebê não está pronto é quando não parece haver diferença na quantidade e na intensidade das lágrimas entre o primeiro e o terceiro dia. Considere dar ao bebê mais algumas semanas para se desenvolver antes de continuar o treinamento do sono. Lembre-se de que, desde que o bebê esteja seguro e bem, as pesquisas nunca demonstraram nenhum impacto negativo em decorrência desse choro — mas o método deve funcionar em alguns dias e, intuitivamente, faz sentido não deixar que dure além disso.

Chorar até dormir – versão modificada

Se deixar seu bebê chorar até dormir o deixa triste demais, se você não se importa de incomodar os vizinhos na mesma intensidade e se tem mais tempo e paciência para se dedicar ao treinamento do sono, uma versão gradual do método "chorar até dormir" pode funcionar para você. Nesse estilo, você tenta acalmar o bebê que está chorando enquanto tenta dormir, mas usa intervalos definidos e limita a interação direta. Veja como é feito:

1. Após a rotina típica da hora de dormir, coloque o bebê no berço, sonolento, mas acordado, e saia do quarto.

2. Após cinco minutos de choro, volte para acalmar o bebê, mas não ofereça o peito ou a mamadeira. Continue saindo e voltando durante todo o processo de "adormecimento". Você pode oferecer um alívio limitado, como fazer "shhh" ou colocar a mão na barriga do bebê. O ideal é encontrar maneiras de acalmar o bebê sem pegá-lo no colo. Se você sentir que precisa pegar o bebê para acalmá-lo, evite interagir com sorrisos ou olhares diretos e limite a conversa a fazer "shhh" no ouvido dele. Quando o bebê estiver calmo, coloque-o de volta no berço, novamente sonolento, mas acordado, e saia do quarto. Com esse método, você não acalma o bebê para que ele durma; você o acalma para ajudá-lo a recuperar o estado de sono. Em última análise, você quer que ele aprenda a se acalmar sozinho quando chegar a hora de dormir.
3. Após cada visita para acalmar o bebê, reinicie o cronômetro e espere para voltar em intervalos cada vez maiores, como dez minutos, depois quinze e assim por diante.
4. A cada noite subsequente, espere mais tempo antes de voltar para acalmar o bebê.

Método da cadeira

O "método da cadeira" significa que você se senta perto do berço do bebê enquanto ele adormece e vai se afastando aos poucos, até que, eventualmente, você saia do quarto. Em geral, esse é o método de treinamento do sono mais lento, podendo levar várias semanas. Lembre-se de que estar presente no espaço de dormir do seu bebê sem cuidar dele diretamente pode ser frustrante para ele e emocionalmente difícil para você, mas é uma boa alternativa para aqueles que não se sentem confortáveis em deixar o bebê chorando sem o apoio de um adulto.

Veja como fazer isso: após a rotina típica da hora de dormir, coloque o bebê no berço; sonolento, mas acordado. Em seguida, sente-se ou deite-se com calma perto do berço. Você pode colocar uma cadeira confortável ou até mesmo um colchão para ficar confortável. Você pode até mesmo fazer uma respiração intencional durante o processo. Você também pode tocar o bebê pelo berço, mas evite alimentá-lo, embalá-lo ou acariciá-lo. Mais uma vez, a ideia é tentar ajudar o bebê a aprender a se acalmar sozinho, portanto, evite ajudar demais, mas faça o suficiente para que ele não fique tão desregulado a ponto de o efeito ser contrário.

Gradualmente, ao longo de várias semanas, você se afasta fisicamente do berço e, por fim, sai do quarto. Isso pode ser feito afastando lentamente a cadeira ou o colchão do berço, até que você esteja literalmente do lado de fora do quarto.

Sessão de perguntas e respostas

Pergunta: Meu filho pequeno, que já estava treinado para dormir, regrediu totalmente. Agora, fica chorando e chamando "Mamãe!" por uma hora, quando antes costumava dormir. Não aguento mais. Salve-me desse pesadelo! P.S.: Acabamos de voltar de férias e ele tem uma nova babá.

Resposta: Sinto muito que esteja passando por isso. As mudanças que você mencionou são causas supercomuns de regressão do sono. Qualquer mudança na vida de uma criança pode afetar o sono. Tudo bem acalmar seu filho para que ele volte a dormir (***Relacionamento***). Ele não se esqueceu do treinamento do sono; talvez só precise de mais apoio no momento. Você também pode garantir que as rotinas diurnas estejam bem estabelecidas (***Regulação***).

A transição da volta à rotina após o turbilhão das férias pode desorientar os bebês e incentivá-los a testar os limites das rotinas domésticas. Tente passar um pouco mais de tempo com ele durante o dia (***Relacionamento***). À noite, você pode começar com um aconchego extra e, em seguida, avisar seu filho que você vai escovar os dentes e voltará logo em seguida para ver como ele está (***Relacionamento, Regras***). Você pode sair e voltar algumas vezes, para que ele vá se acostumando e não estranhe tanto quando você sair de vez na hora de dormir. Também não há problema nenhum em deixar com ele uma camiseta sua bem macia, colocar tampões de ouvido e ignorar o choro, se isso for necessário para sua própria sanidade e para ser um pai ou uma mãe melhor pela manhã (***Regras***).

Contando às crianças que elas terão um novo irmão

Quando você descobre que está grávida ou que vai receber um novo membro da família, não precisa compartilhar essa notícia até que ela se torne evidente — seja porque sua barriga começa a aparecer, o que normalmente acontece mais cedo com o segundo filho, seja porque outras pessoas passam a falar sobre isso e a parabenizá-la na frente dos seus filhos.

Crianças pequenas, com menos de três anos de idade, não têm noção de tempo, portanto, não adianta dizer a elas que o bebê vai nascer daqui a três ou seis meses. Em vez disso, você pode falar sobre as estações do ano. Por exemplo, "Quando chegar o inverno, teremos neve. Vamos comemorar um feriado e, depois, seu aniversário. Depois, as flores desabrocharão na primavera, e é nessa época que o bebê vai chegar".

Evite tentar convencer seu filho de como o bebê será incrível e o quanto ele vai amá-lo. Mantenha a vida em casa o mais semelhante possível em termos de rotinas e até mesmo do aspecto do quarto da criança. Como em todas as transições, é importante lembrar que as crianças preferem o tédio. Apoie-se nas rotinas. Deixe seu filho saber que você está aberto a perguntas se ele quiser conversar sobre o que está por vir. Evite culpar a preparação para a chegada do bebê quando houver coisas que você não pode fazer com seu filho. É claro que é compreensível que você não possa pegar o filho número um na creche se tiver um compromisso para assinar os papéis de adoção ou fazer um ultrassom, mas tente não criar ou reforçar a ideia de que outro bebê significa menos atenção para as crianças mais velhas.

Tenha empatia se o seu filho expressar sentimentos contraditórios. Os terapeutas costumam usar como comparação o exemplo de um cônjuge que, de repente, apresenta outro amor de sua vida — alguém que todos parecem animados para conhecer. Como você se sentiria sendo apenas *o antigo cônjuge*? Portanto, não há necessidade de forçar seu filho a amar e se entusiasmar com um bebê que, na verdade, pode trazer à tona muitos sentimentos diferentes. Essa transição é um lembrete de que não se pode forçar os sentimentos. Muitas vezes, é melhor reconhecer que as coisas podem ser complicadas. Você pode dizer algo como: "Ei, você pode estar com o que chamamos de 'sentimentos mistos', quando estamos muito animados com algo e também muito preocupados, e tudo bem sentir isso".

A idade "certa" para ter um celular ou perfil em redes sociais

Quando uma criança ganha um celular, de repente ela passa a carregar o mundo no bolso. A menos que você tenha controle sobre esse telefone, literalmente qualquer pessoa com o número, endereço de e-mail ou dados das redes sociais pode entrar em contato com ela. A internet, juntamente com seu conteúdo não regulamentado, está a apenas um clique de distância. Antes de dar esse grande passo, é importante perguntar a si mesmo se o seu filho está demonstrando habilidades de independência e autorregulação que sugerem prontidão.

Eles está indo para a escola de forma independente?

É capaz de manter a calma quando alguém o irrita?

Ele está fazendo a lição de casa sem muita supervisão sua?

Ele é capaz de atender o telefone, fazer uma ligação e deixar uma mensagem educada?

Ele é capaz de conversar com os colegas com gentileza e consideração?

Ele é aberto com você e com outros adultos da vida dele quando se trata de conteúdo ou contatos que podem não ser apropriados?

Se a resposta for sim, é provável que seu filho esteja chegando ao ponto em que poderá ser capaz de lidar com as responsabilidades de ter seu próprio celular.

Eu gostaria de poder oferecer uma regra rígida e rápida sobre a idade exata em que isso acontecerá, mas isso tem mais a ver com a sua prontidão como pai ou mãe e com as habilidades de que seu filho dispõe para ajudá-lo a lidar com os desafios de ter um dispositivo.

Os celulares geralmente vêm antes das contas em redes sociais e podem ser configurados com diretrizes sobre com quem as crianças podem se comunicar enquanto elas ainda estão aprendendo a lidar com o "perigo dos estranhos" em seus dispositivos. Pesquisas em neurociência mostraram que as meninas e outras pessoas com estrogênio podem entrar mais facilmente em um modo de "cérebro de sobrevivência" em meio às ameaças percebidas de julgamentos e bullying on-line. O estrogênio, de uma perspectiva evolutiva, tem servido como um superpoder para ajudar as mulheres a proteger seus filhos com vigilância, mas, no mundo de hoje, é muito comum que o estrogênio envie uma mensagem exagerada de hipervigilância para o cérebro em desenvolvimento de uma adolescente.

Para crianças de todos os gêneros, com base no que sabemos sobre neurobiologia e as maneiras pelas quais os cérebros de adolescentes e pré-adolescentes mudam e se reformatam à medida que entram na adolescência, é melhor esperar o máximo possível antes de apresentar seus filhos aos estressores das redes sociais — as crianças certamente se beneficiarão se esperarem até *pelo menos* os treze anos de idade, embora eu saiba que isso parece quase impossível em muitas famílias.

Além disso, em vez de escolher uma idade em que a criança esteja subitamente pronta para um celular ou rede social (e, novamente, essas são coisas diferentes), pense nas duas perguntas a seguir; quando puder respondê-las, poderá decidir se você e seu filho estão prontos. Isso não está necessariamente relacionado a uma idade específica.

1. Quando *você* se sente pronto para dedicar tempo para orientar, apoiar e monitorar seu filho como novo usuário de celular ou de rede social? Assim como no desfralde e em tantos outros aspectos da parentalidade, não há problema algum em esperar até que haja uma pausa em sua própria rotina, quando você sentir que consegue lidar com o cuidado extra necessário.
2. Seu filho tem as habilidades necessárias para usar o celular ou as redes sociais de uma forma que lhe agrade? Você pode pedir ao seu filho que tente convencê-lo. E lembre-se: se você permitir que seu filho tenha um determinado dispositivo este mês porque ele o convenceu de que está pronto, não há problema algum em retirá-lo no próximo mês se descobrir que ele não está tão pronto quanto esperava.

Elabore um contrato para o uso do celular

Cada criança é diferente. Para algumas, um contrato faz com que elas tenham clareza e segurança sobre as expectativas da família. Um contrato também alivia a pressão de pensar em consequências na hora. Para outras, um contrato pode parecer algo muito rígido e até desnecessário. Com essas ressalvas em mente, aqui estão alguns elementos que muitos pais, crianças e adolescentes acham útil incluir:

Concordo em manter meu celular carregado.

Concordo em não bombardear meus pais ou outras pessoas com mensagens em excesso (muitos dos pais em meus grupos me mostram telas cheias de "Mãe, mãe, mãe, mãe, mãe, mãe" ou "por favor, por favor, por favor, por favor, por favor...". Isso não demonstra bons modos).

Concordo em deixar meu celular de lado durante o tempo com a família.

Concordo em não usar meu celular na escola e em seguir as regras dos meus professores sobre seu uso.

Concordo em me retirar de qualquer conversa em grupo em que as pessoas estejam falando de outro colega que não esteja presente.

Concordo em não baixar nenhum aplicativo sem a permissão de meus pais.

Reconheço que meus pais pagam pelo meu serviço de celular e têm o direito de retirá-lo se eu não cumprir minha parte neste contato.

Concordo em entregar meu celular na estação de recarga da família até às ____ horas nos dias de semana e até às _____ horas nos fins de semana.

As consequências podem ser estabelecidas em conjunto, em conversa com seus filhos, mas lembre-se de mantê-las conectadas à infração. Uma consequência pode ser a perda de acesso ao celular por um determinado período. Além disso, lembre-se de assinar e datar o contrato e pedir às crianças que façam o mesmo, para que pareça oficial.

Elabore um contrato para o uso das redes sociais

Quando seu filho tiver demonstrado independência e maturidade suficientes para lidar com o próprio celular, ele poderá estar pronto para criar uma conta em alguma rede social. Assim como no caso dos celulares, pode ser útil elaborar um contrato para esclarecer as expectativas e os limites. Aqui estão alguns acordos sobre o uso das redes sociais que pais e filhos consideram úteis:

> Concordo em pedir a permissão dos meus pais antes de entrar em qualquer rede social.
>
> Concordo em permitir que meus pais definam os controles e as configurações parentais em todas as minhas contas.
>
> Concordo em fornecer aos meus pais todas as minhas senhas de redes sociais e não as fornecer a mais ninguém.
>
> Concordo em não compartilhar informações pessoais que possam ser acessíveis a qualquer pessoa que eu não conheça pessoalmente, na vida real.
>
> Especificamente, não compartilharei meu nome completo, idade, endereço, escola, interesses ou qualquer outra informação pessoal sem a permissão dos meus pais.
>
> Concordo em não publicar ou compartilhar fotos minhas, dos meus amigos ou de membros de minha família sem a permissão dos meus pais.
>
> Concordo em não publicar ou compartilhar imagens ou comentários inadequados ou ofensivos.
>
> Concordo em não me encontrar pessoalmente com ninguém que eu tenha conhecido nas redes sociais.

Concordo em ser gentil. Concordo em não fazer comentários indelicados para ou sobre qualquer outra pessoa.

Concordo em não me envolver em bullying on-line e, quando presenciar esse tipo de situação, contarei aos meus pais ou a um adulto responsável.

Concordo em informar meus pais se for vítima de bullying on-line.

Concordo em informar meus pais se for vítima de chantagem on-line, mesmo que eu tenha que admitir ter feito algo de que me envergonhe.

Entendo que posso perder os privilégios on-line se negligenciar minhas responsabilidades acadêmicas ou domésticas.

Concordo em sair das redes sociais até às ___ horas durante a semana e até às ___ horas nos fins de semana.

A vantagem dos contratos é que você os elabora com antecedência, não no calor do momento, e pode, portanto, trabalhar com seus filhos em momentos de relativa calma, para definir consequências naturais e relacionadas. Uma consequência da violação do contrato para o uso de redes sociais pode ser a perda do acesso da criança a essas redes por um determinado período. As crianças mais velhas podem concordar em participar como voluntárias em um programa voltado ao desenvolvimento de empatia, ajudando pessoas semelhantes àquelas que possam ter sido prejudicadas caso tenham praticado bullying contra elas nas redes sociais. Você e seu filho também podem ter suas próprias ideias para estabelecer consequências relacionadas. Se um contrato parecer muito rígido ou se o seu filho tiver demonstrado capacidade de seguir o contrato por um período de teste, ele pode ser descartado.

REFERÊNCIAS BIBLIOGRÁFICAS

Introdução

ERIKSON, Erik. *Identity and the life cycle.* New York: W. W. Norton & Company, 1980.

SIMARD, Suzanne. *A árvore-mãe*: em busca da sabedoria da floresta. Trad. Laura Teixeira Motta. Rio de Janeiro: Zahar, 2022.

WOODHOUSE, Susan S.; SCOTT, Julie R.; HEPWORTH, Allison D.; CASSIDY, Jude. Secure base provision: a new approach to examining links between maternal caregiving and infant attachment. *Child Development*, New York, v. 91, n. 1, p. e249–e265, jan. 2020.

Capítulo 1

BANDURA, Albert; ROSS, Dorothea; ROSS, Sheila A. Transmission of aggression through imitation of aggressive models. *Journal of Abnormal and Social Psychology*, New York, v. 63, n. 3, p. 575, 1961.

DAMOUR, Lisa. Motivating your kids. *Raising Good Humans*, 2022. Entrevistada por Aliza Pressman, 19 ago. 2022. Disponível em: https://podcasts.apple.com/br/podcast/s2-ep-76-motivating-your-kids/id1473072044?i=1000576572060. Acesso em: 7 jul. 2025.

MAY, Rollo. *A coragem de criar*. Tradução: Aulyde Soares Rodrigues. Rio de Janeiro: Nova Fronteira, 1982.

PORGES, Stephen W. *Teoria polivagal.* Rio de Janeiro: Senses, 2012.

SIEGEL, Daniel J.; BRYSON, Tina Payne. *O cérebro da criança*: 12 estratégias revolucionárias para treinar o cérebro em desenvolvimento do seu filho. Trad. Cássia Zanon. São Paulo: nVersos, 2015.

SIEGEL, Daniel J. *IntraConnected: Mwe* (Me + We) as the integration of self, identity, and belonging. New York: W. W. Norton & Company, 2022.

Capítulo 2

CARLSON, Stephanie M. Let me choose: the role of choice in the development of executive function skills. *Current Directions in Psychological Science*, [s. l.], v. 32, n. 3, p. 220-227, 2023.

CENTER ON THE DEVELOPING CHILD AT HARVARD UNIVERSITY. Executive function and self-regulation. 2014. Disponível em: http://www.developingchild.harvard.edu. Acesso em: 7 jul. 2025.

DWECK, Carol S. Motivational processes affecting learning. *American Psychologist*, Washington, v. 41, n. 10, p. 1040, 1986.

DUCKWORTH, Angela. *Garra*: o poder da paixão e da perseverança. Trad. Renata Guerra. Rio de Janeiro: Intrínseca, 2016.

DUCKWORTH, Angela. Grit: motivation, alignment & character. *MX Blog*, 10 mar. 2021. Disponível em: https://www.mx.com/blog/grit-motivation-alignment-character-angela-duckworth-mx/. Acesso em: 7 jul. 2025.

EMMONS, Robert A. Why gratitude is good. In: ROBINSON, Josie. *Give thanks: a gratitude journal.* Minneapolis: Wise Ink Creative Publishing, 2016. p. 40.

FREITAS, Lia Beatriz de Lucca; PIETA, Maria Adélia Minghelli; TUDGE, Jonathan Richard Henry. Beyond politeness: the expression of gratitude in children and adolescents. *Psicologia: Reflexão e Crítica*, Porto Alegre, v. 24, p. 757-764, 2011.

FREUD, Anna; BURLINGHAM, Dorothy. *War and children.* New York: Medical War Books, 1943.

MASTEN, Ann S. Ordinary magic: resilience processes in development. *American Psychologist*, Washington, v. 56, n. 3, p. 227-238, mar. 2001. Disponível em: https://pubmed.ncbi.nlm.nih.gov/11315249/. Acesso em: 7 jul. 2025.

MASTEN, Ann S. Resilience from a developmental systems perspective. *World Psychiatry*, [s. l.], v. 18, n. 1, p. 101-102, fev. 2019. Disponível em: https://pubmed.ncbi.nlm.nih.gov/30600628/. Acesso em: 7 jul. 2025.

MURAYAMA, Kou; ELLIOT, Andrew J.; YAMAGATA, Shinji. Separation of performance-approach and performance-avoidance achievement goals: a broader analysis. *Journal of Educational Psychology*, [s. l.], v. 103, n. 1, p. 238, 2011.

VYGOTSKY, Lev. *The zone of proximal development.* New York: Routledge, 1999.

ZHANG, J.; VOHS, K. D.; CARLSON, S. M. *Imagining the future improves self-control in preschoolers.* Minneapolis: University of Minnesota Press, 2022.

ZELAZO, Phil. Executive function skills are the air traffic control system of the brain. *Raising Good Humans*, 2021. Entrevistado por Aliza Pressman, 8 jan. 2021. Disponível em: https://podcasts.apple.com/br/podcast/ep-76-executive-function-skills-are-the-air-traffic/id1473072044?i=1000504696588. Acesso em: 7 jul. 2025.

Capítulo 3

LEVINE, Madeline. *Teach your children well:* why values and coping skills matter more than grades, trophies, or “fat envelopes”. New York: Harper Perennial, 2012.

Capítulo 4

KIM, Pilyoung; WATAMURA, Sarah Enos. Two open windows: infant and parent neurobiologic change. *Aspen Institute*, Washington, DC, 30 jun. 2015. Disponível em: https://ascend.aspeninstitute.org. Acesso em: 7 jul. 2025.

MASLOW, A. H. A theory of human motivation. *Psychological Review*, [s. l.], v. 50, n. 4, p. 370-396, 1943. Disponível em: https://doi.org/10.1037/h0054346. Acesso em: 7 jul. 2025.

NATIONAL ACADEMIES OF SCIENCES, ENGINEERING, AND MEDICINE. *Vibrant and healthy kids: aligning science, practice, and policy to advance health equity.* Washington, DC: National Academies Press, 2019. Disponível em: https://doi.org/10.17226/25466. Acesso em: 7 jul. 2025.

RODSKY, Eve. *Find your unicorn space.* New York: G. P. Putnam's Sons, 2021.

ROTHBAUM, Fred; ROSEN, Karen; UJIIE, Tatsuo; UCHIDA, Nobuko. Family systems theory, attachment theory, and culture. *Family Process*, [s. l.], v. 41, n. 3, p. 328-350, 2002.

SCHWARTZ, Richard; SWEEZY, Martha. *Internal family systems therapy.* New York: Guilford Publications, 2019.

SHAPIRO, Shauna. *Good morning, I love you*: mindfulness and self-compassion practices to rewire your brain for calm, clarity, and joy. Boulder, CO: Sounds True, 2022.

Capítulo 5

AINSWORTH, Mary D. *Infancy in Uganda*: infant care and the growth of love. Baltimore: Johns Hopkins Press, 1967.

BOWLBY, John. *Uma base segura*: aplicações clínicas da Teoria do Apego. Trad. Marcos Vinícius Martim da Silva. Porto Alegre: Artmed, 2023.

SROUFE, L. Alan. Attachment and development: a prospective, longitudinal study from birth to adulthood. *Attachment & Human Development*, [s. l.], v. 7, n. 4, p. 349–367, dez. 2005. DOI: 10.1080/14616730500365928.

SROUFE, Alan. *A compelling idea*: how we become the persons we are. [S. l.]: Safer Society Press, 2020.

SROUFE, Alan. The real attachment science. *Raising Good Humans*, 2021. Entrevistado por Aliza Pressman, 7 maio 2021. Disponível em: https://podcasts.apple.com/br/podcast/ep-94-the-real-attachment-science-what-it-is-and-what/id1473072044?i=1000520594721. Acesso em: 7 jul. 2025.

WEINBERG, M. Katherine; TRONICK, Edward Z. Infant affective reactions to the resumption of maternal interaction after the still-face. *Child Development*, [s. l.], v. 67, n. 3, p. 905–914, jun. 1996. Disponível em: https://doi.org/10.1111/j.1467-8624.1996.tb01772.x. Acesso em: 7 jul. 2025.

Capítulo 6

BAUMRIND, Diana. Authoritarian vs. authoritative parental control. *Adolescence*, [s. l.], v. 3, n. 11, p. 255-272, 1968.

BRUMMELMAN, Eddie; NELEMANS, Stefanie A.; THOMAES, Sander; DE CASTRO, Bram Orobio. When parents' praise inflates, children's self-esteem deflates. *Child Development*, [s. l.], v. 88, n. 6, p. 1799-1809, nov. 2017.

DASS, Ram; BUSH, Mirabai. *Walking each other home*: conversations on loving and dying. Boulder, CO: Sounds True, 2022.

ELLIS, Bruce J.; BOYCE, W. Thomas. Biological sensitivity to context. *Current Directions in Psychological Science*, [s. l.], v. 17, n. 3, p. 183-187, jun. 2008. Disponível em: https://doi.org/10.1111/j.1467-8721.2008.00571.x. Acesso em: 7 jul. 2025.

HAIMOVITZ, Kyla; DWECK, Carol S. The origins of children's growth and fixed mindsets: new research and a new proposal. *Child Development*, [s. l.], v. 88, n. 6, p. 1849-1859, nov. 2017.

KAGAN, J.; SNIDMAN, N. Temperamental factors in human development. *American Psychologist*, [s. l.], v. 46, n. 8, p. 856–862, 1991. Disponível em: https://doi.org/10.1037/0003-066X.46.8.856. Acesso em: 7 jul. 2025.

LIONETTI, Francesca et al. Dandelions, tulips, and orchids: evidence for the existence of low-sensitive, medium-sensitive, and high-sensitive individuals. *Translational Psychiatry*, [s. l.], v. 8, n. 24, 2018. Disponível em: https://doi.org/10.1038/s41398-017-0090-6. Acesso em: 7 jul. 2025.

MEUWISSEN, Alyssa S.; CARLSON, Stephanie M. An experimental study of the effects of autonomy support on preschoolers' self-regulation. *Journal of Applied Developmental Psychology*, [s. l.], v. 60, p. 11-23, jan./fev. 2019. Disponível em: https://www.sciencedirect.com/science/article/abs/pii/S0193397318300303. Acesso em: 7 jul. 2025.

ROBINSON, Clyde C.; MANDLECO, Barbara; OLSEN, Susanne Frost; HART, Craig H. Authoritative, authoritarian, and permissive parenting practices: development of a new measure. *Psychological Reports*, [s. l.], v. 77, n. 3, p. 819–830, 1995. Disponível em: https://journals.sagepub.com/doi/10.2466/pr0.1995.77.3.819. Acesso em: 7 jul. 2025.

THOMAS, A.; CHESS, S. Temperament and personality. In: KOHNSTAMM, G. A.; BATES, J. E.; ROTHBART, M. K. (org.). *Temperament in childhood*. Hoboken, NJ: John Wiley & Sons, 1989. p. 249-261.

Capítulo 7

CURRAN, Thomas. Mythbusting perfectionism. *Raising Good Humans*, 2022. Entrevistado por Aliza Pressman, 28 out. 2022. Disponível em: https://aliza.libsyn.com/s2-ep-88-mythbusting-perfectionsm-with-professor-thomas-curran. Acesso em: 7 jul. 2025.

CURRAN, Thomas; HILL, Andrew P. Perfectionism is increasing over time: a meta-analysis of birth cohort differences from 1989 to 2016. *Psychological Bulletin*, [s. l.], v. 145, n. 4, p. 410-429, 2019. Disponível em: https://podcasts.apple.com/br/podcast/s2-ep-88-mythbusting-perfectionism-with-professor/id1473072044?i=1000584201401. Acesso em: 7 jul. 2025.

HEYMAN, Gail D.; DWECK, Carol S. Achievement goals and intrinsic motivation: their relation and their role in adaptive motivation. *Motivation and Emotion*, [s. l.], v. 16, p. 231-247, 1992.

NEFF, Kristin D.; DAHM, Katie A. Self-compassion: what it is, what it does, and how it relates to mindfulness. In: OSTAFIN, Brian D.; ROBINSON, Michael D.; MEIER, Brian P. (ed.). *Handbook of mindfulness and self-regulation*. New York: Springer, 2015. p. 121-137.

STOEBER, Joachim. Frost multidimensional perfectionism scale-deutsch. 1995. Disponível em: https://www.academia.edu/5427984/Frost_Multidimensional_Perfectionism_Scale_Deutsch_1995_. Acesso em: 7 jul. 2025.

STÖBER, Joachim. The Frost Multidimensional Perfectionism Scale revisited: more perfect with four (instead of six) dimensions. *Personality and Individual Differences*, [s. l.], v. 24, n. 4, p. 481-491, abr. 1998.

Capítulo 8

KEIL, Frank C. *Wonder*: childhood and a lifelong love of science. Boston: MIT Press, 2022.

KELTNER, Dacher. *Born to be good*: the science of a meaningful life. New York: W. W. Norton & Company, 2009.

STELLAR, Jennifer E. et al. Self-transcendent emotions and their social functions: compassion, gratitude, and awe bind us to others through prosociality. *Emotion Review*, [s. l.], v. 9, n. 3, p. 200-207, jun. 2017.

YBERG, Sheila M.; ROBINSON, Elizabeth A. Parent-child interaction training: effects on family functioning. *Journal of Clinical Child and Adolescent Psychology*, [s. l.], v. 11, n. 2, p. 130-137, 1982.

Capítulo 9

DISTEFANO, Rebecca et al. Autonomy-supportive parenting and associations with child and parent executive function. *Journal of Applied Developmental Psychology*, [s. l.], v. 58, p. 77-85, jul./set. 2018.

Capítulo 10

HIRSHKOWITZ, Max et al. National Sleep Foundation's updated sleep duration recommendations: final report. *Sleep Health*, [s. l.], v. 1, n. 4, p. 233-243, dez. 2015. DOI: 10.1016/j.sleh.2015.10.004.

WEISSBLUTH, Marc. *Healthy sleep habits, happy child*: a step-by-step program for a good night's sleep. 4. ed. New York: Ballantine Books, 2009. p. 21.

Capítulo 11

GERSHOFF, Elizabeth T. et al. The strength of the causal evidence against physical punishment of children and its implications for parents, psychologists, and policymakers. *American Psychologist*, [s. l.], v. 73, n. 5, p. 626-638, jul./ago. 2018.

GERSHOFF, Elizabeth T. Spanking and child development: we know enough now to stop hitting our children. *Child Development Perspectives*, [s. l.], v. 7, n. 3, p. 133-137, jul. 2013.

HOFFMAN, Martin L. Power assertion by the parent and its impact on the child. *Child Development*, [s. l.], v. 31, n. 1, p. 129-143, mar. 1960.

KOHLBERG, Lawrence; GILLIGAN, Carol. Moral development. In: SLATER, Alan M.; QUINN, Paul C. (ed.). *Developmental psychology*: revisiting the classic studies. [S. l.]: Sage Publications, 2012. p. 164.

LARZELERE, Robert E. Child outcomes of nonabusive and customary physical punishment by parents: an updated literature review. *Clinical Child and Family Psychology Review*, [s. l.], v. 3, n. 4, p. 199-221, dez. 2000.

RYSON, Tina Payne; SIEGEL, Daniel J. *Disciplina sem drama*: guia prático para ajudar na educação, desenvolvimento e comportamento dos seus filhos. São Paulo: nVersos, 2016.

SIEGEL, Daniel J.; BRYSON, Tina Payne. O cérebro da criança: 12 estratégias revolucionárias para nutrir a mente em desenvolvimento do seu filho e ajudar sua família a prosperar. São Paulo: nVersos, 2015.

SPARROW, Joshua. Dr. Joshua Sparrow talks punishments, consequences, and time-outs. *Raising Good Humans*, 2021. Entrevistado por Aliza Pressman, 20 ago. 2021. Disponível em: https://www.scribd.com/podcast/520938013/S2-Ep-11-Dr-JoshuaSparrow-Talks-Punishments-Consequences-and-Time-Outs-Renowned-Child-Psychiatrist-Dr-Joshua-Sparrow-Talks-Punishments-Consequ. Acesso em: 7 jul. 2025.

VAITL, Dieter. Interoception. *Biological Psychology*, [s. l.], v. 42, n. 1-2, p. 1-27, jan. 1996.

Capítulo 12

RUSTING, Cheryl L.; NOLEN-HOEKSEMA, Susan. Regulating responses to anger: effects of rumination and distraction on angry mood. *Journal of Personality and Social Psychology*, [s. l.], v. 74, n. 3, p. 790-803, mar. 1998.

Capítulo 13

BHANJI, Jamil P.; KIM, Eunbin S.; DELGADO, Mauricio R. Perceived control alters the effect of acute stress on persistence. *Journal of Experimental Psychology: General*, [s. l.], v. 145, n. 3, p. 356-365, mar. 2016.

BORBA, Michele. *Thrivers*: the surprising reasons why some kids struggle and others shine. New York: Penguin, 2021. p. 8.

DWECK, Carol. Carol Dweck revisits the 'growth mindset'. *Education Week*, 22 set. 2015. Disponível em: https://www.edweek.org/leadership/opinion-carol-dweck-revisits-the-growth-mindset/2015/09. Acesso em: 7 jul. 2025.

FLETT, Gordon L. An introduction, review, and conceptual analysis of mattering as an essential construct and an essential way of life. *Journal of Psychoeducational Assessment*, [s. l.], v. 40, n. 1, p. 3-36, 2022. Disponível em: https://doi.org/10.1177/07342829211057640. Acesso em: 7 jul. 2025.

FLETT, Gordon L. *The psychology of mattering*: understanding the human need to be significant. [S. l.]: Elsevier Science, 2018. p. 217.

HAWTHORNE, Britt. *Raising antiracist children*: a practical parenting guide. New York: Simon Element, 2022.

SILK, Susan; GOLDMAN, Barry. How not to say the wrong thing. *Los Angeles Times*, 7 abr. 2013.

WALLACE, Jennifer Breheny. *Never enough (nunca é suficiente):* when achievement culture becomes toxic—and what we can do about it. New York: Penguin, 2023.

Capítulo 14

GINI, Gianluca; POZZOLI, Tiziana; BORGHI, Francesco; FRANZONI, Lara. The role of bystanders in students' perception of bullying and sense of safety. *Journal of School Psychology*, [s. l.], v. 46, n. 6, p. 617-638, dez. 2008.

HANVEY, Imogen; MALOVIC, Aida; NTONTIS, Evangelos. Glass children: the lived experiences of siblings of people with a disability or chronic illness. *Journal of Community & Applied Social Psychology*, [s. l.], v. 32, n. 5, p. 936-948, set./out. 2022.

HOWES, Carollee. Friendship in early childhood. In: RUBIN, K. H.; BUKOWSKI, W. M.; LAURSEN, B. (org.). *Handbook of peer interactions, relationships, and groups*. New York: Guilford Press, 2009. p. 180-194.

MAGUIRE, Mary C.; DUNN, Judy. Friendships in early childhood, and social understanding. *International Journal of Behavioral Development*, [s. l.], v. 21, n. 4, p. 669-686, nov. 1997.

PHILLIPS, Debby A.; PHILLIPS, Kate H.; GRUPP, Kitty; TRIGG, Lisa J. Sibling violence silenced: rivalry, competition, wrestling, playing, roughhousing, benign. *Advances in Nursing Science*, [s. l.], v. 32, n. 2, p. E1-E16, abr./jun. 2009.

SANG, Samantha A.; NELSON, Jackie A. The effect of siblings on children's social skills and perspective taking. *Infant and Child Development*, [s. l.], v. 26, n. 6, e2023, nov./dez. 2017.

Capítulo 15

AMATO, Paul R. Research on divorce: continuing trends and new developments. *Journal of Marriage and Family*, [s. l.], v. 72, n. 3, p. 650-666, jun. 2010.

Capítulo 16

BUS, Adriana G.; NEUMAN, Susan B.; ROSKOS, Kathleen. Screens, apps, and digital books for young children: the promise of multimedia. *AERA Open*, [s. l.], v. 6, n. 1, jan. 2020. Disponível em: https://doi.org/10.1177/2332858420901494. Acesso em: 7 jul. 2025.

GURAM, Sheena; HEINZ, Peter. Media use in children: American Academy of Pediatrics recommendations 2016. *Archives of Disease in Childhood: Education and Practice Edition*, [s. l.], v. 103, n. 2, p. 99-101, abr. 2018.

JENSON, Kristen A. *Good pictures, bad pictures*: how to talk to kids about pornography. Kennewick, WA: Glen Cove Press, 2014.

MURTHY, Vivek. *Social media and youth mental health: the US Surgeon General's advisory*. Washington, DC: Serviço de Saúde Pública dos EUA, 2023. Disponível em: https://www.hhs.gov/sites/default/files/sg-youth-mental-health-social-media-advisory.pdf. Acesso em: 7 jul. 2025.

ORBEN, Amy; PRZYBYLSKI, Andrew K.; BLAKEMORE, Sarah-Jayne; KIEVIT, Rogier A. Windows of developmental sensitivity to social media. *Nature Communications*, [s. l.], v. 13, n. 1649, mar. 2022. Disponível em: https://doi.org/10.1038/s41467-022-29296-3. Acesso em: 7 jul. 2025.

Capítulo 17

MALPAS, Jean. Between pink and blue: a multidimensional family approach to gender nonconforming children and their families. *Family Process*, [s. l.], v. 50, n. 4, p. 453-470, dez. 2011.

RALEY, Sara; BIANCHI, Suzanne. Sons, daughters, and family processes: does gender of children matter? *Annual Review of Sociology*, [s. l.], v. 32, p. 401-421, ago. 2006.

ROGOL, Alan D.; ROEMMICH, James N.; CLARK, Pamela A. Growth at puberty. *Journal of Adolescent Health*, [s. l.], v. 31, supl. 6, p. 192-200, dez. 2002.